普通高等教育“十二五”系列规划教材

大学语文阅读与口语训练教程

主　编：李　花

副主编：李红波　牛　振　赵雅文

南开大学出版社

天　津

图书在版编目(CIP)数据

大学语文阅读与口语训练教程 / 李花主编. —天津：南开大学出版社，2014.9

普通高等教育"十二五"系列规划教材

ISBN 978-7-310-04629-4

Ⅰ. ①大… Ⅱ. ①李… Ⅲ. ①汉语—阅读教学—高等学校—教材②汉语—口语—高等学校—教材 Ⅳ. ①H19

中国版本图书馆 CIP 数据核字(2014)第 214673 号

南开大学出版社出版发行

出版人：孙克强

地址：天津市南开区卫津路 94 号　邮政编码：300071

营销部电话：(022)23508339　23500755

营销部传真：(022)23508542　邮购部电话：(022)23502200

*

河北昌黎太阳红彩色印刷有限责任公司印刷

全国各地新华书店经销

*

2014 年 9 月第 1 版　2014 年 9 月第 1 次印刷

260×185 毫米　16 开本　15.625 印张　364 千字

定价：29.80 元

如遇图书印装质量问题，请与本社营销部联系调换，电话：(022)23507125

序

《国务院关于加快发展现代职业教育的决定》标志着教育领域的改革进入了深水区，其最引人注目的举措之一是600多所地方本科高校将转向应用技术型、职业教育类大学。这一方面是让本科高校摆脱就业率低、专业对口率低、就业质量不高的生存窘状，另一方面是重新调整社会人才结构。

这一举措不仅为部分高校的发展指明了方向，也为课程的改革和建设提供了新的契机。大学语文作为命运多舛的课程更应顺势调整。大学语文自1978年重新开设以来，一直面临种种问题，近年来更是令人担忧：一方面是一些高校在缩减大学语文课时甚至取消了大学语文课程；而另一方面是学生厌学，致使大学生的母语应用能力日益下滑。严峻的现实使我们不得不思考：大学语文教学实践的方向在哪里？应用技术型大学的大学语文课该如何定位？工具性和人文性哪个才是大学语文的本质？这些问题归结起来所要解决的是课程的功能属性问题。

义务教育阶段和高中语文课程新标准都把"工具性与人文性的统一"作为语文课程的基本特点，工具性与人文性是大学语文的本质所在，是大学语文理论研究与教学实践的思维起点。工具属性规定语文教学的基本任务是培养、提高学生的语文素养，主要是培养学生使用语言文字进行读写听说的能力。工具在于应用，能力出自训练，语文教学活动应当突出学生的读写听说实践，发展学生的语文综合应用能力，实践性是语文教学的重要特征，大学语文教材的编写也要符合这一现实要求，建构适合教学发展需要的教学活动文本。

本教材在这方面做了有益的尝试，编者在全面贯彻国家新的教育改革政策、准确把握大学教育教学发展趋势的基础上，锐意创新，大胆走出了改革的第一步。教材在构建相对系统的学科知识体系的同时，把重点放在方法的指导与语文实践上。编者参照现行文体系统而又不拘泥于现行的文体系统，有重点地选择了与大学生学习、生活以及将来所从事的工作紧密相关的小说、人物传记、散文、戏剧文学、影视文学、理论作品等文体，照顾到了大多数学生的学习需求；在内容选择上突出各种文体的特征与阅读方法，引导学生熟悉文体特点、掌握不同文体的阅读方法。为教师和学生开展教学活动提供了理论支撑。这样的教材，有助于教师摒弃一言堂的教学模式，形成与学生对话的教学模式，充分发挥教师与学生的协同互动性，为深化大学语文教学改革、更好地发挥大学语文的人文效用、引领学生深入开掘大学语文的文化内涵积累经验。

目前，文选型大学语文教材颇为学界所诟病，大学语文培养的是学生的综合语文能力，然而以培养学生综合语文能力的目标对照文选型大学语文教材，则其不足显而易见：

单纯培养学生的阅读与理解能力难以实现教学目标，学生的语文能力得不到全面培养与发展。所以，本教材以文选阅读与欣赏为主，讲读与阅读双向配置，同时增加了口语训练部分，兼顾口语表达知识的介绍与常用口语表达技巧的实战训练。从培养学生能力的角度来看，阅读是教学生进入文本的途径，是输入端；表达是教学生走向外在的世界，是输出端，双管齐下，才能构建完整的语文能力培养环节。

汉语水平和人文素养是大学语文的两大支点。当前大学生语文素养参差不齐，学生知识结构中现代汉语语法与修辞常识的缺失是主要原因之一。本教材致力于弥补这一缺失，教材简明扼要地介绍了现代汉语语法与修辞常识，重点介绍了常见语法错误的类型与成因、标点符号的用法，有助于学生完善语文知识体系、减少语法错误以及标点符号的误用与错用，以更准确地、更好地运用汉语，提升其国学水平。

当然，编者的改革实践尚处于研究和探索阶段，这本教材还存在一些需要改进的地方，比如内容编排上实训环节还欠周全，教材的实践性特色体现得还不够。相信编者在使用过程中，会及时总结经验，改掉不足，以期再版时进一步修改、完善。

陈润中

2014 年 7 月

目录

第四编 口语训练

第五编 现代汉语语法修辞常识

第一编　叙事类作品的阅读

第一章 小说的阅读

第一节 认识小说

小说是叙事类文学的主要文体，是主要通过散文体的语言来描绘生活事件、塑造人物形象、展开作品主题、表达作者思想感情，从而艺术地反映和表现社会生活的一种文学体裁。小说作品内容丰富，能够细致深入地反映社会生活。作家们对小说有着自己的独特认识，贾平凹曾说过："小说是什么？小说是一种说话，说一段故事，我们作过许许多多的努力——世上已经有那么多的作家和作品，怎样从他们身边走过，依然再走——其实都是在企图着新的说法。"（《白夜·后记》）贾平凹的这种"小说是一种说话"的观点是对个人创作经验的总结，颇有启发意义。

"小说"一词最早见于《庄子·外物》："夫揭竿累，趣灌渎，守鲵鲋，其于得大鱼难矣；饰小说以干县令，其于大达亦远矣。"指琐碎浅薄的言论、小道理，这是"小说"一词的本义。东汉桓谭认为"小说家""合丛残小语，近取譬论，以作短书"；班固认为"小说"是"街谈巷语，道听涂（同"途"）说者之所造"，都说明小说是小知识、小道理，虚构与反映老百姓生活是其特点。新文化运动以后，先进的知识分子受西方思想的影响，根据文学文本的语言特征、体制篇幅、文学形象的塑造方法及文学形象的特点，将文学文本划分为诗歌、小说、散文、戏剧文学四大类，奠定了我国现代文体学的基础。从此，小说理论面目一新，小说的地位空前提高，乃至被奉为"国民之魂"、"正史之根"、"文学之最上乘"，再不是无足轻重的"街谈巷语"与"琐屑之言"。

小说的特点主要有三点：第一，以塑造人物形象为反映或表现生活的主要手段；第二，有比较完整、生动的情节；第二，有具体的、典型的环境描写。因此，人物、情节和环境（包括自然环境和社会环境）被称为"小说的三要素"。

小说反映社会生活的主要手段是塑造人物形象，小说中的人物是作者根据现实生活创作出来的，他来源于现实生活，"杂取种种，合成一个"，不是真人真事的简单再现，而是更集中、更具有典型性，反映生活的艺术效果也更好。小说塑造人物的手段多种多样，可以概括介绍，也可以具体描写；可以描写人物的外貌，也可以刻画人物的心理活动；可以描绘人物的言行，也可以适当插入作者的议论；可以正面起笔，也可以侧面烘托。故事情节是小说展现人物性格、表现中心的载体。小说中的故事来源于现实生活，但它通过作者的整理、提炼和安排，比现实生活中所发生的真事更集中、更完整、更具有代表性。十分特别和细致的故事情节，能够深入读者内心，有力地表达作品的思想内容。故事情节通常包括开端、发展、高潮和结局几个部分，有的前有序幕、后有尾声。小说的环境描写与塑造人物形象和表达作品主题有着极其重要的关系。社会环境揭示了社会生活中种种复杂的社会关系，如人物的身份、地位、成长的历史背景等。自然环境交代人物活动的地点、时间、季节、气候以及景物等。环境描写必须为小说主题服务，或者表达人物的心情、体现人物性格，或者渲染气氛、推动故事情节的发展。

按照篇幅的长短，小说一般分为长篇、中篇、短篇和小小说四类，它们在取材、人物刻画、情节安排、环境描写和表现形式等方面各有特点。

长篇小说容量大，通常在10万字以上，着重描绘主要人物长期的生活历程，描写人物之间纵横交错的各种社会关系，反映广阔的社会生活。如《红楼梦》等。中篇小说的篇幅在2万字以上、10万字以下，作品中的人物相对集中，线索相对简单，表现较完整的人生历程或社会面貌。如《阿Q正传》等。短篇小说的篇幅通常在3千字以上、2万字以内，容量比较小，故事单纯，场景集中，结构紧凑。如《狂人日记》、《祝福》等。小小说，又叫微型小说、袖珍小说。它的篇幅在2000字以下，人物很少，情节单一，技巧简单，注重省略，讲求寓意。作品只描写生活中的一个片段，以一人一事为主；写人物只勾勒轮廓；写法很像速写。它反映生活及时，形式易于掌握，很受广大读者的欢迎。如《警察与赞美诗》等。

按小说情节类型的不同，小说可以分为武侠小说、言情小说、侦探小说、推理小说、悬疑小说、历史小说、军事小说、科幻小说等不同类别。

按风格流派，小说可以分为古典主义小说、现实主义小说、现代主义小说、批判现实主义小说、浪漫主义小说、自然主义小说、形式主义小说、表现主义小说、存在主义小说、意识流小说、新小说、魔幻现实主义小说等不同类别。

第二节　小说的艺术特征

与其他文学体裁相比，小说有其显著的特征。与戏剧文学相比，小说的叙述时间和叙述空间没有严格的限制，故事情节的叙述与场景不必高度集中。与诗歌相比，小说的语言不受格律约束，故事情节生动丰富，篇幅长、容量大、内容自由灵活。与散文相比，小说中的人物性格鲜明，作品所反映的现实生活更为广泛，表情达意更为深厚。而戏剧文学、抒情性的诗歌与散文，即使具备人物、情节与环境三要素，也不构成完整的文学世界，只有小说才能构筑一个文学世界，吸引读者遨游其中。正如黑格尔所说，小说能够充分表现出丰富多彩的旨趣、情况、人物性格、生活状况及至整个世界的广大背景。具体来说，小说有以下艺术特征。

一、丰富而细致的人物刻画

小说偏重于对客观生活的描述。生活是丰富多彩的，现实生活中的人是丰富的统一体，七情六欲并具，感情复杂微妙，不仅有神态、语言和行为的外在表现，而且有思维、意识和心理的内在活动。另一方面，人是一切社会关系的总和，在实际生活中，人必定会与不同性格、不同命运和不同思想、不同地位的人形成各种关系。小说的特点之一，就是作家能对丰富而统一的人物作多方面的细致描写。

小说对人物的塑造不受时间和空间的限制。为了表现人物的性格和命运的变化，作家既可以写人物过去的经历，也可以写人物现在的处境；既可以写特定场所中的人物行为，也可以写日常生活中的人物活动。短则几小时，长达几十年；静则居室冥想，动则驰骋千里。无须受时空的限制，只要符合一般生活的逻辑。

在文学作品中，唯独小说能够多角度、全方位地刻画人物。它可以凭借各种艺术手段，从各个角度对人物进行肖像描写、心理描写、语言描写、动作描写和神态描写，既能展现人物的音容笑貌、言谈举止和衣着服饰等外在形态，也能呈现人物的心理和思想感情等内在活动，还能完整展现人物与环境互为作用的关系。从物质生活到精神领域，从个人性情到社会关系，作家都可以按照需要而加以具体细致地刻画。比如在《三国演义》中，作家对张飞的刻画，首先是别出心裁的肖像描写："豹头环眼，燕颔虎须，声若巨雷，势如奔马"。使人物的外在形象鲜明醒目，与众不同，且隐隐与其内在的主要特征暗合。其次是通过怒鞭督邮、屡次向吕布挑战、古城会拒关羽以及计败张郃、义释严颜等情节，反复渲染人物的主要性格特征，突出了人物嫉恶如仇、粗豪爽直、"粗中有细"、从善如流的个性特点。

二、完整而多变的情节铺叙

与其他叙事文学样式相比较，小说的情节更为完整、更具复杂性、更有连贯性，尤其是长篇小说，往往头绪纷繁、线索众多、错综复杂、跌宕回旋。

不仅如此，小说自身的发展使其情节特点越来越鲜明。古代小说比较注重故事的完整，情节一般按照开端、发展、高潮和结局来编排，作品依据人物的经历，顺序展开情节，铺叙一个一个事件，构成完整的故事。为了使故事生动，作者还可穿插一些有趣的奇闻。在这种情况下，小说所叙述的故事便等于小说的情节。故事与情节不同，故事既可以是全部情节，也可以是情节的基础。故事是按时间顺序排列的事件的叙述。情节虽然也是事件的叙述，且保持了时间顺序，但重点在因果关系上，并且常常为事件因果关系的描写而打破表面的时间顺序。近现代小说不同于其他叙事文学样式的特点，恰恰表现在注重情节的完整上。如鲁迅的短篇小说《风波》(1920)，以七斤剪了辫子而引起的风波为基本情节，但作品并不注重剪辫子故事的叙述，而且九斤老太反复唠叨一代不如一代的事件，也很难纳入剪辫子的故事，读者显然觉得作品的故事性不强。然而，这却是一篇情节相当完整的小说。作品围绕剪辫子所产生的风波来安排情节，始述七斤的烦恼，继写七斤夫妇如何恐慌，尔后描写一切复归原状；同时则又始终隐约贯穿九斤老太感叹的情节，说明她对风波无动于衷，毫不关心。作品情节的两个方面天衣无缝地交融一体，展示了风波乍起复平与九斤老太感叹的因果关系，从而一方面反映张勋复辟只是一场闹剧，昙花一现；另一方面则揭示了辛亥革命后中国的腐败状况和农民的愚昧落后依然如故。

近现代小说不但追求情节完整，而且注重情节多变，突出表现在打破故事情节的顺序结构、摒弃作品叙述人完整描述故事的单一方法，而通过不同角度、运用各种技巧描写人物、叙述故事，体现情节的完整。比如《巴黎圣母院》中戏剧性场面的刻画：伽西莫多在众人的嘲笑声中戴上了“丑人王”的花环；他是道貌岸然的克洛德的帮凶却又誓死保护埃斯梅拉达；他为自己心爱的姑娘嫁给了“绞架”而痛苦万分，懵懂迷糊中终于意识到自己的“再生父母”，竟然是致死自己心上人的罪魁祸首，于是无比愤怒地将其推下楼……戏剧性的场面接连出现，不仅把人物之间和人物内心的矛盾冲突表现得淋漓尽致，也给读者带来扣人心弦的震撼。尽管情节没有按照时间顺序编排，但各种技巧的运用，却使作品体现了时序的连贯和情节的完整。甚或当代一些借鉴意识流手法创作的小说，表面上时空颠颠倒倒，过去、现在、未来交错盘杂、乱而无序，时代氛围、人物的生活场所、具体环境穿插映叠，但根据小说人物的意识流向和事件的因果关系可以发现，情节在变化中仍然是完整一体的。

三、具体而独特的环境描写

人在一定的环境中生存、活动，事件也总是在一定的环境里发生、发展。所以，小说通常通过典型环境的具体描写展开情节、刻画人物。一般来说，典型环境是充分体现现实关系真实风貌的人物生活环境，包括人物所处的时代氛围、人与人之间复杂关系所形成的社会环境和活动场所、自然景物等生活环境。

任何一部小说都脱离不了对时代氛围的描写，因为小说所描写的人物与事件，必须在某一时代的具体背景下展开。一定的时代，规定了活跃其间的人物和发生其间的事件的特定性质，决不可远离或超越。比如在北宋末年的背景中，《水浒传》中绝不可能塑造出曹操、刘备、孙权之类的形象；而《儒林外史》里范进、周进之类的人物，也绝不可能在三国纷争的时代背景中产生。小说艺术世界的时代氛围，首先是由时代背景描写所体现的，但光有时代背景描写是不够的，小说必然还会展现人物所处的社会环境，这是刻画人物不可或缺的要素。如曹雪芹笔下的贾宝玉、林黛玉、薛宝钗等人物的塑造，与大观园的具体环境和贾府上上下下人物的描写有着不可分割的联系，没有后者，前者则无从凸现。环境描写的另一方面，是人物生存、活动的特定背景的展现。在生活中，一个人的气质、品质，不仅仅是在语言和行为中体现，人物生活的具体环境也可以显示人物的身份、情致和品格，小说便常常通过展示人物生存的独特环境，表现人物的个性和精神面貌。然而一个人并非只在固定的环境中活动，人总会走出固定的环境，在一定的矛盾运动中进行社会交往。因而，小说又很注重描写人物行动的特定环境，及时衬托、显现人物的思想感情，突出人物的性格特征。

时代氛围、社会环境和人物活动的特定环境，这三者往往水乳交融、密不可分，构成小说的又一特点：具体而独特的环境描绘，再现真实的生活氛围。如孙犁的短篇小说《嘱咐》（1949），描写八年不见的平原景色：铁路边拆毁的炮楼，破墙上的鸟粪，烧毁后的村庄，被砍伐的堤柳，点出作品故事发生的时代背景：八年抗战刚刚结束，内战又已拉开序幕。作品又借水生的眼睛，展现家乡的风景：辽阔的平原，熟悉的村庄，醉人的袅袅炊烟，以及街道的废墟、荒凉的坟地。既表现了水生对家乡的热爱，又透露出他对敌人的仇恨。而水生家房屋内外的场景，八年分离、一朝相逢的家庭温馨气氛，对送别时白洋淀景色的描写、渲染，则衬托出水生夫妇爱家庭、爱家乡、爱祖国的思想品质和心心相印、息息相通的恩爱感情。人物刻画与环境描写达到了高度的统一。

上述三个方面是小说的基本艺术特征，它们相辅相成、密切联系。丰富而细致地刻画人物，必须借助于情节的充分展开；具体而独特的环境描写，则给人物活动、情节铺叙创造了特定的氛围，三者互为作用，构成了小说的艺术世界。

四、视角独到的细节呈现

小说注重整体构思，而整体构思的要领，则是视角独到、以小见大。生活本身是复杂而多样的，从不同的视角看它就会有不同的感悟。写小说不能像生活本身一样全面铺开，只能选取一个“特定”的视角，而且应当是你自己所“独到”的角度，同时也是自己熟悉的人或事物。“特定”就意味着集中，“独到”就意味着深刻，集中而又深刻者就是以小见大，就能以少胜多。巧立叙述线索，避开正面直奔主题的繁难，往往是小说构思中举重若轻、含蓄多藏的高手。发自人物心灵的典型细节，无疑是小说最感人肺腑、最发人深思的关键环节。

这些关键环节包括写人细节、事件细节、景物细节等，种种细节的连贯组合构成了故事情节中最为精彩的内容。在这些系列细节中，处于重要位置的是写人的细节。比如《三国演义》第四回中王允假借生日召集众大臣宴会，提及董卓专权，众官皆哭，只有曹操抚掌大笑，还说：“满朝公卿，夜哭到明，明哭到夜，还能哭死董卓否？”一个动作、一种神态、一句话，在众大臣的衬托下，曹操的过人胆识通过细节呈现了出来。在写人的系列细节中有核心细节（多为动作细节）和一般细节（多为肖像细节、语言细节）的分别。一篇微型小说，很可能就是由一个核心细节，连接若干个一般细节构成情节主体；一篇(部)中长篇小说，则由若干个或若干系列的核心细节组成情节长链。

核心细节是一篇小说作品中最重要的艺术细胞，其质量高低决定小说的成功与否。高质量的小说核心细节具有独特性、概括性、动作性等具体的审美特点，往往富有极强的表现力，不仅对小说典型人物形象的塑造起着重要作用，也有助于连接故事情节的发展。细节使小说的内在联系更加紧密，同时也能够增强小说作品的感染力。

小说的核心细节和一般细节在联结为情节整体时有明显的因果脉络和时空线索，它不像诗歌意象那样飞宕式联结，也不像散文内容那样散跳式联结。小说细节之间的联结隐含着小说作者对生活的因果理解，可以说，小说作者有什么样的主观立意，小说细节就会产生什么样的运动方式和联结方式。

五、再现生活的虚构形象

小说创造的艺术形象与现实生活形象有着直接的联系。小说形象是对现实人生的一种实体性和过程性的描述，它以这种实体性、过程性的描述来赢得读者的信赖和欣赏。但是客观现实的生活印象必须经过作者主观心灵的艺术改造才能成为小说写作的原型。为了通过小说形象完美地表达自己对生活的主观体验和主观感悟，作者可以将他感受最深的生活形象直接写进小说；也可以为了表现一个主题，而将众多的生活形象分解后重组为一个新的艺术形象。显然，小说的这种客观描述是对生活形象的“再现”，虚构是小说形象的突出特征。因而，小说讲述的事件总是新奇和富有争议的。

小说《洛丽塔》的作者、美国作家纳博科夫的叔祖母曾在创作上指点他："瞧那些小丑！……到处都是，你的周围。树木是小丑，词汇是小丑，境遇和数据也是，把这些玩艺儿聚拢在一起——加上玩笑和影像——你就得到了个三重的小丑。来吧！玩你的游戏吧！虚构这个人间！虚构的现实！"余华在随笔《川端康成与卡夫卡》也写到："……我注意到了一种虚伪的形式。这种形式使我的想象力重新获得了自由，犹如田野上的风一样自由自在。"

虚构并不减损小说的真实感，因为人的真实感包括两个层次，一个是感觉的，一个是思考的。生活留给我们的不过是一个印象和困惑不已的好奇的感觉，记忆中的印象和感觉因为有感情才会显得真实。比如，你在一个地方曾经存在过，但是，一些人和事就好像没有发生过；而另一些人和事则常常想起，犹在眼前。现实中的人和事可以如同虚构或十分真切，只是因为情感。优秀的小说中所呈现的是饱含情感的人物形象与故事情节，这些人物形象与故事情节经过作者的改写和渲染而独具艺术魅力，使读者在阅读过程中感受到艺术的真实。

第三节 如何阅读小说

小说阅读的核心就是通过情节和环境来领略人物性格中美的本质，体味人物性格在发展中的美的演变轨迹，从而深刻领会生活历程的多彩和人生意义的内涵。

一、品读小说的人物

阅读一篇小说，人们津津乐道的往往是给人留下深刻印象的人物形象。小说人物形象体现了某一类型的人物特征，蕴含着深刻的社会主题，折射着丰富的社会生活形态。因而，品读小说作品中的人物不仅要在情节发展中概括出人物的性格特征，还要通过对人物的赏析，发现作者寄寓其中的典型意义。

在小说作品中，人物与情节密切关连。人物的活动构成情节，人物的性格特征也必须在具体情节发展中得以彰显。小说作品的艺术魅力在很大程度上缘于人物在跌宕起伏的情节发展中的经历。小说情节通常由一组或若干组具体的生活事件所组成，在一条基本情节线索的统领下包括许许多多的细节，其中的矛盾冲突是形成情节的基础，也是推动情节发展的动力。冲突双方的人物性格，则直接决定了情节进展的趋向。因此，品读人物首先要依据人物在情节发展中的具体表现，概括其性格特征。

在老舍作品《骆驼祥子》(1936)中，通过品读"祥子是这样的一个人：在新的环境里还能保持着旧的习惯"，我们可以了解祥子是能够保持本色、真诚自然的人；从"在车厂子里，他不闲着，把汗一落下去，他就找点事儿做”，“有祥子在这儿，先不提别的，院子与门口永远扫得干干净净”来看，祥子是勤劳本分、讲究干净的人；从祥子老用心听着虎妞的话，不和她争辩，我们又可以品读出祥子脾气好、受人言语的一面；从“我可还得在这儿住，多咱我拉上包月，才去住宅门！”那颇自傲的话语，我们还可以看出祥子又是一个有追求、有理想的青年。祥子在具体情节发展中的言行举止表现出他与众不同的性格特点。

阅读小说作品，品读主要人物，我们要在概括其性格特征的基础上，读懂作者寄寓其中的深刻用意，读出人物背后的典型意义。

在鲁迅经典作品《阿Q正传》（1921）中，作家通过对阿Q一连串言谈举止的细致刻画，让一个自尊自大、自轻自贱、自欺欺人、畏强凌弱的典型呼之欲出。鲁迅塑造阿Q这一人物形象，是想暴露国民的弱点，“写出一个现代的我们国人的灵魂”。其实，不正视现实、只求精神胜利、可笑又可悲的阿Q，不仅反映了当时中国农民精神麻木和不觉悟的状态，映照出国民性的弱点，而且揭示了普遍存在于人类的某种共同精神现象。阿Q，是超越时空的人类群体的真实写照。因此，品读阿Q，要在把握阿Q个人形象的基础上，读懂阿Q群体的典型意义。

二、梳理小说的情节

英国小说理论家福斯特曾直言：“一本结构紧密的小说，其中必然事事相关因果关系”。小说情节是按照因果逻辑关系对先后发生的一系列事件的解释和重组。也就是说，小说中的事件不仅表现人物行为的矛盾冲突，而且各个事件之间还有某种内在的因果逻辑关系。从各类小说作品来看，无论是一波三折的戏剧式情节、随意自然的诗化情节，还是精于首尾、善于突转的欧·亨利式情节，无一不体现因果逻辑关系。因此，阅读小说的重要任务之一，就是梳理情节，找出各个事件之间的因果联系，理清小说的脉络；对因果关系比较复杂的小说作品，我们还要选准分析角度，选定人物视角进行梳理。

从表面来看，承续小说各个事件一致性的，可能是事件发生的时间顺序，也可能是人物活动的空间顺序。但是，小说中的事件不是按照时间或空间顺序来描述的，而是作家依据自己的逻辑思维对各个事件的重新设置和组合。因而，梳理小说情节，就要寻找各事件间的因果关系，理清事情的来龙去脉。鲁迅在小说《祝福》（1924）中向我们讲述了一个悲剧——祥林嫂的死。显然作家叙述的顺序并不是祥林嫂悲剧发生发展的顺序，要理清小说的脉络，就要还原潜藏在作家叙述背后的因果关系。祥林嫂的死表面上看是穷死的，而深入分析，造成祥林嫂悲剧的原因却是封建礼教的荒谬和不讲道理。因为骨子里的封建礼教观念，祥林嫂习惯了被周围的人们漠视和嘲讽，为自己不能端“福礼”而失神，为死后被两个鬼争抢而恐慌；因为骨子里的封建礼教观念，周围的人们习惯了漠视和嘲讽，习惯了麻木。所以，我们可以说是封建礼教杀死了祥林嫂。祥林嫂的死对她来说是一个悲剧，对生活在祥林嫂周围的人们来说也是一个悲剧。找到这层因果关系，再来梳理祥林嫂由不幸到不幸中的好运、直至最后惨死这一脉络也就水到渠成了。

有些小说作品，由于各个事件之间及人物关系错综交织，彼此之间的因果逻辑关系因此而显得难以把握。阅读这样的小说作品，要把握其情节脉络，应当首先选准分析的视角，然后进行梳理。

阅读莫泊桑的小说《项链》(1884)，许多读者在作者行文过程中一路埋下的伏笔和暗示中由果索因，而且对小说的结尾艺术津津乐道。其实，阅读小说的目的绝不是为了寻找文中的几处伏笔，从而证明最后项链是“假”的种种合理性。我们在梳理情节时还要考虑情节的发展是否由人物性格特征的内在力量所推动、情节的设计是否有力地表现了人物性格等问题。因而，梳理《项链》情节结构，如以项链为中心，我们可以把核心事件概括为“借项链——丢项链——赔项链”；若按主人公玛蒂尔德的心理变化来分析，我们就可以把项链背后的人物及事件间的因果关系概括出来，玛蒂尔德的内心由爱慕虚荣、精神空虚贫乏转变为现实、自尊等。由此可见，所选取的分析视角不同，对小说情节脉络的梳理就会迥异。

三、分析小说的环境

环境作为小说必备的要素之一，也是烘托人物性格、展现故事情节的重要手段。人物性格的形成与发展，不仅与情节的发展有关，也受特定环境的制约。只有细致描绘环境，作家才可能具体、真实地揭示出人物活动和矛盾冲突的现实根据。因而，阅读小说，我们还要细致分析小说中对环境的描写。

小说中所描写的环境主要分为自然环境和社会环境。作家往往用生动的自然环境描写，来展现人物活动空间的特点，渲染小说故事的氛围，增强小说的可读性和真实性。社会环境描写则将人物置于真实的、具体的历史环境中，反映特定时期、不同地域、不同民族的心理与审美。读小说，赏析小说的环境描写，可以从人物塑造与寓意揭示、情节结构与氛围渲染等角度来分析。

从环境与人物塑造的关系来看，环境是人物活动的场所，环境不仅展现小说人物活动的空间特点，更能清晰地烘托或暗示人物形象。小说中具体环境往往是作家为表现人物性格特征而有意设置，特定环境中的具体景物往往饱含深刻寓意。

在小说《边城》中，沈从文以田园牧歌式的情调描绘出一个桃花源式的边城世界。小说中的环境描写随处可见，如“深潭为白日所映照，河底小小白石子，有花纹的玛瑙石子，全看得明明白白。水中游鱼来去，全如浮在空气里。两岸多高山，山中多可以造纸的细竹，长年作深翠颜色，逼人眼目”等。这样的环境是小说主人公翠翠的生活世界。环境是纯美的，风景如画，画中有诗，充分展现了湘西的乡土风情和诗情画意。但是环境也是封闭的，这种诗意毕竟远离了必要的正常的人际交往。翠翠生活在这诗意世界里，在无人过渡闲暇时只能和黄狗玩，只有听爷爷讲多年以前的故事。所以，《边城》中的环境描写既展现了湘西世界的诗意与和谐，也暗示了翠翠的爱情故事将是一个凄美的悲剧。

从环境与情节发展的关系来看，环境描写往往与情节发展密切相连，小说中具体的环境描写或推动情节发展，或前后照应，使小说结构更为严谨。恰到好处的环境描写还可以营造一种特定的艺术氛围，激发读者的阅读兴趣。如《三国演义》第二十一回中有一段经典的环境描写：“酒至半酣，忽阴云漠漠，骤雨将至。从人遥指天外龙挂，操与玄德凭栏观之……”这段自然景物描写不仅交待了当时突如其来的天气变化，还直接推动情节发展，为接下来曹刘二人论英雄做铺垫。恰当的自然环境描写还可以喻示故事的时代背景，深化小说的主题等。如《祝福》的结尾："我在蒙胧中，又隐约听到远处的爆竹声联绵不断，似乎合成一天音响的浓云，夹着团团飞舞的雪花，拥抱了全市镇。"这段自然环境描写通过对比和象征的手法增强了祥林嫂命运的悲剧色彩，同时也深化了小说的主题。

四、鉴赏小说的细节

生动逼真的细节描写，不仅在塑造人物形象、连接情节发展等方面起着重要作用，还能够增强小说的生动性和真实感，让人读来回味无穷。在优秀的小说作品中，任何细节都不会随意地出现。逼真细腻的细节描写，有助于展现人物的内心世界、表现人物的典型性格、丰富人物的艺术形象，有利于人物形象的塑造和主题的表达。尤其是针对故事情节中的细微小事或人物言行神态的细节描写，对塑造典型人物起着非常重要的作用。阅读小说，要发掘细节与人物塑造之间的关系，品味小说的细节描写。

法国作家巴尔扎克的长篇小说《欧也妮·葛朗台》(1833)中，作家对葛朗台个性化的动作、语言等进行了细致入微的刻画。如"箍桶匠的眼睛老盯着女儿跟梳妆匣"；"瞪着金子的眼光"；"把刀子对着梳妆匣，望着女儿，迟疑不决"；"箍桶匠看看金子，看看女儿，愣了一会"；"欧也妮把金路易铺在桌上，他几小时地用眼睛盯着"；"目不转睛地瞧着那些法器"等。通过对葛朗台眼神的细致勾勒，作品传神逼真地活现出葛朗台虚伪、狡诈、爱财如命、贪婪成癖的守财奴形象。再如，抢夺梳妆匣时"老头儿身子一纵，扑上梳妆匣，好似一头老虎扑上一个睡着的婴儿"；"老家伙想掏出刀子撬一块金板下来，先把匣子往椅子上一放。欧也妮扑过去想抢回，可是箍桶匠的眼睛老盯着女儿跟梳妆匣，他手臂一摆，使劲一推，欧也妮便倒在母亲床上"，这里连续用了几个夸张的动词"纵"、"扑"、"撬"、"放"、"摆"、"推"，写出了葛朗台动作的熟练老到、干脆利落。这一系列入骨三分的细节描写读来如闻其声、如见其形，对塑造葛朗台的典型形象起了重要作用。

小说作品中的细节描写大都是作家精心设计和安排的。小说中精彩的细节描写不仅能使人物形象更加鲜明突出，还能反映人物的处境，巧妙连接故事情节的发展。有些细节虽看似闲笔，但往往是连接小说情节的纽带，其作用不容忽视。"情节是矛盾纵向的、公开的、快速的开展，细节则是矛盾横向的、隐蔽的、缓慢的揭示。"(张德林，《现代小说美学》)从细节与情节关系来看，细节连接情节，并显示情节的发展和深化。

孙犁的诗意小说《荷花淀》(1945)中"夫妻话别"一节的细节刻画堪称经典。水生嫂先是察觉到水生的笑不像平常，而后听到丈夫小声说"明天我就到大部队上去了"时，"女人的手指震动了一下，想是叫苇眉子划破了手，她把一个手指放在嘴里吮了一下。"手指一"震"、一"放"、一"吮"，几个简单的动作生动细致地显现出水生嫂内心较为复杂的心情。这里既饱含着水生嫂对水生的关爱与担心，也可以看出水生嫂不想拖后腿，不想让水生有后顾之忧。正是因为水生嫂这几个动作细微不易观察，才使得水生可以放心地参军，也才有后来女人们探望丈夫遇险，然后伏击敌人等主要情节的发展。由此可见，有时精到的细节描写能为故事情节的发展作必要的铺垫。

五、把握小说的主旨

作家塑造典型环境中的典型人物、精心构思小说作品，都是为小说的主旨服务的。小说通过塑造典型环境中的典型人物或者讲述经典的故事来反映社会生活、揭示人生哲理、表明作家的认识倾向，其主旨是作家创作的意图所在，也是小说作品的价值所在。因此，要读懂小说，感受小说的魅力，就要从典型人物、作家精巧的构思入手，也可以根据作品创作的时代背景来分析、理解作家的创作意图，读出小说作品的价值和意义。

小说以塑造人物形象为中心来反映社会生活，小说的主旨一般是通过典型人物形象的塑造来展现的。在阅读小说作品时，不妨从典型人物入手读懂小说家的创作意图，明确小说作品的主旨。鲁迅在《故乡》（1921）中，同样是通过塑造典型环境中的典型人物来阐明自己的主旨。在故乡美好的过去和萧索的现实中，闰土、杨二嫂和“我”是生存在典型环境中的典型人物。这三个典型人物又分别代表了三类不同阶层的人：闰土是底层农民的典型，杨二嫂是城镇破产小市民的代表，“我”则成为小知识分子的代言人。闰土由曾经的小英雄变成了现在的木偶人，杨二嫂由过去的豆腐西施变成了细脚伶仃的圆规，“我”不仅从过去的那个“少爷”变成了别人眼中的“老爷”，而且为了生活而辛苦辗转各地。在“故乡”这一典型环境中，三个典型人物都因为国家和社会的变化而发生了变化。鲁迅看到了这一点，所以直接从病态社会的不幸人们中取材并提炼创作了《故乡》，从而揭出病苦，引起疗救的注意。

在人物关系复杂的小说中，要读懂作品，必须选准典型人物，通过对典型人物的细致品读探寻作家的用意，准确把握小说的主旨。吴承恩在长篇小说《西游记》中塑造了孙悟空、唐僧、沙和尚、猪八戒、小白龙等主要人物。通过对作品主要情节的品读，我们可以辨识出敢于战天斗地、挑战一切的孙悟空是这篇小说的核心人物。通过孙悟空这一个典型人物，读者能够感受到古代劳动人民那种正义大胆、不屈不挠的斗争精神，横扫一切妖魔鬼怪的大无畏气概。小说通过对典型人物孙悟空的描写，表现了劳动人民战胜一切困难的必胜信念。

作家为了追求小说作品的文学性，提高作品的艺术成就，往往会从多个方面精心构思作品。小说题目的拟定、故事情节的安排、有情感色彩语言的选择与表述、细节描写的运用等，都是作家紧紧围绕小说的主旨而精心设计的。铁凝的代表作《哦，香雪》（1982），细致描摹了火车给台儿沟少女带来的情感波澜。很显然，题目是小说家精心设计的，既直接表明了小说的主人公，也蕴含了深刻的寓意，表现出现代文明给人们带来希望与惆怅交织的复杂矛盾心理。日本作家栗良平的《一碗阳春面》（1987），人物朴素、情节简单，但母子三人四次吃面的细节体现出人与人之间的温情，也揭示了人必须艰苦奋斗、积极迎接挑战的主旨。可见，作家在构思作品时的精心考虑都是为作品主旨服务的，阅读作品也须从作家的构思入手把握作品的主旨。

高尔基曾说，小说是时代的生活和情绪的历史。小说作品是作家对生活提炼与文学加工的结果，其中人物的思想行为是对特定社会生活的反映，不可避免地带有时代的烙印。因此，要明确小说主旨，真正读懂小说，还要“知人论世”，根据小说创作的时代背景、作家的创作意图来揣摩。德国作家沃尔夫冈·博歇尔特的小说《面包》（1946），只是讲述了一个小故事：妻子已经非常肯定丈夫偷了面包，但她并没有明言，而是以谎话对谎话，然后安然入睡，让丈夫在被窝中把面包吃掉。这篇作品的主旨是什么呢？解决这个问题就有必要充分了解作家经历和作品的写作背景。否则，对作品主旨的把握很容易出现偏差。

沃尔夫冈·博歇尔特是西德废墟文学的先驱和重要代表作家，小说《面包》写的正是第二次世界大战后人们在饥荒处境中的生活。在此时代背景下，饥荒中妻子维护丈夫尊严并为他省下口粮的小故事，不但表现了妻子对丈夫深挚的爱、患难与共的真情，也歌颂了第二次世界大战后饥荒中人们互相砥砺、互相关爱的精神。

小说是一种复杂的叙事性文学体裁，除了上述五个方面以外，还可从各种角度品味小说刻画人物、铺叙情节和布局结构的各种艺术技巧，诸如肖像勾勒、心理摹绘、对话妙语、伏笔技巧和构思匠心等，都可以不同程度地收到审美的效果。

阅读示例

1. 三国演义（节选）

罗贯中

【题解】

罗贯中，元末明初著名的小说家。号湖海散人，太原人。他家学渊博，从小喜爱读书、博览经史，这些为他后来的文学创作打下了良好的基础。罗贯中所处的时代，正是民族矛盾和阶级矛盾异常尖锐复杂的时代，蒙古贵族建立的元政权，对汉族实行高压统治，激起广大汉族人民的反抗，各地都出现了起义军。青年时代的罗贯中也参加了一支起义军，担任一名参谋。明王朝建立后，罗贯中开始归隐进行文学创作。罗贯中阅历丰富，颇有才气。他的创作既有小说，也有杂剧。而使他得以青史留名的，就是人所熟知的《三国志通俗演义》(简称《三国演义》)。

《三国演义》是我国第一部著名的章回体历史小说，也是我国古代小说跨入成熟阶段的标志。它取材于重大的历史事件，描述了自汉灵帝中平元年 (184 年) 到西晋武帝太康元年 (280 年) 将近一百年间，魏、蜀、吴三国的兴衰过程以及彼此间的政治、军事和外交方面的斗争，反映了广大人民的苦难，谴责了统治者的奸诈凶残。作者饱受了元蒙统治者的民族压迫之苦，因此他认为刘备的蜀国应该是合法继承汉朝的，是正统的，而魏、吴两国不过是僭位和篡窃，因此在小说中有着鲜明的“拥刘反曹”倾向。由于其艺术上的巨大成就，作品中根据历史事件演义出来的故事情节被广为传诵，影响远远超过了正史，以至于民间对三国历史的认知，大部分来自《三国演义》而不是正史《三国志》。

《三国演义》全书 120 回，下文节选的是第四回后半部分。

第四回　废汉帝陈留践位 谋董贼孟德献刀

……

时袁绍在渤海，闻知董卓弄权，乃差人赍密书来见王允。书略曰：

卓贼欺天废主，人不忍言；而公恣其跋扈，如不听闻，岂报国效忠之臣哉？绍今集兵练卒，欲归清王室，未敢轻动。公若有心，当乘间图之。如有驱使，即当奉命。

王允得书，寻思无计。一日，于侍班阁子内见旧臣俱在，允曰："今日老夫贱降[①]，晚间敢屈众位到舍小酌。"众官皆曰："必来祝寿。"当晚王允设宴后堂，公卿皆至。酒行数巡，王允忽然掩面大哭。众官惊问曰："司徒贵诞，何故发悲？"允曰："今日并非贱降，因欲与众位一叙，恐董卓见疑，故托言耳。董卓欺主弄权，社稷旦夕难保。想高皇诛秦灭楚，奄有天下；谁想传至今日，乃丧于董卓之手。此吾所以哭也。"于是众官皆哭。坐中一人抚掌大笑曰："满朝公卿，夜哭到明，明哭到夜，还能哭死董卓否？"允视之，乃骁骑校尉曹操也。允怒曰："汝祖宗亦食禄汉朝，今不思报国而反笑耶？"操曰："吾非笑别事，笑众位无一计杀董卓耳。操虽不才，愿即断董卓头，悬之都门，以谢天下。"允避席[②]问曰："孟德有何高见？"操曰："近日操屈身以事卓者，实欲乘间图之耳。今卓颇信操，操因得时近卓。闻司徒有七宝刀一口，愿借与操入相府刺杀之，虽死不恨！"允曰："孟德果有是心，天下幸甚！"遂亲自酌酒奉操。操沥酒设誓，允随取宝刀与之。操藏刀，饮酒毕，即起身辞别众官而去。众官又坐了一回，亦俱散讫。

次日，曹操佩着宝刀来至相府，问："丞相何在？"从人云："在小阁中。"操径入。见董卓坐于床上，吕布侍立于侧。卓曰："孟德来何迟？"操曰："马羸行迟耳。"卓顾谓布曰："吾有西凉进来好马，奉先可亲去拣一骑赐与孟德。"布领令而出。操暗忖曰："此贼合死！"即欲拔刀刺之。惧卓力大，未敢轻动。卓胖大不耐久坐，遂倒身而卧，转面向内。操又思曰："此贼当休矣！"急掣宝刀在手，恰待要刺，不想董卓仰面看衣镜中，照见曹操在背后拔刀，急回身问曰："孟德何为？"时吕布已牵马至阁外。操惶遽，乃持刀跪下曰："操有宝刀一口，献上恩相。"卓接视之，见其刀长尺余，七宝嵌饰，极其锋利，果宝刀也。遂递与吕布收了。操解鞘付布。卓引操出阁看马，操谢曰："愿借试一骑。"卓就教与鞍辔。操牵马出相府，加鞭望东南而去。布对卓曰："适来曹操似有行刺之状，及被喝破，故推献刀。"卓曰："吾亦疑之。"正说话间，适李儒至，卓以其事告之。儒曰："操无妻小在京，只独居寓所。今差人往召，如彼无疑而便来，则是献刀；如推托不来，则必是行刺，便可擒而问也。"卓然其说，即差狱卒四人往唤操。去了良久，回报曰："操不曾回寓，乘马飞出东门。门吏问之，操曰'丞相差我有紧急公事'，纵马而去矣。"儒曰："操贼心虚逃窜，行刺无疑矣。"卓大怒曰："我如此重用，反欲害我！"儒曰："此必有同谋者，待拿住曹操便可知矣。"卓遂令遍行文书，画影图形，捉拿曹操。擒献者，赏千金，封万户侯；窝藏者同罪。

且说曹操逃出城外，飞奔谯郡。路经中牟县，为守关军士所获，擒见县令。操言："我是客商，覆姓皇甫。"县令熟视曹操，沉吟半晌，乃曰："吾前在洛阳求官时，曾认得汝是曹操，如何隐讳！且把来监下，明日解去京师请赏。"把关军士赐以酒食而去。至夜分，县令唤亲随人暗地取出曹操，直至后院中审究；问曰："我闻丞相待汝不薄，何故自取其祸？"操曰："燕雀安知鸿鹄志哉！汝既拿住我，便当解去请赏。何必多问！"县令屏退左右，谓操曰："汝休小觑我。我非俗吏，奈未遇其主耳。"操曰："吾祖宗世食汉禄，若不思报国，与禽兽何异？吾屈身事卓者，欲乘间图之，为国除害耳。今事不成，乃天意也！"县令曰："孟德此行，将欲何往？"操曰："吾将归乡里，发矫诏，召天下诸侯兴兵共诛董卓，吾之愿也。”县令闻言，乃亲释其缚，扶之上坐，再拜曰：“公真天下忠义之士也！”曹操亦拜，问县令姓名。县令曰：“吾姓陈，名宫，字公台。老母妻子，皆在东郡。今感公忠义，愿弃一官，从公而逃。”操甚喜。是夜陈宫收拾盘费，与曹操更衣易服，各背剑一口，乘马投故乡来。

行了三日，至成皋地方，天色向晚。操以鞭指林深处谓宫曰：“此间有一人姓吕，名伯奢，是吾父结义弟兄；就往问家中消息，觅一宿，如何？”宫曰：“最好。”二人至庄前下马，入见伯奢。奢曰：“我闻朝廷遍行文书，捉汝甚急，汝父已避陈留去了。汝如何得至此？”操告以前事，曰：“若非陈县令，已粉骨碎身矣。”伯奢拜陈宫曰：“小侄若非使君，曹氏灭门矣。使君宽怀安坐，今晚便可下榻草舍。”说罢，即起身入内。良久乃出，谓陈宫曰：“老夫家无好酒，容往西村沽一樽来相待。”言讫，匆匆上驴而去。

操与宫坐久，忽闻庄后有磨刀之声。操曰：“吕伯奢非吾至亲，此去可疑，当窃听之。”二人潜步入草堂后，但闻人语曰：“缚而杀之，何如？”操曰：“是矣！今若不先下手，必遭擒获。”遂与宫拔剑直入，不问男女，皆杀之，一连杀死八口。搜至厨下，却见缚一猪欲杀。宫曰：“孟德心多，误杀好人矣！”急出庄上马而行。行不到二里，只见伯奢驴鞍前鞒悬酒二瓶，手携果菜而来，叫曰：“贤侄与使君何故便去？”操曰：“被罪之人，不敢久住。”伯奢曰：“吾已分付家人宰一猪相款，贤侄、使君何憎一宿？速请转骑。”操不顾，策马便行。行不数步，忽拔剑复回，叫伯奢曰：“此来者何人？”伯奢回头看时，操挥剑砍伯奢于驴下。宫大惊曰：“适才误耳，今何为也？”操曰：“伯奢到家，见杀死多人，安肯干休？若率众来追，必遭其祸矣。”宫曰：“知而故杀，大不义也！”操曰：“宁教我负天下人，休教天下人负我。”陈宫默然。

当夜，行数里，月明中敲开客店门投宿。喂饱了马，曹操先睡。陈宫寻思：“我将谓曹操是好人，弃官跟他；原来是个狼心之徒！今日留之，必为后患。”便欲拔剑来杀曹操。正是：设心狠毒非良士，操卓原来一路人。

毕竟曹操性命如何，且听下文分解。

【注释】

①贱降：谦称自己的生日。

②避席：离席而立。古人席地而坐，与尊显者谈话须离席而立，以示尊敬。此处表明王允对曹操言论的重视。

【简析】

《三国演义》是我国最有成就的长篇历史演义小说。它不仅在国内拥有极为广泛的读者，也受到外国读者的广泛欢迎，产生了世界性的影响。

《三国演义》中塑造了一系列英雄人物，他们个个性格鲜明，特点突出，有血有肉，栩栩如生，构成一道人物形象七彩画廊。其中典型人物的典型性格，往往是历史上的真实人物的主要性格特征的极端夸大，因而具有特定的“类型性”，如神机妙算的诸葛亮，忠义勇武的关羽，雄猛莽撞的张飞，浑身是胆的赵云，老当益壮的黄忠，智勇双全而又气量狭窄的周瑜，忠厚老实、有长者之风的鲁肃，奸诈多疑的曹操，等等，他们的性格特征都较单一而稳定，呈现出“脸谱化”、“浮雕化”的特点，具有迷人的艺术魅力。

曹操是中国历史上杰出的政治家、军事家、文学家。但由于作者“拥刘反曹”的倾向，小说中虽然展示了曹操雄才大略、有勇有谋、惜才爱才的一面，但他多疑、残忍、奸诈、自私的一面却被无限夸大了。在罗贯中的笔下，曹操成了一代“奸雄”的代表。节选部分一共两个情节：刺杀董卓未果；逃亡途中杀死其父结义弟兄吕伯奢全家。这两个情节，恰恰反映了曹操既“雄”且“奸”的性格特征。

作品中的人物塑造还达到了性格的单一性与多样性的统一。这种多样性体现了人物自身鲜明的个性。以曹操来说，他既有奸诈的一面，又有雄才大略的一面；而且这奸与雄的两方面是紧密融合在一起的，不能够断然分开，这就是曹操独特的个性。就其英雄的一面来说，他早年在平定黄巾起义的战争中崭露头角；在反对腐朽的宦官势力的斗争中，他表现得非常活跃……曹操首先是作为一个英雄人物活跃在三国舞台上的，罗贯中据此描写了曹操的雄才大略、招纳贤才、善于吸纳意见、多谋善断等许多好的方面。然而，曹操不单是一个英雄，他最终由英雄发展为一个奸雄。曹操自小就比别人多些心眼，曾装中风欺骗他的叔叔、父亲。而且他从小养成了极端利己主义的世界观，这就是“宁教我负天下人，休教天下人负我”。这种极端利己主义世界观与他的聪明、狡诈结合起来，促成了他政治野心的大爆发。因此，随着他政治势力的发展、政治经验的成熟，曹操的野心也就越来越显露，他的奸诈、残暴的一面也就暴露得越来越充分，曹操最终还是以一个奸雄的形象矗立在读者的面前。

作者为了塑造具有典型性格的人物形象，采用了不同的手法。首先是别出心裁的肖像描写，使人物的外在形象鲜明醒目，与众不同，且隐隐与其内在的主要特征暗合。如刘备的“两耳垂肩，双手过膝，目能自顾其耳”；关羽的“身长九尺，髯长二尺；面如重枣，唇若涂脂；丹凤眼，卧蚕眉”；张飞的“豹头环眼，燕颔虎须，声若巨雷，势如奔马”；诸葛亮的“面如冠玉，头戴纶巾；身披鹤氅，飘飘然犹有神仙之概”。与此相应，关羽使的青龙偃月刀、骑的赤兔马，张飞使的丈八蛇矛，诸葛亮手中的羽毛扇，也都有特定的属性。

其次是通过不同的故事情节，反复渲染人物的主要性格特征，使其在单一化中呈现出丰富性、复杂性。如张飞嫉恶如仇、粗豪爽直的性格，就是通过怒鞭督邮、屡次向吕布挑战、古城会拒关羽等情节突显出来的。但张飞又“粗中有细”，从善如流。如他对诸葛亮、庞统的先倨后恭态度，他的计败张郃、义释严颜，都体现了他并非是单纯的一个鲁莽武夫的个性特点。

再次，善用夸张、对比、烘托的手法。如写诸葛亮的出山，通过徐庶、司马徽的推荐，三顾茅庐而两次不遇，崔州平等奇士的歌吟谈吐，黄承彦的骑驴雪中吟诗，以及卧龙岗山村景色的幽雅清美，层层烘托了诸葛亮的豪杰品格和绝世才能。刘、关、张第三次去请诸葛亮时，后者“昼寝未醒”。此时，“玄德拱立阶下”，“半晌”，张飞则“大怒”，准备“放一把火”烧他起来，而关羽却“再三劝住”张飞。在强烈的对比当中把刘备的宽厚、张飞的莽撞、关羽的沉稳，表现得惟妙惟肖。

《三国演义》在人物塑造上的这些成就，标志着我国古典小说在艺术上的新发展。

2. 红楼梦（节选）

[清]曹雪芹

【题解】

曹雪芹(1715—1763)，清代作家，名霑，字梦阮，号雪芹、芹圃、芹溪，祖籍辽阳。祖上曾显赫一时，但因宫廷斗争牵连，家产被抄，家道中落。晚年生活艰难，贫困而卒。他性格豪放，喜欢饮酒，多才多艺，工诗善画，具有深厚的文化修养和卓越的艺术才能。在穷困艰难的环境里，他"披阅十载，增删五次"，坚持创作长篇小说《红楼梦》。

《红楼梦》代表了我国古典小说艺术的最高峰，最初以八十回抄本形式在社会上流传，本名《石头记》。现行《红楼梦》全书一百二十回，后四十回为高鄂所补。小说以贾、王、史、薛四大家族为背景，以贾宝玉和林黛玉的爱情故事为主线，围绕两个主要人物的感情纠葛，描写了大观园内外一系列青年男女的爱情故事。同时，通过对这些爱情悲剧产生的社会环境的描绘，牵涉到封建社会政治、法律、宗法、妇女、道德、婚姻等方面的问题，昭示了封建社会末期的世态。可以说，《红楼梦》是一部我国封建社会后期社会生活的百科全书。

下文节选的是第三十三回主要情节。

第三十三回　手足耽耽　小动唇舌　不肖种种大承笞挞

……

贾政见他（宝玉）惶悚，应对不似往日，原本无气的，这一来倒生了三分气。方欲说话，忽有回事人来回："忠顺亲王府里有人来，要见老爷。"贾政听了，心下疑惑，暗暗思忖道："素日并不和忠顺府来往，为什么今日打发人来？"一面想，一面令"快请"，急走出来看时，却是忠顺府长史官，忙接进厅上坐了献茶。未及叙谈，那长史官先就说道："下官此来，并非擅造潭府①，皆因奉王命而来，有一件事相求。看王爷面上，敢烦老大人作主，不但王爷知情，且连下官辈亦感谢不尽。"贾政听了这话，抓不住头脑，忙陪笑起身问道："大人既奉王命而来，不知有何见谕，望大人宣明，学生好遵谕承办。"那长史官便冷笑道："也不必承办，只用大人一句话就完了。我们府里有一个做小旦的琪官，一向好好在府里，如今竟三五日不见回去，各处去找，又摸不着他的道路，因此各处访察。这一城内，十停人倒有八停人都说，他近日和衔玉的那位令郎相与甚厚。下官辈等听了，尊府不比别家，可以擅入索取，因此启明王爷。王爷亦云：'若是别的戏子呢，一百个也罢了；只是这琪官随机应答，谨慎老诚，甚合我老人家的心，竟断断少不得此人。'故此求老先生转谕令郎，请将琪官放回，一则可慰王爷谆谆奉恳，二则下官辈也可免操劳求觅之苦。”说毕，忙打一躬。

贾政听了这话，又惊又气，即命唤宝玉来。宝玉也不知是何原故，忙赶来时，贾政便问：“该死的奴才！你在家不读书也罢了，怎么又做出这些无法无天的事来！那琪官现是忠顺王爷驾前承奉的人，你是何等草芥，无故引逗他出来，如今祸及于我！”宝玉听了唬了一跳，忙回道：“实在不知此事。究竟连‘琪官’两个字不知为何物，岂更又加‘引逗’二字！”说着便哭了。贾政未及开言，只见那长史官冷笑道：“公子也不必掩饰。或隐藏在家，或知其下落，早说了出来，我们也少受些辛苦，岂不念公子之德？”宝玉连说不知，“恐是讹传，也未见得。”那长史官冷笑道：“现有据证，何必还赖？必定当着老大人说了出来，公子岂不吃亏？既云不知此人，那红汗巾子怎么到了公子腰里？”宝玉听了这话，不觉轰去魂魄，目瞪口呆。心下自思：“这话他如何得知？他既连这样机密事都知道了，大约别的瞒他不过，不如打发他去了，免的再说出别的事来。”因说道：“大人既知他的底细，如何连他置买房舍这样大事倒不晓得了？听得说他如今在东郊离城二十里有个什么紫檀堡，他在那里置了几亩田地几间房舍。想是在那里也未可知。”那长史官听了，笑道：“这样说，一定是在那里。我且去找一回，若有了便罢，若没有，还要来请教。”说着，便忙忙的走了。

……

宝玉急的跺脚，正没抓寻处，只见贾政的小厮走来，逼着他出去了。贾政一见，眼都红紫了，也不暇问他在外流荡优伶，表赠私物，在家荒疏学业，淫辱母婢等语，只喝令“堵起嘴来，着实打死！”小厮们不敢违拗，只得将宝玉按在凳上，举起大板打了十来下。贾政犹嫌打轻了，一脚踢开掌板的，自己夺过来，咬着牙狠命盖了三四十下。宝玉生来未经过这样苦楚，起先觉得打的疼不过，还乱嚷乱哭，后来渐渐气弱声嘶，哽咽不出。众门客见打的不祥了，忙上前夺劝。贾政那里肯听，说道：“你们问问他干的勾当可饶不可饶！素日皆是你们这些人把他酿坏了，到这步田地还来解劝。明日酿到他弑君杀父，你们才不劝不成！”

众人听这话不好听，知道气急了，忙又退出，只得觅人进去给信。王夫人不敢先回贾母，只得忙穿衣出来，也不顾有人没人，忙忙赶往书房中来，慌的众门客小厮等避之不及。王夫人一进房来，贾政更如火上浇油一般，那板子越发下去的又狠又快。按宝玉的两个小厮忙松了手走开，宝玉早已动弹不得了。贾政还欲打时，早被王夫人抱住板子。贾政道：“罢了，罢了！今日必定要气死我才罢！”王夫人哭道：“宝玉虽然该打，老爷也要自重。况且炎天暑日的，老太太身上也不大好，打死宝玉事小，倘或老太太一时不自在了，岂不事大！”贾政冷笑道：“倒休提这话。我养了这不肖的孽障，已不孝；教训他一番，又有众人护持；不如趁今日一发勒死了，以绝将来之患！”说着，便要绳索来勒死。王夫人连忙抱住哭道：“老爷虽然应当管教儿子，也要看夫妻分上。我如今已将五十岁的人，只有这个孽障，必定苦苦的以他为法，我也不敢深劝。今日越发要他死，岂不是有意绝我。既要勒死他，快拿绳子来先勒死我，再勒死他。我们娘儿们不敢含怨，到底在阴司里得个依靠。”说毕，爬在宝玉身上大哭起来。贾政听了此话，不觉长叹一声，向椅上坐了，泪如雨下。王夫人抱着宝玉，只见他面白气弱，底下穿着一条绿纱小衣皆是血渍，禁不住解下汗巾看，由臀至胫，或青或紫，或整或破，竟无一点好处，不觉失声大哭起来，“苦命的儿吓！”因哭出“苦命儿”来，忽又想起贾珠来，便叫着贾珠哭道：“若有你活着，便死一百个我也不管了。”此时里面的人闻得王夫人出来，那李宫裁王熙凤及迎春姊妹早已出来了。王夫人哭着贾珠的名字，别人还可，惟有宫裁禁不住也放声哭了。贾政听了，那泪更似滚瓜一般滚了下来。

正没开交处，忽听丫鬟来说：“老太太来了。”一句话未了，只听窗外颤巍巍的声气说道：“先打死我，再打死他，岂不干净了！”贾政见他母亲来了，又急又痛，连忙迎接出来。只见贾母扶着丫头，喘吁吁的走来。贾政上前躬身陪笑道：“大暑热天，母亲有何生气亲自走来？有话只该叫了儿子进去吩咐。”贾母听说，便止住步喘息一回，厉声说道：“你原来是和我说话！我倒有话吩咐，只是可怜我一生没养个好儿子，却叫我和谁说去！”贾政听这话不象，忙跪下含泪说道：“为儿的教训儿子，也为的是光宗耀祖。母亲这话，我做儿的如何禁得起？”贾母听说，便啐了一口，说道：“我说了一句话，你就禁不起，你那样下死手的板子，难道宝玉就禁得起了？你说教训儿子是光宗耀祖，当日你父亲怎么教训你来！”说着，不觉就滚下泪来。贾政又陪笑道：“母亲也不必伤感，皆是作儿的一时性起，从此以后再不打他了。”贾母便冷笑道：“你也不必和我使性子赌气的。你的儿子，我也不该管你打不打。我猜着你也厌烦我们娘儿们。不如我们赶早儿离了你，大家干净。”说着便令人去看轿马，“我和你太太宝玉立刻回南京去！”家下人只得干答应着。贾母又叫王夫人道：“你也不必哭了。如今宝玉年纪小，你疼他，他将来长大成人，为官作宰的，也未必想着你是他母亲了。你如今倒不要疼他，只怕将来还少生一口气呢。”贾政听说，忙叩头哭道：“母亲如此说，贾政无立足之地。”贾母冷笑道：“你分明使我无立足之地，你反说起你来！只是我们回去了，你心里干净，看有谁来许你打！”一面说，一面只令快打点行李车轿回去。贾政苦苦叩求认罪。

贾母一面说话，一面又记挂宝玉，忙进来看时，只见今日这顿打不比往日，又是心疼，又是生气，也抱着哭个不了。王夫人与凤姐等解劝了一会，方渐渐的止住。早有丫鬟媳妇等上来，要搀宝玉，凤姐便骂道：“糊涂东西，也不睁开眼瞧瞧！打的这么个样儿，还要搀着走！还不快进去把那藤屉子春凳②抬出来呢。”众人听说连忙进去，果然抬出春凳来，将宝玉抬放凳上，随着贾母王夫人等进去，送至贾母房中。

彼时贾政见贾母怒气未全消，不敢自便，也跟了进去。看看宝玉，果然打重了。再看看王夫人，“儿”一声，“肉”一声，“你替珠儿早死了，留着珠儿，免你父亲生气，我也不白操这半世的心了。这会子你倘或有个好歹，丢下我，叫我靠那一个！”数落一场，又哭“不争气的儿”。贾政听了，也就灰心，自悔不该下毒手打到如此地步。先劝贾母，贾母含泪说道：“你不出去，还在这里做什么！难道于心不足，还要眼看着他死了才去不成！”贾政听说，方退了出来。

此时薛姨妈同宝钗、香菱、袭人、史湘云等也都在这里。袭人满心委屈，只不好十分使出来，见众人围着，灌水的灌水，打扇的打扇，自己插不下手去，便越性走出来到二门前，令小厮们找了焙茗来细问：“方才好端端的，为什么打起来？你也不早来透个信儿！”焙茗急的说：“偏生我没在跟前，打到半中间我才听见了。忙打听原故，却是为琪官金钏姐姐的事。”袭人道：“老爷怎么得知道的？”焙茗道：“那琪官的事，多半是薛大爷素日吃醋，没法儿出气，不知在外头唆挑了谁来，在老爷跟前下的火③。那金钏儿的事是三爷说的，我也是听见老爷的人说的。”袭人听了这两件事都对景④，心中也就信了八九分。然后回来，只见众人都替宝玉疗治。调停完备，贾母令“好生抬到他房内去。”众人答应，七手八脚，忙把宝玉送入怡红院内自己床上卧好。又乱了半日，众人渐渐散去，袭人方进前来经心服侍，问他端的。且听下回分解。

【注释】

①擅造潭府：擅自到贵府。潭府：对他人住宅的尊称。

②藤屉子：凳面用藤皮编成。春凳：一种面较宽的可坐可卧的长凳。

③下的火：挑拨人使发火。

④对景：对得上号，情况符合。

【简析】

“开谈不说《红楼梦》，读尽诗书也枉然”，在19世纪初《红楼梦》诞生不久，就赢得了这么高的评价。随着时间的推移，《红楼梦》在中国文学上的地位无书比肩，它在世界范围内的影响也越来越大。一曲红楼多少梦？情天情海幻情深。在《红楼梦》的世界里，人人都能获得自己想要的那份情感体验。

《红楼梦》描写贾宝玉的爱情和婚姻悲剧，即贾宝玉和林黛玉的爱情悲剧以及贾宝玉和薛宝钗的婚姻悲剧。作者真实细致地描写了悲剧发生和发展的复杂现实内容，揭示造成悲剧的全面而深刻的社会根源。围绕着爱情婚姻悲剧，同时铺开一个由许多有关人物构成的广阔的社会生活环境，从而展示渐趋崩溃的社会的真实内幕。贾宝玉、林黛玉等人对自由和幸福的向往追求，反映了那个时代对个性解放和人权平等的要求，闪烁着初步的民主主义精神。它与封建主义冲突所造成的悲剧，生动地表明封建社会的不合理，使读者预感到这个社会已日暮途穷，走向灭亡。

宝玉挨打是《红楼梦》中的大事件之一。在宝玉挨打之前，小说重点铺叙了三件事：一是金钏儿之死，贾环诬告贾宝玉；二是贾政命宝玉去会来访的贾雨村，宝玉“葳葳蕤蕤”；三是忠顺王府来索要做小旦的琪官。这三件事凑在一块，使贾政对宝玉的积怒如山洪暴发，父子之间的冲突白热化了。

贾政与宝玉的冲突，关键在于价值观念的歧异。宝玉是贾府的希望所在，按照贾政所想，宝玉该以道德文章、仕途经济为重，立身扬名，干国承家；然而宝玉却钻在“情”中出不来，终日“杂学旁收”，离经叛道，说些化灰化烟的荒唐话。贾政的望子成龙与宝玉的“不成器”形成巨大的反差，做父亲的终于忍无可忍，往死里打宝玉了。

宝玉挨打，事情发生得很急，有似迅雷不及掩耳之势。但小说写得很有层次。先是众门客劝阻；然后是王夫人，接下来是李纨、凤姐及迎、探姊妹；最后是贾母。而且，每个人的言行，都写得极耐寻味。比如王夫人，她心里疼的是宝玉，却一个劲地叫着贾珠的名字哭；贾政听了，自然便想到：真“珠”已不在人世，眼前的宝玉即使是“假”的，可对于贾府来说，也是命根子，他作为父亲的慈爱之情由此被激发起来。至于贾母在处理父子矛盾时，对于贾政的严厉中有宽容的责备，以及对宝玉的深深的疼爱，作品也表现得恰到好处。

宝玉挨打，使贾政与贾母等的矛盾陡然加剧，但最后他们达成了一致。贾政说："老太太也不必伤感，都是儿子一时性急，从此以后，再不打他了。"贾母说："儿子不好，原是要管的，不该打到这个份儿！"都承认了对方的合理性。不过，真正深刻的矛盾——贾政与宝玉的价值取向的不同——并未消失，倒是更深化了。正统与叛逆都在加强着自己。

3. 金锁记（节选）

张爱玲

【题解】

张爱玲 (1921—1995)，现代作家，本名张瑛，原籍河北丰润。张爱玲家世显赫，但父亲是个纨绔子弟，母亲长期旅居国外，张爱玲在接受西方现代文明和中国旧贵族旧传统影响的同时，童年的不幸使她深受创伤。1939 年她就读于香港大学，毕业前香港沦陷，于 1942 年回到上海。1943 年以《沉香屑》成名，随后接连发表《倾城之恋》、《金锁记》等作品，红极一时。1944 年张爱玲结识胡兰成并与之交往。1952 年赴香港。1973 年定居洛杉矶。1995 年 9 月 8 日，被人发现逝于寓所，终年 75 岁。

张爱玲一生创作大量作品，类型包括小说、散文、电影剧本以及文学论著等，其作品被认为"以《红楼梦》式的语言和对中国家族人情世态的把握，细腻的心理刻画，高超的文学表现力，以及老辣而又从容的笔力，写出了人性令人震惊的真实。"

《金锁记》写于 1943 年，是张爱玲的代表作。下文节选的是小说的结尾部分。

姜季泽的女儿长馨过二十岁生日，长安去给她堂房妹子拜寿。那姜季泽虽然穷了，幸喜他交游广阔，手里还算兜得转。长馨背地里向她母亲道："妈想法子给安姐姐介绍个朋友罢，瞧她怪可怜的。还没提起家里的情形，眼圈儿就红了。"兰仙慌忙摇手道："罢！罢！这个媒我不敢做！你二妈那脾气是好惹的？"长馨年少好事，哪里理会得？歇了些时，偶然与同学们说起这件事，恰巧那同学有个表叔新从德国留学回来，也是北方人，仔细攀认起来，与姜家还沾着点老亲。那人名唤童世舫，叙起来比长安略大几岁。长馨竟自作主张，安排了一切，由那同学的母亲出面请客。长安这边瞒得家里铁桶相似。

……

世舫多年没见过故国的姑娘，觉得长安很有点楚楚可怜的韵致，倒有几分喜欢。他留学以前早就定了亲，只因他爱上了一个女同学，抵死反对家里的亲事，路远迢迢，打了无数的笔墨官司，几乎闹翻了脸，他父母曾经一度断绝了他的接济，使他吃了不少的苦，方才依了他，解了约。不幸他的女同学别有所恋，抛下了他，他失意之余，倒埋头读了七八年的书。他深信妻子还是旧式的好，也是由于反应作用。

和长安见了这一面之后，两下里都有了意。长馨想着送佛送到西天，自己再热心些，也没有资格出来向长安的母亲说话，只得央及兰仙。兰仙执意不肯道："你又不是不知道，你爹跟你二妈仇人似的，向来是不见面的。我虽然没跟她红过脸，再好些也有限。何苦去自讨没趣？”长安见了兰仙，只是垂泪，兰仙却不过情面，只得答应去走一遭。妯娌相见，问候了一番，兰仙便说明了来意。七巧初听见了，倒也欣然，因道：“那就拜托了三妹妹罢！我病病哼哼的，也管不得了，偏劳了三妹妹。这丫头就是我的一块心病。我做娘的也不能说是对不起她了，行的是老法规矩，我替她裹脚，行的是新派规矩，我送她上学堂——还要怎么着？照我这样扒心扒肝调理出来的人，只要她不瘖不麻不瞎，还会没人要吗？怎奈这丫头天生的是扶不起的阿斗，恨得我只嚷嚷：多咱我一闭眼去了，男婚女嫁，听天由命罢！”

当下议妥了，由兰仙请客，两方面相亲。长安与童世舫只做没见过面模样，又会晤了一次。七巧病在床上，没有出场，因此长安便风平浪静的订了婚。在筵席上，兰仙与长馨强行拉着长安的手，递到童世舫手里，世舫当众替她套上了戒指。女家也回了礼，文房四宝虽然免了，却用新式的丝绒文具盒来代替，又添上了一只手表。

订婚之后，长安遮遮掩掩竟和世舫单独出去了几次。晒着秋天的太阳，两人并排在公园里走着，很少说话，眼角里带着一点对方的衣服与移动着的脚，女子的粉香，男子的淡巴菰气，这单纯而可爱的印象便是他们身边的栏杆，栏杆把他们与众人隔开了。空旷的绿草地上，许多人跑着，笑着，谈着，可是他们走的是寂寂的绮丽的回廊——走不完的寂寂的回廊。不说话，长安并不感到任何缺陷。她以为新式的男女间的交际也就“尽于此矣”。童世舫呢，因为过去的痛苦的经验，对于思想的交换根本抱着怀疑的态度。有个人在身边，他也就满足了。从前，他顶讨厌小说上的男人，向女人要求同居的时候，只说：“请给我一点安慰。”安慰是纯粹精神上的，这里却做了肉欲的代名词。但是他现在知道精神与物质的界限不能分得这么清。言语究竟没有用。久久的握着手，就是较妥贴的安慰，因为会说话的人很少，真正有话说的人还要少。

有时在公园里遇着了雨，长安撑起了伞，世舫为她擎着。隔着半透明的蓝绸伞，千万粒雨珠闪着光，像一天的星。一天的星到处跟着他们，在水珠银烂的车窗上，汽车驰过了红灯，绿灯，窗子外营营飞着一窠红的星，又是一窠绿的星。

长安带了点星光下的乱梦回家来，人变得异常沉默了，时时微笑着。七巧见了，不由得有气，便冷言冷语道：“这些年来，多多怠慢了姑娘，不怪姑娘难得开个笑脸。这下子跳出了姜家的门，趁了心愿了，再快活些，可也别这么摆在脸上呀——叫人寒心！”依着长安素日的性子，就要回嘴，无如长安近来像换了个人似的，听了也不计较，自顾自努力去戒烟。七巧也奈何她不得。

……

然而长安一味的执迷不悟。因为双方的年纪都不小了，订了婚不上几个月，男方便托了兰仙来议定婚期。七巧指着长安道：“早不嫁，迟不嫁，偏赶着这两年钱不凑手！明年若是田上收成好些，嫁妆也还整齐些。”兰仙道：“如今新式结婚，倒也不讲究这些了。就照新派办法，省着点也好。”七巧道：“什么新派旧派？旧派无非排场大些，新派实惠些，一样还是娘家的晦气！”兰仙道：“二嫂看着办就是了，难道安姐儿还会争多论少不成？”一屋子的人全笑了，长安也不觉微微一笑。七巧破口骂道：“不害臊！你是肚子里有了搁不住的东西是怎么着？火烧眉毛，等不及的要过门！嫁妆也不要了——你情愿，人家倒许不情愿呢？你就拿准了他是图你的人？你好不自量，你有哪一点叫人看得上眼？趁早别自骗自了！姓童的还不是看上了姜家的门第！别瞧你们家轰轰烈烈，公侯将相的，其实全不是那么回事！早就是外强中干，这两年连空架子也撑不起了。人呢，一代坏似一代，眼里哪儿还有天地君亲？少爷们是什么都不懂，小姐们就知道霸钱要男人——猪狗都不如！我娘家当初千不该万不该跟姜家结了亲，坑了我一世，我待要告诉那姓童的趁早别像我似的上了当！”

……

他们继续来往了一些时。世舫要表示新人物交女朋友的目的不仅限于择偶，因此虽然与长安解除了婚约，依旧常常的邀她出去。至于长安呢，她是抱着什么样的矛盾的希望跟着他出去，她自己也不知道——知道了也不肯承认。订着婚的时候，光明正大的一同出去，尚且要瞒了家里，如今更成了幽期密约了。世舫的态度始终是坦然的。固然，她略略伤害了他的自尊心，同时他对于她多少也有点惋惜，然而“大丈夫何患无妻？”男子对于女子最隆重的赞美是求婚。他割舍了他的自由，送了她这一份厚礼，虽然她是“心领璧还”了，他可是尽了他的心。这是惠而不费的事。

无论两人之间的关系是怎样的微妙而尴尬，他们认真的做起朋友来了。他们甚至谈起话来。长安的没见过世面的话每每使世舫笑起来，说：“你这人真有意思！”长安渐渐的也发现了她自己原来是个“很有意思”的人。这样下去，事情会发展到什么地步，连世舫自己也会惊奇。

然而风声吹到了七巧耳朵里。七巧背着长安吩咐长白下帖子请童世舫吃便饭。世舫猜着姜家是要警告他一声，不准他和他们小姐藕断丝连，可是他同长白在那阴森高敞的餐室里吃了两盅酒，说了一回话，天气，时局，风土人情，并没有一个字沾到长安身上，冷盘撤了下去，长白突然手按着桌子站了起来。世舫回过头去，只见门口背着光立着一个小身材的老太太，脸看不清楚，穿一件青灰团龙宫织缎袍，双手捧着大红热水袋，身旁夹峙着两个高大的女仆。门外日色昏黄，楼梯上铺着湖绿花格子漆布地衣，一级一级上去，通入没有光的所在。世舫直觉地感到那是个疯人——无缘无故的，他只是毛骨悚然。长白介绍道：“这就是家母。”

世舫挪开椅子站起来，鞠了一躬。七巧将手搭在一个佣妇的胳膊上，款款走了进来，客套了几句，坐下来便敬酒让菜。长白道：“妹妹呢？来了客，也不帮着张罗张罗。”七巧道：“她再抽两筒就下来了。”世舫吃了一惊，睁眼望着她。七巧忙解释道：“这孩子就苦在先天不足，下地就得给她喷烟。后来也是为了病，抽上了这东西。小姐家，够多不方便哪！也不是没戒过，身子又娇，又是由着性儿惯了的，说丢，哪儿就丢得掉呀？戒戒抽抽，这也有十年了。”世舫不由得变了色。七巧有一个疯子的审慎与机智。她知道，一不留心，人们就会用嘲笑的，不信任的眼光截断了她的话锋，她已经习惯了那种痛苦。她怕话说多了要被人看穿了。因此及早止住了自己，忙着添酒布菜。隔了些时，再提起长安的时候，她还是轻描淡写的把那几句话重复了一遍。她那平扁而尖利的喉咙四面割着人像剃刀片。

长安悄悄地走下楼来，玄色花绣鞋与白丝袜停留在日色昏黄的楼梯上。停了一会，又上去了。一级一级，走进没有光的所在。

……

绢姑娘扶了正，做了芝寿的替身。扶了正不上一年就吞了生鸦片自杀了。长白不敢再娶了，只在妓院里走走。长安更是早就断了结婚的念头。

七巧似睡非睡横在烟铺上。三十年来她戴着黄金的枷。她用沉重的枷角劈杀了几个人，没死的也送了半条命。她知道她儿子女儿恨毒了她，她婆家的人恨她，她娘家的人恨她。她摸索着腕上的翠玉镯子，徐徐将那镯子顺着骨瘦如柴的手臂往上推，一直推到腋下。她自己也不能相信她年轻的时候有过滚圆的胳膊。就连出了嫁之后几年，镯子里也只塞得进一条洋绉手帕。十八九岁做姑娘的时候，高高挽起了大镶大滚的蓝夏布衫袖，露出一双雪白的手腕，上街买菜去。喜欢她的有肉店里的朝禄，她哥哥的结拜弟兄丁玉根，张少泉，还有沈裁缝的儿子。喜欢她，也许只是喜欢跟她开开玩笑，然而如果她挑中了他们之中的一个，往后日子久了，生了孩子，男人多少对她有点真心。七巧挪了挪头底下的荷叶边小洋枕，凑上脸去揉擦了一下，那一面的一滴眼泪她就懒怠去揩拭，由它挂在腮上，渐渐自己干了。

七巧过世以后，长安和长白分了家搬出来住。七巧的女儿是不难解决她自己的问题的。谣言说她和一个男子在街上一同走，停在摊子跟前，他为她买了一双吊袜带。也许她用的是她自己的钱，可是无论如何是由男子的袋里掏出来的……当然这不过是谣言。

三十年前的月亮早已沉了下去，三十年前的人也死了，然而三十年前的故事还没完——完不了。

【简析】

"人生是个苍凉的手势。""生命是一袭华美的袍，长满了虱子。""人生是在追求一种满足，虽然往往是乐不抵苦的。"生活中的张爱玲是缺乏快乐的，所以她的文字给了我们接近0度的体验，她塑造的人物和故事给了我们受压抑的感受。但是，我们读来都能沉浸其中，为才女作家的文笔所倾倒，为人物的悲惨命运揪心，为自己的现在和未来思考。《金锁记》就是这样的一本书。

《金锁记》描写了主人公曹七巧一生的命运以及她的心理变态过程。七巧本是麻油店老板的女儿，泼辣而富风情，却不幸被贪钱的兄嫂嫁到大户人家，因出身低微备受歧视与排挤。而自小瘫痪的丈夫，更使七巧陷入情爱无法满足的痛苦之中，纵然她在夫死公亡之后分得一份遗产，但是长期以来的种种压抑、煎熬与旧式大家庭气息的熏染，已使她人性扭曲，被黄金枷锁紧紧套住，只知一味敛财，了无亲情，甚至戕害儿媳、断送女儿的婚姻，不断寻求病态的发泄与报复，变得极其自私、乖戾又刻毒、残忍。作品有层次地展现了七巧的人性被践踏、受残害，最终灭绝的过程，显示出作者对传统的封建婚姻、封建伦理和金钱世界的痛恨和批判。

作品通过曹七巧被金钱毁灭，到头来又用金钱毁灭他人的双重悲剧，深刻揭示了金钱与人生独特而神奇的关系，表现了金钱对人性的巨大摧残和人性在金钱腐蚀之后的深刻变异。曹七巧本是一个身心健康的女子，却被金锁镣铐给腐蚀和扭曲了。她绝望、乖戾、不近人情，她变态到要扼杀在她所控制势力范围之内的人性的起码欲求和一切美满的姻缘。这种病态的复仇，触目惊心地体现了买卖婚姻、金钱摧残人性的罪恶，给在金钱和爱情面前进行选择的人们以深刻的启示。

在艺术上，作者采用了单线结构的形式，以曹七巧的生活经历、心理变化的时空顺序为基本线索，首尾呼应，结构明晰有序。作家不仅较好地运用对话、动作、人物肖像、服饰等传统的笔法描绘人物心理，而且兼融西方现代派的意识流、心理分析等表现技法，细致入微地刻画人物心理；运用弗洛伊德的性心理分析的方法，把曹七巧由情绪压抑——性变态——仇恨、忌恨报复的整个心理发展过程都剖析得细致入微。另外，张爱玲还运用周围的景物、色彩、音响映照人物的心理，运用色彩、音响、比喻等多种艺术手段来展现人物的心理，形成了张爱玲独特的风格。比如作品中多次写到月亮，同是对月亮的描写，却负荷着不同的心理内容。借月亮作为透视人物心理幽微曲折的镜子，确是妙不可言。

4. 巴黎圣母院（节选）

[法国]雨果

【题解】

维克多·雨果（1802—1885），19世纪浪漫主义文学运动的领袖人物。他是法国文学史上最重要的一个作家，被人们称为“法兰西的莎士比亚”。雨果出生于法国东部一个军人家庭，中学毕业后进入法学院学习，但他志在写作。1827年，他发表了著名的《〈克伦威尔〉序》，提出了浪漫主义的文学主张，特别宣扬了滑稽丑怪与崇高优美对照的原则，力图扩大艺术描写的范围，使文学适于表现资产阶级革命以后的现实生活的内容。这篇序言是声讨伪古典主义的檄文，也是浪漫主义流派的旗帜。1831年，他创作了纪念碑式的作品《巴黎圣母院》。1841年，他被选为法兰西学士院院士，在受衔演说中表示拥护君主立宪制。1851年，路易·波拿巴发动反革命政变，雨果被迫流亡国外长达19年之久。在流亡期间，雨果创作了著名的长篇小说《悲惨世界》、《海上劳工》和《笑面人》。

《巴黎圣母院》（又称《钟楼怪人》）是雨果第一部大型浪漫主义小说。它以离奇和对比手法写了一个发生在15世纪法国的故事：1482年，巴黎圣母院居住着道貌岸然的副主教克洛德和畸形的敲钟人伽西莫多。内心邪恶的克洛德对街头跳舞卖艺的吉卜赛姑娘埃斯梅拉达动了淫念，夜间打发伽西莫多劫持少女，但少女被年青英俊的卫队长弗比斯救出。姑娘爱上了弗比斯。满怀嫉妒的副主教趁他们幽会之际刺伤军官，却嫁祸于埃斯梅拉达。她因而被判死刑，在临刑时被暗中爱慕她的伽西莫多救出，被安顿在圣母院内避难。但克洛德唆使教会把她看作女巫，法院不顾圣母院享有圣地避难权，决定逮捕她。巴黎下层社会的好汉们前来营救，却被敲钟人误以为是官兵来抓她并拼命抵抗。国王路易十一调兵攻打圣母院，上下夹击。混战中克洛德把少女劫持出圣母院，威逼她听从自己，但遭到拒绝，克洛德便把她交给官兵。伽西莫多知道了克洛德的所作所为而义愤填膺，把抚养他成人的副主教从高高的楼顶上推下摔死，然后找到埃斯梅拉达的尸体，躺在公墓里与她一齐死去。

《巴黎圣母院》全书共11卷。下文节选的是第八卷第四节的主要情节。

第八卷·四　进此处者，抛弃一切希望！①

……

教士一把掀掉风帽。她一看，原来是长久以来一直追踪她的那张阴险的脸孔，是在法露黛尔家里出现在她心爱的弗比斯头顶上的那个魔头，是她最后一次看见它在一把匕首旁边闪闪发亮的那双眼睛。

这个幽灵一直是她罹难的祸根，把她从一个灾难推到另一个灾难，甚至惨遭酷刑。这个幽灵的出现，反而使她从麻木状态中惊醒过来。她顿时仿佛觉得，蒙住她记忆的那层厚厚的布幕一下子撕裂开来了。她的悲惨遭遇，从法露黛尔家里夜间那一幕开始，直至在图尔内尔刑庭被判处死刑，一桩桩一件件，全一齐涌上她的心头，不再像先前那样模糊混乱，而是十分清晰、显露、鲜明、生动、可怖。这些记忆本来一半已经遗忘了，而且由于过度痛苦而几乎泯灭，如今看见面前出现这个阴沉沉的人影，这些记忆顿时又复活了，就好像用隐写墨水写在白纸上的无形字迹，像火一烘便一清二楚显现出来了。她仿佛觉得，心头上一切创伤又裂开了，鲜血直淌。

"哎呀！"她喊叫了起来，双手捂住眼睛，浑身抽搐而战栗。"原来是那个教士！"

一说完就泄气地垂下胳膊，一屁股瘫坐下去，耷拉着脑袋，眼睛盯着地，依然颤抖不已。

教士瞅着她，那目光有如一只在高空盘旋的老鹰，它紧紧围绕着一只躲在麦田里的可怜的云雀，悄悄地不断缩小其可怕飞旋圈，倏然疾如闪电，向猎物猛扑下去，用利爪一把抓住了那喘息着的云雀。

她低声呢喃着："了结我吧！了结我吧！快给最后一击！"她心惊胆战，头缩在双肩中间，仿佛一只羔羊正等待屠夫致命的当头一棒。

"是我使您厌恶吗？"他终于问道。

她没有应声。

"是我使您厌恶吗？"他又问了一遍。

"不错，"她答道，痛苦得嘴唇在抽搐，看上去像在笑一样。"这是刽子手拿死刑犯在开心。多少个月来，他跟踪我，威胁我、恐吓我！要不是他，上帝啊，我该是多么幸福啊！是他把我推下这万丈深渊。啊，苍天！是他杀了……是他杀了他——我的弗比斯！"

说到这儿，她呜呜咽咽哭了起来，抬头望着教士，说："呵！坏家伙！您是谁？我做了什么得罪您啦，您才对我恨之入骨？咳！您对我有什么怨仇？"

"我爱你！"教士喊道。

她的眼泪霍然打住，目光痴呆，瞅了他一眼。他跪了下来，目光似火，紧紧盯住她看。

"你听见了吗？我爱你！"他又喊道。

"什么样的爱？"不幸的少女直打冷战。

他紧接着说："一个被打入地狱的人的爱。"

有一阵子，两人都默不作声，双双被各自的激情压碎了，他是丧失理智，她是麻木不仁。

"听着，"教士终于说道，他又恢复了异常的平静，"你马上就会全知道的。在这深夜里，到处漆黑一团，似乎上帝也看不见我们，我悄悄扪心自问，有些事在此之前连对我自己都不敢启口，我要把这一切全向你倾吐。你听我说，姑娘，在遇见你之前，我可是过得很快活……"

"我也何尝不是！"她轻轻叹息了一声。

"别打断我的话……是的，我那时过得很快活，至少我自认为是那样的。我十分纯洁，心灵里清澈如水，明净似镜。没有人比我更自豪，把头高高昂起。教士们来向我请教贞洁情操，博学之士来向我求教经学教义。是的，科学就是我的一切，科学就是我的姐妹，有个姐妹我就足够了。若非随着年龄的增长，我也不会有其他的念头。不止一回，只要看见女人形影走过，我的肉体便兴奋不已。男人性欲和男人血气这种力量，我本以为在狂热少年时就已经终生将其扼杀了，其实不然，它不止一次地掀起狂澜，把我这个可怜人因立过铁誓而死死拴在祭台冰冷石头上的那条锁链掀动了。然而，通过斋戒、祈祷、学习和修道院的苦刑，灵魂重新成了肉体的主宰，于是我回避一切女人。再说，我只要一打开书本，在光辉灿烂的科学面前我头脑中的一切污烟瘴气的东西便烟消雾散了。不一会儿，我觉得尘世上一切浊物全逃之夭夭了，在永恒真理那祥和的光辉照耀下我恢复了平静，感觉到满目灿烂，神清气爽。教堂里、大街上、田野中，女人的模糊身影零零落落浮现在我眼前，却几乎从没有在我梦中露面，只要魔鬼仅仅差遣它们来向我进攻，我轻而易举地就把魔鬼打败了。如果说我没有保持住胜利，那是上帝的过错，上帝没有赋予人和魔鬼同等的力量。……听我说，有一天……"

说到这里，教士突然顿住。女囚听见从他胸膛里发出声声的，好似垂死时的喘息，仿佛撕心裂肺的痛苦。

他接着说：

"……有一天，我倚在秘室的窗台上。我当时读什么书来着？啊！我这时脑子里乱成一团，记不清了……反正当时我正在看书。窗子朝向广场，忽然我听见一阵手鼓声和音乐声，扰乱了我的遐思，我很生气，便向广场望了一眼。我看见的——当然其他人也看见了——那可不是供世人肉眼睛观赏的一种景象。在那边，在铺石板的广场中间，时值晌午，阳光灿烂，有个人儿在跳舞。她是那样的秀丽，若与圣母相比，连上帝都会更喜欢这个女子，宁愿选她做母亲，假如在他化身为人时，她已在人间，定会情愿是她生的！她一双眼睛又黑又亮，满头乌黑的头发，正中有几根照着阳光，像缕缕金丝闪闪发光。一双脚像轮辐一样在飞快旋转，全然看不清楚了。乌黑的发辫盘绕在头部周围，缀满金属饰片，在阳光下闪闪发光，好似额头上戴着一顶缀满星星的王冠。她的袍子点缀着许多闪光片，蓝光闪烁，又缝着许许多多亮晶晶的饰品，有如夏夜的星空。她两只柔软的褐色手臂，恰似两条飘带，绕着腰肢，忽而缠结忽而松开，她的身材，美丽惊人。啊！那光彩夺目的形体，甚至在阳光下，也像某种明亮的东西那样耀眼！……唉！姑娘！那就是你！……我，惊讶，沉醉，心迷意乱，不由自主地凝望着你，望呀望呀，我突然吓得浑身发抖，意识到命运把我抓住不放了。"

教士透不过气来，又停顿了片刻，接着又往下说：

"既然已经半着了魔，我竭力想抓住什么东西，免得再坠落下去。突然想起撒旦过去曾经多次给我设下的圈套。我眼前的这个女子，美貌非凡，只能来自天堂或者地狱，绝非用一点凡间的泥土捏成的普普通通的女子，内心也绝非像一个妇道人家那样浑浑噩噩，灵魂里只有颤悠悠的一点亮光照着而已。她是一个天使！然而，却是一个黑暗天使，烈火天使，而不是光明的天使。在我这样想着的时候，我发现了你身边有只山羊，一只群魔会的畜牲，正笑着注视我。晌午的阳光把它的犄角照得像火燃烧一般。于是我隐约看到魔鬼设下的陷阱，我再也不怀疑你从地狱来的，是来引诱我堕落的。我对此深信不疑。"

说到这里，教士直视女囚，冷冰冰地又说。

"我至今还深信不疑。……那时候，魔法逐渐起作用，你的舞姿一直在我头脑中旋转，我感到神秘的巫术在我心中已实现其魔力，我灵魂中一切本应觉醒的反而沉沉入睡，就像雪地里濒于死亡的人，任凭这样沉睡过去反而觉得愉快那样。猛然间，你唱起歌来。可怜的我，我又能怎么样呢？你的歌声比你的舞姿还迷人。我要拔腿逃走，但不可能。我被牢牢钉在那里，在地上生根了。仿佛觉得那大理石上的楼板早已高高上升，把我的膝盖全掩埋了。没法子，只得待在那里听到底。我的脚像冰，我的头嗡嗡响。末了，你也许可怜我啦，不唱了，消失了。那令人眼花缭乱的舞姿，那使人销魂荡魄的音乐的回响，逐渐在我眼里和耳际消失了。我一下子瘫倒在窗脚下，比倒下的石像还僵直、还了无生气。晚祷的钟声把我惊醒了，我站立起来，拔腿逃走了。可是，咳！我心底里却有什么东西倒下来，再也无法直立起来。"

他再停顿了一下，接着又说：

"是的，从那天起，我心中闯进了一个陌生人。我用我熟悉的一切灵丹妙药来自我治疗，诸如修道院、祭坛、工作、读书。真是胡闹！咳！当你满脑子装满欲情，心灰意冷地拿脑袋去撞科学的大门，其响声是多么的空洞！你可知道，姑娘，从那以后，在书本和我之间，一直浮现在我眼前的是什么呢？是你，你的身影，是某一天从天上降落到我面前的那个光辉灿烂的幽灵的形象。但是这个形象不再是原来的颜色，它变得昏暗、惨淡、阴森。好似一个冒失鬼凝望太阳之后视觉上久久浮现着一团的黑影。

"无法摆脱，你的歌声老是萦绕在我的脑海中，你的双脚一直在我的祈祷书上飞舞，你的形体始终在夜里睡梦中悄悄地在我肉体上滑动，于是我迫切想再见到你，触摸你，了解你是谁，看一看你是不是仍像你在我心中的完美无缺的形象，现实会粉碎我的梦幻也说不定。总之，我希望能有个新的印象，好把原先的印象抹掉，更何况原先的印象实在叫我受不了了。我四处寻找你，终于再见到你。灾难呀！我见到你两次，就恨不得见到你千次，恨不得永远一直见到你。于是——在这通向地狱的斜坡上，怎能刹住不往下滑呢？——于是，我再也无法自持了。魔鬼缚住我翅膀上的线，另一端系在你的脚上。我也像你一样，成了流浪者，到处漂泊。我在人家的门廊下等你，在街上拐角处伺候你，在钟楼的顶上窥探你。每天晚上，我都反省自己，益发感到更入迷、更沮丧了。更着魔了，更没救了！

"我早就知道你是什么人，埃及人，波希米亚人，茨冈人，吉卜赛人。巫术有什么可怀疑的呢？听着，我曾希望有一场审讯能使我摆脱魔力的控制。有个女巫曾魔住了布吕诺·德·阿斯特，他把女巫烧死了，自己也得救了。这我是知道的。我拿定主意，要试一试这种疗法。首先，我设法不让你到圣母院前面的广场上来，只要你不来，我就能把你忘记。你却当作耳边风，还是来了。接着，我想把你抢走。有天夜里，我曾想把你抢走，我们是两个人，已经把你逮住了。不料来了那个晦气军官，把你放了。他搭救了你，你的灾难也就开始了，也是我的灾难和他的灾难。最后，我不知道怎么办，也不知道事情会落个什么下场，所以向宗教法庭告发了你。当时我以为这样做，就会像布吕诺·德·阿斯特那样把病治好了。我也模模糊糊认为，通过一场官司可以把你弄到手，我可以在牢房里抓住你，占有你，你在牢房里是无法逃脱我的掌心的；你缠住我这么久，也应该轮到我缠住你了。一个人作恶，就该把恶行做绝。半途撒手，那是脓包！罪恶到了极端，会有狂热的乐趣。一个教士和一个女巫可以在牢房的稻草上销魂荡魄，融为一体！

“所以我告发了你。恰恰就在那个时候，我每次碰见你，都把你吓得魂不附体。我策划反对你的阴谋，我堆积在你头上的风暴，从我这里发出。变成威胁恫吓，变成电闪雷鸣。不过，我还是迟疑不决。我的计划中有些方面太可怕了，连我自己也吓得后缩了。

“也许我本来可以放弃这个计划，也许我的丑恶的思想本会在我头脑中干涸而不结出果实。我原以为继续或者中断这起案件完全取决于我。可是任何罪恶的思想是不可祛除的，非要成为事实不可；但是，正是在我自以为万能的地方，命运却比我更强大。唉！咳！是命运抓住你不放，也是命运硬把你推到我偷偷设下的阴谋那可怕的诡计齿轮中碾得粉碎！……你听着，这就快说完了。

“有一天，又是阳光灿烂的另一个日子，我无意中看见面前走过一个男子，他喊着你的名字，呵呵大笑，眼神淫荡。该死！我就跟踪着他。后来发生的一切你全知道了。”

他住口了。那少女唯一说得出来的只有一句话儿：

“啊，我的弗比斯！”

“不要提这个名字！”教士说，同时猛烈地抓住她的胳膊，“不许提这个名字！唔！我们多么苦命，是这个名字毁了我们！更确切地说，我们彼此都受命运莫名其妙的捉弄而相互毁灭！你痛苦，是不是？你发冷，黑夜使你成为瞎子，牢房紧紧包围着你，不过也许在你心灵深处还有点光明，尽管那只是你对玩弄你感情那个行尸走肉的天真的爱情罢了！而我，我内心里是牢房，我内心里是严冬，是冰雪，是绝望，我灵魂里是黑夜。我遭受什么样的痛苦，你可知道？我参加了对你的审讯，坐在宗教审裁判官的席上。不错，在那些教士风帽当中，有一顶下面是一个被打入地狱、浑身不断抽搐的罪人。你被带进来时，我在那里；你被审讯时，我也在那里。……真是狼窝呀！……那是我的罪行，那是为我准备的绞刑架，我却看见它在你的头上慢慢升起。每一证词，每一证据，每一指控，我都在那里；我可以计算出你在苦难历程上的每一个脚步；我也在那里，当那头猛兽……！我没有预料到会动用酷刑！……听我说，我跟着你走进了刑讯室。看见你被扒去衣服，施刑吏那双卑鄙下流的手在你半裸的身体上摸来摸去。我看见你的脚，这只我宁愿以一个帝国换取一吻并死去的脚，这只我觉得头颅被踩扁也其乐无穷的脚，我看见它被紧紧套在那可怕的铁鞋里，它可以把一个活人的肢体变成血酱肉泥。啊！悲惨的人！当我看见这一切时，我正用藏在道袍下面的一把匕首割自己的胸膛。听到你一声惨叫，我把匕首插入我的肉体里；听到你第二声惨叫，匕首刺进我的心窝里！你看，我想伤口还在流血。”

他掀开道袍。果然他的胸膛好像被老虎利爪抓破了一般，侧边有一道很长的伤口，尚未愈合。

女囚吓得连忙直后退。

“啊！”教士说道，“姑娘，可怜可怜我吧！你以为自己很不幸，唉！唉！你并不知道什么才是不幸呢。咳，钟爱一个女人！却身为教士！被憎恨！但以他灵魂的全部狂热去爱她，觉得只要能换取她微微一笑，可以献出自己的鲜血、腑脏、名誉、永福、不朽和永恒，今生和来世；恨不能身为国王、天才、皇帝、大天使、神灵，好作为更了不起的奴隶匍伏在她的脚下；只想日日夜夜在梦想中紧紧拥抱着她，却眼睁睁看见她迷上一个武夫的戎装！而自己能奉献给他的只是一件污秽的教士法衣，叫她害怕和厌恶！当她向一个可悲而愚蠢的吹牛大王慷慨献出宝贵的爱情和姿色时，我就在现场，心怀嫉妒，怒火冲天！目睹那令人欲火中烧的形体，那如此温柔细嫩的乳房，那在另一个人亲吻下颤动而泛起红晕的肉体！呵，天呀！迷恋她的脚，她的胳膊，她的肩膀，梦想她蓝色的脉管，褐色的皮肤，以至于彻夜蜷伏在密室的石板地上折腾，竟导致了遭受毒刑！费了多少心思，其结果竟是使她躺在皮床上！唔！那俨然是用地狱的烈火烧红了的实实在在的铁钳呀！唔！就是在夹板中间被锯成两半的人，被四马分尸的人，也比我有福份！你哪里知道，在漫长的黑夜里，血管沸腾，心儿破碎，脑袋炸裂，牙齿咬住双手，这种酷刑那是什么滋味呀！有如穷凶极恶的刽子手把您放在烧红的烤架上不停地转来转去，倍受爱情、嫉妒及失望的煎熬！姑娘，发点善心吧！不要再折磨我，让我歇一歇吧！请在这炽烈的炭火上撒点灰烬吧！我额头上汗流如注，我求你，请擦掉这汗水吧！孩子！你就用一只手折磨我，用另只手抚慰我吧！发发慈悲，姑娘，可怜可怜我吧！”

教士滚倒在地面石板上的水洼里，脑袋一下又一下撞在台阶的石级角上。少女听着，看着，等他筋疲力尽，气喘吁吁，不再说了，她才低声又说一遍：“啊，我的弗比斯！”

……

“弗比斯到底怎么啦？”她冷冷地又问了一遍。

“他死了！”教士喊道。

“死了！”她始终冷冰冰的，一动不动。“那么，您为什么要劝我活下去呢？”

他并没有听她说，只是好似自言自语：“噢！是的，他一定死掉了，刀刃插过去很深。我想刀尖直刺到心脏！啊，我全身的力气都集中在了匕首的尖端上！”

少女一听，如狂怒的猛虎似地向他扑过去，并以一种超自然的力量把他推倒在楼梯上，嚷道：“滚吧，魔鬼！滚，杀人凶手！让我去死吧！让我同他的血变成你脑门上一个永不磨灭的污斑！要我服从于你，教士！休想！休想！我们绝无结合的可能，甚至在地狱里都不行。滚蛋，该死的家伙！休想！”

教士踉踉跄跄来到石梯前，悄悄地把双脚从道袍皱褶的缠绕中解脱出来，捡起灯笼，慢慢爬上通向门口的石梯，打开门，走出去了。

突然，少女看见他从门口又探进头来，脸上的表情真可怕，狂怒，绝望，连声音都嘶哑了，向她吼着：“我告诉你，他死了！”

她扑倒在地上。地牢里再也听不到任何声响了，只有水滴在黑暗中坠落下来震动了水洼而发出声声的叹息。

【注释】

①这是但丁《神曲》中地狱入口处的铭文。

【简析】

一生奉行人道主义的雨果，塑造了伽西莫多和埃斯梅拉达两个光耀千古的小人物形象，使我们为人物的一言一行而扼腕叹息，为人物的真、善、美而感动，甚至忍不住向别人倾诉自己心中的《巴黎圣母院》。

1831年前后，整个欧洲处于政治大动荡中，封建势力同资产阶级正在进行复辟与反复辟的复杂斗争。1830年七月，法国爆发了革命，结束了波旁复辟王朝的封建统治。雨果在此时写作《巴黎圣母院》，在作品中揭露宗教的虚伪，宣告禁欲主义的破产，歌颂下层劳动人民的善良、友爱、舍己为人，宣扬他一生奉行的人道主义思想。但更重要的是，作家借用中世纪题材，清算了封建专制和天主教会的罪行，深刻批评了波旁王朝的反动暴政。

节选的部分是克洛德在监牢中向埃斯梅拉达表白，并力劝她可怜他、抚慰他。通过克洛德自己的大量独白，我们清楚地认识到了他的道貌岸然、阴险毒辣的内心与极度扭曲的灵魂。作者通过描写以“严肃和贞洁”著称的克洛德副主教，在情欲的驱使下竟背叛上帝，对宗教进行了辛辣的讽刺和全面的否定。但克洛德本人也是宗教势力的牺牲品。他并非天生的恶人，宗教使他的人性畸形发展，最终灭绝人性。对于埃斯梅拉尔达，他是只可恶的“蜘蛛”，他以宗教杀人，罪孽深重；对于宗教，他又是只被吞吃的“苍蝇”，落得悲惨的下场。

《巴黎圣母院》是雨果最著名的浪漫主义典范作品，其鲜明的浪漫主义特色突出表现在离奇的情节、强烈的对比与非凡的人物三个方面。

作品中戏剧性的场面是故事情节的引人入胜之处。伽西莫多在众人的嘲笑声中戴上了“丑人王”的花环；他是道貌岸然的克洛德的帮凶却又誓死保护埃斯梅拉达；他为自己心爱的姑娘嫁给了“绞架”而痛苦万分，懵懂迷糊中终于意识到自己的“再生父母”竟然是自己心爱的姑娘之死的罪魁祸首，于是无比愤怒地将其摔下城楼……戏剧性的场面接连出现，不仅把人物之间和内心的矛盾冲突表现得淋漓尽致，也给读者带来扣人心弦的震撼。

对比原则是雨果浪漫主义最重要的特征，贯穿着小说的始终。首先是巴黎城市和圣母院和谐美丽的自然环境与人民晦暗、不幸的生活构成鲜明对比，更突出地暴露了封建暴政的黑暗。其次是草菅人命、任意诬陷的封建王朝与尊重人权，公正廉明的“奇迹王朝”的对比。最主要的是人物形象的对比：埃斯梅拉达和伽西莫多是善良、真诚和美好的人性的代表，克洛德、弗比斯则是自私、冷酷和丑恶的人性的代表。善与恶十分鲜明地分别体现在这两组人物身上，产生强烈的对照。此外，还有正面与正面、反面与反面人物之间的对比以及人物自身的对比，如伽西莫多外貌与心灵的对比等。通过对比，使人物不同的性格特征更加凸显，情节更奇特，主题更为鲜明、突出，更能引起读者的强烈共鸣。

小说中的人物是浪漫主义的典型人物：埃斯梅拉达的美貌和人格力量是非凡的，伽西莫多的可怕外貌、奇特举动、惊人体力以及对埃斯梅拉达充满自我牺牲的爱情是非凡的，克洛德的禁欲和纵欲的矛盾也是非凡的。这些人物形象的成功塑造，体现了雨果追求夸张、想象而不求酷似现实的创作原则。在作品中，伽西莫多有着丑到极点的相貌：几何形的脸，四面体的鼻子，马蹄形的嘴，参差不齐的牙齿，独眼，耳聋，驼背……似乎上帝将所有的不幸都降临在了他的身上。雨果用极其夸张的手法把一个世界文学中外貌最丑的人物形象生动地展现在了读者的面前。这种夸张并不是“无病呻吟”的做作，而是一种铺垫。雨果通过夸张为后文的强烈对比做好了准备。伽西莫多的独特之处不仅在于他貌丑骇人。他因被副主教克洛德收养而惟命是从，在克洛德的指使下强掳吉普赛少女。他又因埃斯梅拉达的滴水之恩而誓死保护她，为此不惜背叛养父克洛德。如此矛盾的行为表现，难道是因为他认识到了克洛德肮脏的内心以及封建教会势力的黑暗吗？恐怕未必。他这么做只是因为他对埃斯梅拉达的爱，一种有点自私的“自我牺牲”的爱。如此多的“缺陷”集中在一个人物身上，作品才显得更加真实，这种“缺陷美”的塑造也为作品的成功增色不少。

5. 红与黑（节选）

[法国]司汤达

【题解】

司汤达（1783—1842），19世纪法国杰出的批判现实主义作家，原名亨利·贝尔。他出身于法国格勒诺布尔市一个资产者家庭，从小深受母亲和外祖父的影响，思想自由开放，阅读了大量的世界名作。司汤达三十几岁才开始发表作品，却给人类留下了巨大的精神遗产：数部长篇，数十个短篇或故事，数百万字的文论、随笔、散文和游记。其中著名的作品有长篇小说《红与黑》、《吕西安·娄万》（又名《红与白》）、《巴马修道院》，长篇自传《亨利·勃吕拉传》，短篇小说《瓦尼娜·瓦尼尼》、《艾蕾》（直译为《卡斯特罗修道院长》）等。在1842年3月23日司汤达逝世时，他手头还有好几部未完成的手稿。这些作品生动传神，脍炙人口，堪称世界文学作品中的奇葩。

司汤达以长篇小说名世，代表作《红与黑》著于1830年，是欧洲批判现实主义文学的奠基之作。作品的主人公于连是一个木匠的儿子，他从小就渴望像拿破仑那样身佩长剑，做世界的主人。但后来他又想当神父，因为神父薪俸不菲。他仗着惊人的记忆力，把一本拉丁文《圣经》全背下来，轰动了全城，被爱慕虚荣的市长请做家庭教师。在市长家中，于连勾引了市长年轻漂亮的妻子德·雷纳尔夫人。当奸情败露，市长担心离婚会失去一大笔遗产，且有损名誉，“只怀疑而不证实”。直到事情闹得满城风雨，关心于连的西朗神父推荐他到贝尚松神学院进修。在神学院中，于连很快脱颖而出，学习成绩名列前茅，院长竟让他当新旧约全书课程的辅导教师。但神学院的伪善很快使于连堕入忧郁之中，幸好彼拉院长介绍于连做木尔侯爵的秘书。于连认真工作，侯爵对他十分满意，把田庄、诉讼通讯、外交事务都交给他办理。在侯爵家中，于连为了跻身上层社会，热烈地追求侯爵的女儿玛蒂尔德。不久，玛蒂尔德发现自己怀孕了。侯爵在爱女坚持下，一再让步，先后给了于连田产、军职和贵族称号。此时，于连获悉雷纳尔夫人给木尔侯爵写信揭露了他们原先的关系，他恼羞成怒，立即赶往家乡枪击雷纳尔夫人。入狱后，于连知道雷纳尔夫人是被迫写的信，宽恕了她。他意识到野心已经破灭，拒绝上诉，也拒绝做临终祷告，毅然走上了断头台。

《红与黑》全书分上下两卷，共75章。下文节选的是下卷第四十一章与第四十五章的主要情节。

下卷　第四十一章　审判

……

第二天九点钟，于连从牢房下来，到法院的大厅里去，院子里人山人海，宪兵们好不容易才在人群中挤出一条通道。于连夜里睡得很好，他非常镇静，除了对这群心怀嫉妒的人感到一种明哲的怜悯以外，他没有别的感情，这群心怀嫉妒的人并不残忍，他们将要为他的死刑判决鼓掌喝采。他被迫在人群中逗留了一刻多钟，他不得不承认，他的出现在公众中引起了一种亲切的同情，这使他感到大吃一惊。他没有听见一句令人不愉快的话。“这些外省人没有我过去想象的那么坏，”他对自己说。

走进审判厅，建筑的优雅使他不胜惊讶。这是纯粹的哥特式，有许多漂亮的小柱子，它们是用石头非常细心地凿出来的。他觉得好像到了英国。

但是他的注意力很快被十二个到十五个漂亮女人吸引住了，她们正好在被告席的对面，把座落在法官和陪审官头顶上面的三个包厢都坐满了。他朝公众转过身来，看见梯形审判厅高处的环形旁听席也满是女人，大部分是年轻的，他觉得一个个都非常漂亮；她们的眼睛闪闪发亮，充满了关切。大厅的其余部分，人多得异乎寻常，门口发生争吵，卫兵没法维持安静。

一双双在寻找于连的眼睛，发现他来了，看见他占据保留给被告的那个稍微高一些的位子，这时候他受到一片充满惊奇和关怀的低语声的迎接。

这一天他看上去还不满二十岁；他的穿着非常朴素，但是又十分雅致；他的头发和他的前额是可爱的；玛蒂尔德曾经坚持要亲自负责替他打扮。于连的脸色极其苍白。他刚在被告席坐下，就听见到处有人在说：“天主！他多么年轻！……他还是个孩子……他比画像上还要好看。”

“我的被告，”坐在他右边的宪兵对他说，“您看见坐在这个包厢里的那六位太太吗？”宪兵指指一个小旁听席，这个旁听席突出在陪审官坐着的梯形席位之上。“这是省长夫人，”宪兵继续说，“旁边是德·M***侯爵夫人，她非常喜欢您；我听见她和预审法官说过话。再过去是德尔维尔夫人……”

“德尔维尔夫人！”于连叫了出来，脸一下子涨得通红。“她从这儿出去，”他想，“会写信给德·雷纳尔夫人。”他不知道德·雷纳尔夫人已经来到贝藏松。

证人的发言很快就听完了。代理检察长念起诉书，刚念头几个字，于连正对面的这几位坐在小包厢里的夫人中，就有两位哭了起来。“德尔维尔夫人决没有料到会这样，”于连想。然而他注意到她的脸非常红。

代理检察长用拙劣的法语大事夸张罪行有多么残忍。于连注意到德尔维尔夫人旁边的那几位夫人流露出强烈的反对神色。有几位陪审官显然和她们认识，跟她们交谈，好像是在叫她们放心。“这不失为一个好兆头，”于连想。

到这时候为止，他一直感到对所有列席审判的男人充满了一种极端的鄙视。代理检察长的平庸的口才更增加了这种厌恶的感情。但是，于连内心的冷酷，在显然以他为对象的那些关切的表示前面，渐渐消失。

他对他的律师的坚定神色感到满意。“不要夸夸其谈，”他在律师即将发言时对律师说。

“从博须埃那儿偷来的全部夸张法，他们施展出来对付您，反而对您有利，”律师说。确实如此，他刚说了五分钟，几乎所有的女人都把手绢掏出来了。律师受到鼓励，对陪审官说了一些极其有力量的话。于连颤栗，他感到自己马上要哭出来了。“伟大的天主，我的敌人们会怎么说呢？”

他眼看着就要心软下来了，幸好这时候他碰巧遇到了德·瓦尔诺男爵投来的一道傲慢的目光。

“这个坏蛋的眼睛闪闪发光，”他对自己说，“对这个卑劣的心灵来说，是怎样的胜利啊！我的罪行如果仅仅造成这个绝无仅有的结果，我看我一定会诅咒我的罪行。天知道他将对德·雷纳尔夫人怎么说我！”

这个想法赶走了其他所有的念头。不久以后，公众发出赞同声把他从沉思中唤醒。律师刚结束他的辩护。于连想起了他应该跟律师握手。时间迅速地过去。

有人给律师和被告送来了点心。这时候于连才吃惊地注意到一个情况：没有一个女人离开法庭去吃晚饭。

“说真的，我饿得要死，”律师说，“您呢？”

“我也一样，”于连回答。

“瞧，省长夫人也收到她的晚饭，”律师指着小包厢对他说。“拿出勇气来，一切都很顺利。”审判又重新开始了。

庭长作辩论总结时，午夜十二点的钟声响了。庭长不得不停下来；在充满了焦虑不安的寂静中，大时钟的钟声在整个大厅里回荡。

“我的最后一天开始了，”于连想。很快地他感到自己受到了责任感的激动。到这时候为止，他一直控制住他的情绪，坚持不发言的决心。但是当刑事法庭庭长问他有没有话要补充时，他立了起来。他朝前看，看见了德尔维尔夫人的眼睛，在灯光下他觉得这双眼睛非常亮。“难道她也哭了？”他想。

“各位陪审官先生：

“对会遭受到蔑视的恐惧使我发言，我原来以为我在临死前能够无视这种蔑视。先生们，我没有这个荣幸属于你们的阶级，在你们眼里，我是一个反抗自己的卑贱命运的农民。

“我决不请求你们宽恕，”于连说，口气变得更坚定有力。“我不抱任何幻想，死亡在等着我：它是公正的。我竟然企图杀害最值得受到尊敬和钦佩的女人。德·雷纳尔夫人曾经像慈母一样对待我。我的罪行是残酷的，而且是预谋的。因此我该当判处死刑，各位陪审官先生，但是，即使我的罪比较轻，我看到有些人也不会因为我年纪轻，可能值得怜悯，就此停住，他们还是要借着惩罚我来杀一儆百，使这样一种年轻人永远丧失勇气，他们出生在一个卑贱的阶级里，可以说是受着贫困的煎熬，但是他们有幸受到良好的教育，并且大胆地混入有钱人高傲地称为上流社会的圈子里。

“这就是我的罪行，先生们，它将受到格外严厉的惩罚，因为事实上我不是受到与我同等的人的审判。我在陪审官席上没有看到一个变富裕的农民，仅仅只有一些愤怒的资产阶级……”

在二十分钟里，于连就是一直用这种口气说话；他把心里的话全都说了出来，代理检察长巴望得到贵族阶级的宠信，他坐不住，一次次跳起来，但是尽管于连把辩论引向稍微有点抽象的方向，所有的妇女都哭了起来。德尔维尔夫人也用手绢在揩眼睛。在结束以前，于连又回过来谈预谋，谈他的悔恨，谈他在那些比较幸福的日子里对德·雷纳尔夫人怀有的尊敬和儿子般的无限热爱……德尔维尔夫人发出一声叫喊，昏了过去。

陪审官退到他们的房间里的时候，一点钟的钟声响了。没有一个妇女离开座位；有好几个男人眼睛里含着泪，谈话在开始的时候很活跃；但是，陪审团的决定让人久等不至，普遍的疲倦渐渐给法庭带来一片寂静。这个时刻是庄严的；灯光变得暗淡了。于连很疲劳，他听见旁边有人在争论拖延时间是好兆头，还是坏兆头。他高兴地看到所有人的心都是向着他的。陪审团没有回来，然而没有一个女人离开大厅。

两点钟的钟声刚敲过，响起了一阵骚动声。陪审团房间的门开了。德·瓦尔诺男爵先生迈着庄重而戏剧性的步伐朝前走，所有的陪审官跟在他的后面。他先咳嗽一声，然后宣布说，他向良心保证，陪审官的一致意见是于连·索雷尔犯有杀人罪，而且是有预谋的杀人罪。这个宣告导致的结果必然是死刑，它是过了一会儿以后宣判的。于连看看他的表，想起了德·拉瓦莱特先生，这时候是两点一刻。“今天是星期五，”他想。

“是的，但是这一天对判我死刑的瓦尔诺来说是幸运的……我受到的监视太严密，玛蒂尔德没有办法像德·拉瓦莱德夫人那样救我……因此，在三天以后的这同一时刻，我将会明白这个伟大的也许①是怎么回事了。”

这时候，他听见一声叫喊，被唤回到现实世界中来。他周围的妇女在哭泣；他看见所有的脸都转向一个小旁听席，这个小旁听席开在一根哥特式墙柱的顶饰上。他事后才知道玛蒂尔德藏在那儿。那叫喊声没有再出现，所有的人都重新开始观看于连，宪兵们正尽力设法把他从人群中带出去。

“让我们尽量做到别让瓦尔诺这个坏蛋笑话，”于连想。“他在宣告必然导致死刑判决的裁决时，带着怎样遗憾的、虚情假意的表情啊！而那个可怜的刑事法庭庭长，尽管他当了那么多年的法官，在判决我时眼睛里也含着泪水。终于报了我从前在德·雷纳尔夫人跟前和他竞争的仇，瓦尔诺多么快乐啊！……我不会再见到她了！一切都完了……在我们之间已经不可能有一次最后的告别，这一点我可以肯定……要是能把我对我的罪行有多么痛恨告诉她，我会多么幸福啊！

"我只有这么一句话：我认为我被公正地判了死刑。"

第四十五章

……

黑牢里的恶劣空气变得使于连不能忍受了。幸好向他宣告他的死期来临的那一天阳光灿烂，大自然喜气洋洋，于连勇气百倍。在露天里走路对他说来有一种美妙的感觉，就像在陆地上散步对长期在海上的航海者一样。"来吧，一切都很好，"他对自己说，"我并不缺乏勇气。"

这颗脑袋从来没有像它即将落地的时刻这么富有诗意。他从前在维尔吉的树林里度过的那些甜美的时刻纷纷地，而且极其有力地涌回到他的思想里来。

一切都进行得既简单而又得体，他这方面没有丝毫的做作。

两天前，他对富凯说：

"至于情绪，我不能保证。这个黑牢，如此丑恶，如此潮湿，让我有时候发烧，连自己都不认识自己了。但是恐惧，不，人们决不会看见我脸色发白。"

他事先做好了准备，让富凯在最后日子的早上把玛蒂尔德和德·雷纳尔夫人带走。

"用同一辆马车带走她们，"他对富凯说。"要设法让驿马一直不停地飞跑。她们或者是互相拥抱，或者是互相表示不共戴天的仇恨。在两种情况下，这两个可怜的女人都可以稍微摆脱她们的可怕的痛苦。"

于连曾经要求德·雷纳尔夫人发誓活下去，好照料玛蒂尔德的孩子。

"谁知道呢？也许在死后我们还有感觉，"一天他对富凯说。"我很喜欢在俯视维里埃尔的高山上的那个山洞里安息——既然安息这个词用来很恰当。我曾经跟你讲过，有好几次我在黑夜里躲进那个山洞，我的目光远远地投向法兰西的那些最富饶的省份，野心燃烧着我的心；那时候这就是我的热情……总之，那个山洞对我来说是宝贵的，没有人能否认，它的位置连一个哲学家的灵魂都会羡慕……好吧！贝藏松的这些可敬的圣会分子用尽一切办法搞钱；如果你处理得当，他们会把我的遗体卖给你的……"

富凯在这件悲惨的交易中取得成功。他单独一个人在他的房间里，守着他朋友的尸体，度过黑夜。使他大吃一惊的是他看见玛蒂尔德走了进来。没有几个小时以前，他曾经把她留在离贝藏松十法里的地方。她的目光和眼睛是狂乱的。

"我要看看他，"她对他说。

富凯连说话和立起来的勇气都没有。他向她指了指地板上的一件很大的蓝披风。于连的尸体就裹在那里面。

她双膝跪下。对博尼法斯·德·拉莫尔和玛格丽特·德·纳瓦拉的回忆，毫无疑问，给了她一股超出常人的勇气。她的颤抖着的双手打开披风。富凯转过眼睛去。

他听见玛蒂尔德在房间里迅速走动。她点着了几根蜡烛。等着富凯有了力量看她时，看见她把于连的头放在她面前的一张大理石的小桌上，吻着他的额头……

玛蒂尔德跟着他的情人一直到他选中的坟地。许多教士陪送棺材，但是没有一个人知道她单独坐在蒙黑纱的马车里，双膝上捧着她曾经如此爱过的那个男人的脑袋。

就这样在半夜里，来到了汝拉山脉的一座山峰的最高点附近；在点着无数蜡烛，显得非常富丽堂皇的小山洞里，二十名教士做着安灵的弥撒。送殡行列经过那些小山村，居民们全都被这离奇古怪的仪式所吸引，跟着队伍来了。

玛蒂尔德穿着长丧服出现在他们中间，在弥撒结束时，让人扔给他们好几千枚五法郎的银币。

她单独和富凯留下，她要亲手埋葬她的情人的头颅。富凯痛苦得差点儿发疯。

在玛蒂尔德的关心下，这个荒凉的山洞用花了大价钱在意大利雕刻的大理石装饰起来。

德·雷纳尔夫人忠于她的诺言。她丝毫没有企图自杀；但是在于连死后三天，她抱着她的孩子们离开了人世。

【注释】

①传说法国文艺复兴时期作家拉伯雷（14941553）在临终时说："我就要去寻找一个伟大的也许。"

【简析】

谁没青春过？谁没奋斗过？惟其如此，于连带给我们感同身受的阅读体验，《红与黑》也成为众口称颂的名著。

《红与黑》中的"红"，象征拿破仑时代军人(军服)的荣耀，或是共和主义的热情；"黑"则指拥有庞大势力之僧侣阶级的黑衣。作品主要以1827年12月28~31日《法庭公报》上安托万·贝尔德案件为原型创作的，是一部描写法国七月革命前夕、统治者剧烈交替的变动时代中，一位平民青年野心的书，也是一部将贵族、僧侣、大资产阶级三者激烈竞争的社会反动性作一彻底批判的巨著。小说围绕主人公于连个人奋斗的经历与最终失败，尤其是他的两次爱情的描写，广泛地展现了"19世纪初30年间压在法国人民头上的历届政府所带来的社会风气"，强烈地抨击了复辟王朝时期贵族的反动、教会的黑暗和资产阶级新贵的卑鄙庸俗，利欲熏心。

节选部分描述了于连接受审判和毅然就死的故事情节。审判时，于连当众宣称他不祈求任何人的恩赐，他义正辞严地宣称："我绝不是被我的同阶级的人审判，我在陪审官的席上，没有看见一个富有的农民，而只是些令人气愤的资产阶级的人。"他拒绝上诉，也拒绝做临终祷告，以示对封建贵族阶级专制的抗议。于连在野心受挫，于狱中完成的内心救赎中，明显地表现出作者透视历史的现实主义，以及他超越历史的浪漫主义。

司汤达是善于从爱情中反映重大社会问题的文学大师。于连的两次爱情都与时代风云紧密相连，这是当时阶级角逐的一种表现形式，他对德·雷纳尔夫人后来的确也产生了真正的感情，但开始是出于小市民对权贵的报复心理。因此，于连第一次占有德·雷纳尔夫人得手的时候，他感到的并不是爱情的幸福，而是拿破仑式的野心的胜利，是"狂欢"和"喜悦"，是报复心理的满足。于连对玛蒂尔德小姐的爱情则纯属政治上的角逐，玛蒂尔德既有贵族少女的傲慢、任性的气质，又受到法国大革命的深刻影响。她认为，如果再有一次大革命，主宰社会的必定是像于连这样富于朝气的平民青年。同于连结成伉俪，既富于浪漫气息，又找到了有力的靠山。而于连则认为与玛蒂尔德小姐结婚可以爬上高位，青云直上，因此不惜去骗取她的爱情。

但是，于连的两次爱情最终还是失败了。这是因为在复辟时期，封建势力向市民阶层猖狂反扑。于连不是统治阶级圈子里的人，那个阶级决不会容忍于连那样的人来实现其宏愿。于连的人生悲剧，揭示了他所处时代的特征，批判了当时社会的黑暗。

《红与黑》在典型环境典型性格的塑造、匀称的艺术结构和白描手法的运用上都有突出的成就，但其中卓越的心理描写最为人称道。

俄国作家高尔基曾说：《红与黑》在心理深度的挖掘上远远超出了同时代作家所能及的层次。小说以深刻细腻的笔调，广泛运用独白和自由联想等多种艺术手法，充分展示了主人公的心灵空间，挖掘出了主人公深层意识的活动。司汤达着重刻画人物内心活动的细致和逼真，常常是三言两语就把人物行动、周围环境交代过去，而对其内心的活动则洋洋洒洒、不惜笔墨，关于爱情的心理描写更是丝丝入扣、动人心弦。从于连得知德·雷纳尔夫人写揭发信到枪杀她这段情节，司汤达仅用了三页篇幅；而对于连与玛蒂尔德的爱情，他却花了上百页的篇幅细致描写。作品中德·雷纳尔夫人堕入情网时的那种喜悦、痛苦、忏悔而又不甘放弃幸福的复杂心理的展现，也是令人拍案叫绝。

司汤达天才的心理刻画，开创了后世“意识流小说”、“心理小说”的先河，因此被后人尊为“现代小说之父”。

思考与练习

1. 你认为《三国演义》中的曹操是一个什么样的人？《三国演义》刻画人物的主要特点是什么？

2.《红楼梦》中，作者为写“宝玉挨打”做了哪些铺垫？据此简要分析《红楼梦》的叙事特点。

3. 你认为《金锁记》中的曹七巧是一个什么样的人？结合她所处的社会环境，简述作者塑造这个人物形象的主要目的是什么？

4.《巴黎圣母院》的浪漫主义特色主要体现在哪些方面？

5.《红与黑》中于连命运悲剧的形成原因有哪些？结合实际情况，谈谈你怎么实现自己的理想。

第二章　人物传记的阅读

第一节　认识人物传记

人物传记是艺术地再现真实人物生平事迹及其个性的一种文学体裁。它以语言文字为载体，借助于形象描写，真实记录某个时代、某个民族或国家具有代表性的人物所经历的重大事件。

传记作家在反映事件和人物的过程中，经过思想的提炼和艺术的加工，总是力图通过鲜活的、富有生命力的、具有个性特点的事件和人物，来反映社会现实，揭示事件发生的一般规律和深层原因，探求人物对社会历史发展的典型意义。因此人物传记是人们对自然、社会和人生的深入观察、理性思考的直接反映，是探求真理过程的记录，是一个时代人类认识水平提升的成果结晶。

传记是中国文学最早的体裁之一。在中国古代，传记属于历史的范畴。《四库全书总目提要》的史部中有“传记”的说法，但它把“传”和“记”是分开的：“叙一人之始末者为传之属；叙一事之始末者为记之属。”进入现代社会后，人们对传记的看法发生了很大变化。胡适认为，任何有关人的活动记录与思想见解的材料，都属于传记。此后，传记在文学体裁中逐渐赢得了独立的地位。

在西方，最早的传记作品同历史、哲学著作没有明确界限，直到1660年英国人才使用“biography”指称历史科学的一个分支。该词的核心词义指个人的历史；作为文字形态的东西，则是指对个人生活经历作记述的作品。

按作品产生的时期，人物传记可以分为古代传记和现当代传记。古代人物传记大体上包括两类：一类是史传，主要指纪传体正史中的人物传记。司马迁是第一位史传作家，他的《史记》开创了以记述人物经历为中心的“纪传体”，成为以后历代正史的标准文体。另一类是杂体传记，包括史书之外一切具有传记性质的作品，如杂传、散传、专传、传记体小说等。秦汉时期即已出现这类作品，但在唐代以后才兴盛起来，至明清尤盛。杂传著名作家有韩愈、柳宗元、欧阳修、宋濂等。杂传作品往往能道正史所不能道，作家的感情倾向也更鲜明强烈。

现当代传记，按其内容的偏重可分为史传、评论性传记（评传）和文学性传记等。按作者与传主的关系分为他传（作者为别人作的传）、自传（作者为自己作的传）两大类。还可以按照篇幅的长短，把传记分为大传、小传；按照作品的形式，把文字作品中穿插大量图片的传记称为画传。此外，较为全面系统地描述人物生平事迹的回忆录也是传记的一种。

具体来说，当前常见的几种传记形式是：①自传：自述生平的传记，其目的是让别人了解自己走过的生活道路，也为了自己总结经验教训。有的自传只写自己一生中重要的几件事情，一般篇幅较短，如《老舍自传》；有的详述自己的生活经历，篇幅较长，如《富兰克林自传》、《从文自传》。②大传：指那些记述全面、篇幅很长的传记。这类传记不仅再现了传主的一生，而且生动地再现了传主所生活的那个时代，如《马克思传》、《杜甫传》、《毛泽东自传》。③小传：较简略地记述他人生平的传记，篇幅较短。小传可以写出传主的一生经历，也可以只写几件典型事例，概括其一生，如《启功传奇》、《贝多芬传》。④评传：既全面介绍人物的生平，又评论人物的思想、生活和贡献的传记。评传的对象大多是在历史上曾经发挥过重要作用的著名人物，如《孔子评传》。⑤画传：以图片与文字结合进行写作的传记，如《梅兰芳画传》。

英国思想家培根说过："用伟人的事迹激励我们，远胜一切的教育。"这说明好的人物传记是大学生人生教育的有用教材。具体来说，阅读人物传记有以下意义：

其一，提供学习楷模。

人物传记以它特有的艺术魅力，比一般史书更有效地把历史人物的不朽形象镂刻在人们的心中，从而形成一种特殊的社会精神文化财富。人物传记把历史上和现实中的伟大英雄和杰出人物的真实形象展示在大学生面前，鼓舞和激励他们奋发向上。罗曼·罗兰在《贝多芬传》一书中说："人类中最优秀的人和你们同在。汲取他们的勇气做我们的养料吧；倘使我们太弱，就把我们的头枕在他们的膝盖上休息一会儿吧。他们会安慰我们。在这些神圣的心灵中，有一股清明的力量和强烈的慈爱，像激流一般飞涌出来。甚至无须探询他们的作品或倾听他们的声音，就在他们的眼里，他们的行述里，即可看到生命从没有像处于患难时的那么伟大、那么丰富、那么幸福。"

青少年的成长需要偶像与楷模，需要高远的人生目标的激励。通过阅读中外优秀人物的传记，大学生步入伟人的生活空间，触摸他们非同寻常的生活轨迹，体味他们的苦恼与欢乐，思索他们的成功经验与忠告，细察他们的人生况味，感受他们坚韧的意志、伟大的人格、真挚的情感与走向成功所付出的艰辛。无形中，大学生把这些能在思想、智慧和人格上不断激励自己的仁人志士作为自己精神上的良师益友和学习榜样，对于学生丰富人生体验，提高历史使命感、社会责任感，陶冶品行情操，提高审美修养，提升人格境界，具有直接或间接的影响。对于大学生形成科学的世界观、人生观和价值观，培养人生规划能力，具有潜移默化的作用。总体来说，阅读人物传记，可以全面提高人的素养，有助于实现"立德树人"的人才培养目标。

其二，充实文化底蕴。

英国作家约翰生说过："没有任何其他种类的作品，像传记文学，挟着不可抗御的兴趣，更能牢牢地联系起人类的心灵，或像它那样在任何一种不同的情况下，都能广泛传播善言。"阅读中国古代人物传记，学生能够感受到中华民族优秀文化的博大精深，有助于增强学生的民族自尊心和爱国情感，促使学生热爱传承下来的中华文化的优秀成果，增强继承与弘扬民族优秀文化的自尊心和自觉性，增强实现中华民族伟大复兴的使命感和责任感。因此，要充分重视并发挥人物传记所具有的传播优秀文化的功能，通过对经典传记作品的解读，在与大师的对话中，加深学生对我们民族先人精神生活的感悟，获得丰富的内心体验，接受中华文化的优秀成果，在批判性的思考中不断提升自己的精神境界。

在开放、合作的广阔文化视野下，不仅要看到民族的优秀文化，还要重视多元文化的交流与融合，阅读外国人物传记。在阅读的过程中，学生不仅能够感受到外国历史上伟人的人格魅力，还有助于学生培养开放的文化心态、开阔的文化视野，以科学辩证的态度看待世界各地的各种文化现象及其成果，在尊重和理解的基础上，取其精华，去其糟粕，为我所用。

其三，培养健全人格。

胡适在演讲中曾说："巴斯德是 15 世纪中法国的化学家。……这一个科学家的传记，使我这个外行人一直看到夜里三、四点钟，使我掉下来的眼泪润湿了书页。我感觉到传记可以帮助人格的教育。"胡适以自身的阅读体会，明确提出人物传记可以震撼读者的心灵，帮助人们接受人格教育。人物传记的使命，就在于以传主高尚的品德净化读者的精神世界，使他们人性中的自尊心、同情心、自强心和自我奉献精神被激发并成长起来，在潜移默化中完善人的道德，提升人的人格境界。

人物传记中所反映的人格主要有四种类型：如项羽、陈涉等人的自尊型，如勾践、韩信等人的自强型，如荆轲等人的侠义型，如屈原、蔺相如等人的爱国型。自尊是人格的基础，自强是人格的动力，侠义是自我与别人的关系中人格的利他意识，爱国是自我与国家关系中的责任意识。这四种人格类型互相联系，构成了健全人格的基本要素。通过人物传记，中国人民把自尊自爱、自强不息、关心他人、爱国爱民的人格精神一代又一代地传承下来。现在我们要结合新的时代要求，需要把传统的人格精神加以充实，丰富其内涵，不断发扬光大。具体来说，就是坚定经得起挫折、在逆境中成才的坚强信念，培养爱国情怀和民族责任感，学会正确处理人与人、人与社会、人与自然的关系，从而健全人格，实现自我价值。

其四，增长人生智慧。

阅读人物传记，可以增长待人接物的人生智慧。所谓待人接物，就是处理事情与处理人际关系。读人物传记，借鉴优秀人物的人际交往经验，可以在这方面增长智慧，让自己聪明起来。

人是生活在社会中、集体中的，不论是读书或工作，都少不了与上下左右各种人打交道。怎样处理好上下左右的人际关系？从优秀的名人传记中，从成功人物的人生经历里可以找到一些可以借鉴的东西。现代著名作家茅盾原名沈德鸿，他在《我走过的道路》里，说自己北大预科毕业后无力升学，拿着亲戚的介绍信到上海商务印书馆找工作。当介绍自己的情况时，接待人员不是很热情，问他"鸿"字是不是"江鸟鸿"？茅盾说是"鸿鹄之志的鸿"。茅盾的回答不卑不亢，显示出青年茅盾的志气和自信。《林巧稚》一书中记述了当代著名妇产科大夫林巧稚在青年时代考场救人的事迹，她牺牲自己的考试时间去救同学，本来担心落榜，结果还是考取了。这种故事既告诉了读者面对个人利益与救助别人时应该如何抉择，又弘扬了正能量，激励读者以崇高的社会责任感去待人接物。

第二节 人物传记的艺术特征

人物传记是文学和历史相结合的产物，它既有历史特征，要求尊重历史事实；又有文学特征，人物形象、语言都要有强烈的艺术感染力。其主要艺术特征表现为真实性、文学性、概括性和知识性。

一、真实性

人物传记必须以真人真事为依据再现历史、再现人物，传主及事件必须符合历史事实，决不能凭空虚构，这是人物传记的本质特征，是人物传记吸引读者的重要原因。特别是那些借用了一定的文学笔法撰写的伟人传记，传主的典型化程度高，对于一般读者将具有更大的教育和感染力量，可以起到一般文学作品所无法起到的深刻影响。

真实的历史事实能够反映历史人物的性格特征，还原历史人物的本来面目，因此司马迁孜孜不倦地考证历史人物的言行轶事，使《史记》成为体现人物传记真实性的典范作品。司马迁为了搜集史料，记石室金匮之书，取资金石、文物、图象及建筑，游历访问、实地调查，接触当事人或他人的口述材料，采集歌谣诗赋、俚语俗谚，搜求尚未被秦始皇焚灭的诸侯国史书，付出了常人难以理解的艰辛与勤苦。最后写成的人物传记，篇篇言有所据、事有所托，字字句句均有来历。他尊重历史事实的所作所为，给他带来了无与伦比的荣誉，人们把《史记》奉为“信史”。在司马迁之前的历史人物，如果其他史书记载语焉不详，后人就依据《史记》中的相关记载；如果其他史书记载较细，也要和《史记》中的相关记载相比较，以此衡量史书的真实性。

目前我们看到的一些历史著作中，对于个别重要历史人物或是语焉不详，或是评价严重失当。这时，有关他的传记作品，即使披露的是零星片断的真实史料，也具有重要的价值。有些传记作品因其内容真实可靠，还可以纠史书之讹，补史书之不足。例如，《三国志·魏武本纪》对曹操的身世用了曲笔，谓曹操是“汉相国（参）之后”，其父曹嵩则“莫能审其出生本末”。事实上，曹操之父本出自夏侯氏，因为给宦官曹腾做养子而改姓曹。此事在魏晋时佚名所作的《曹瞒传》中写得十分明确：“嵩，夏侯氏之子，夏侯惇之叔父，太祖与惇为从父兄弟”。后人研究曹操，正是根据这一传记作品披露的史料，纠正了史书《三国志》之弊。

二、艺术性

人物传记的真实并不等于对人物历史的忠实记录，作家在历史事实的基础上，可以借助于想象、联想等艺术手段对一些次要人物、局部细节作适当的艺术加工，这也是人物传记的一个重要艺术特征。当然，这种艺术加工必须符合人物的性格，符合事物发展的内在逻辑。《史记》中的人物传记，在局部情节和一些细节上进行合理的艺术加工，增强了作品的感染力，让人难以忘怀。如《史记·李将军列传》中，李广不愿意遭受屈辱自刎而死，“广军士大夫一军皆哭。百姓闻之，知与不知，无老壮皆为垂涕”。这一细节描写合理运用夸张手法，符合李广的性格特征和生活的特定逻辑，突出了李广深受军士爱戴和百姓敬佩的程度，形成了浓郁的文学氛围和感人的魅力，使人无不为李广的遭遇扼腕叹息。

有的细节描写还能见微知著、增强传记的可信性和感染力，加深读者对传主性格特征的理解。埃里·居里的《居里夫人传》中，当作者写到彼埃尔和玛丽到简陋的棚屋中观看镭发光的情节时，不惜笔墨进行了精心的细节描写。作者一开始先写玛丽看着四岁女儿入睡，但她“无法专心缝纫”，抑制不住内心的兴奋，那发出“美丽的颜色”的镭一直在招引着她，她和丈夫还是忍不住到了实验室。“在黑暗中，在寂静中，两个人的脸都转向那些微光，转向那射线的神秘来源，转向镭，转向他们的镭！玛丽的身体前倾，热烈地望着，她又采取一个小时前在她那睡着了的小孩床头所采取的姿势。”两位科学家把镭当作了自己的孩子，他们对科学的挚爱，爱得纯真、痴迷的程度栩栩如生地呈现在读者面前；他们为科学而献身的精神，他们的人格魅力也深深地打动了每一个读者。

生活转瞬即逝，人物的言行记录下来已是不易，但为了显示艺术的历史真实，作家往往还要运用多种多样的艺术手法写出人物闪电式的心理活动、一瞬间的表情变化。这些细节再现了传主对人对事对物的态度与感受，虽然多数是作家的艺术加工，但于细微处传递出丰富的信息，传神地显现出人物的精神风貌与内在思想性格。

三、概括性

人物传记要使读者对人物性格有全面深入的了解，就必须注重传主生平经历的完整性。因此在人物传记中，传主的生平经历一般都比较完整，便于读者从总体上把握人物。但是，受材料、篇幅的限制，一部人物传记不可能记述人物一生完整的经历，而是通过典型事例表现人物性格，因而人物传记讲究选材精当、高度概括。

写作人物传记，一定要占有丰富、翔实、真实可靠的资料。梅林为了写作《马克思传》，用了几乎二十年时间，搜集并深入钻研有关马克思的资料。司马迁写《史记》，经历了十年，如果加上他搜集史料、调查研究所花去的时间，可以说一部《史记》倾注了他的毕生精力。

这些精心搜集的资料，还要经过深思熟虑之后才能进入作品。为了符合概括性的要求，作家选择重大的有代表性的最能反映人物特征的典型事件详细记述，把不能表现人物特征的事件摒弃或一笔带过。作品中的典型事件，往往是人物一生的关键所在。写好这些关键之处，不仅可以表现人物一生的主要功过，而且可以显示历史发展的进程及其特点。

司马迁的《史记》在这方面值得我们借鉴，如《史记·廉颇蔺相如列传》。廉颇和蔺相如都是赵国封建统治集团中举足轻重的人物。司马迁为了要表现廉颇、蔺相如的主要性格特征，不是给他们各开一张履历表，而是选择了“完璧归赵”、“渑池之会”、“负荆请罪”三件事来写。这三件事反映了两种矛盾，一是秦赵两国之间的矛盾，一是廉蔺两人之间的矛盾，而前一个矛盾发展的后果是构成后一个矛盾的原因。通过这两对矛盾冲突，廉颇、蔺相如的主要性格特征得到了充分的展示。同时秦赵争夺和氏璧以及渑池之会两件事，实质上是秦赵两国统治阶级两次实力较量，是秦国大举进攻赵国的前奏，所以选择这两件事情，也显示了历史发展进程的特点。

四、知识性

人物传记在迎合一般读者猎奇的阅读心理的同时，也能够传播某些有益的知识。当代欧美各国的畅销书中，人物传记的比例越来越大，我国近几年来出版的人物传记也大受欢迎。传记热的背后，是读者的阅读心理发生了变化，他们渴望了解著名历史人物的事迹，以及当今政治、经济、军事、外交和文化各界新闻人物的生平经历和私生活等，人物传记比新闻作品更有效地向读者提供他们感兴趣的东西。在传记作品中，作者往往还要对关涉人物的某些历史和现实问题给读者以一种比较全面的认识和了解，从而给予读者相关领域的有益知识。

例如，20 世纪 70 年代，美国国家安全事务助理基辛格在世界外交舞台上大出风头，球王贝利像旋风一般引起全世界球迷读者的骚动，当时以他们为传主的人物传记就大受欢迎。个中原因，除了满足读者对新闻人物的好奇心之外，还因为这类作品中或穿插着对世界政治、外交局势的分析与判断，或介绍足球运动方面的专门知识，能够满足读者的知识需求。

再如，马克思曾为 18 世纪末到 19 世纪上半叶的军事家、政治家写作小传。他写的《贝尔蒂埃》、《贝尔纳多特》、《布律恩》、《布里昂》等作品，生动记述了拿破仑一世时期法国军事家和政治家的群像，其中有贪得无厌、追名逐利之徒，有渴求官职、封号和王位的野心家，有愿为任何制度效劳的不择手段的钻营者。这些小传，既描述了人物的个性特征，又保存了拿破仑一世时期资产阶级上层社会的相关知识，成为传记文章的典范。

第三节　如何阅读人物传记

人物传记的艺术魅力在于能吸引读者投入其中，与传主共沉浮；但读者也需要理智地去审视作品，从中得到自己的认识。这样才容易产生阅读共鸣，才能够得到深切的体验与深刻的认识。

一、知世论人，事中见人

一个人的成长不可能完全取决于内因，人物的个性、思想的形成必定会受到所处的特定时代及其成长环境等外因的影响，了解这些重要事实可以使我们对传主成长的各种因素做出符合实际的分析，以便全面、立体地了解人物，对其思想、品格及功过做出客观公允的评价。

所谓“知世论人”，就是在阅读人物传记时，联系作品的时代背景来读。时代背景包括作者是在什么样的情况下写作传记的、他为什么会对这个传主感兴趣、他想通过传记传达些什么，等等。这正如陈寅恪指出的：“古人著书立说，皆有所为而发：故其所处之环境，所受之背景，非完全明了，则其学说不易评论。”对一些传记来说，如果能够了解这些，可以使我们更深刻地理解传记。比如，20 世纪 40 年代，中国政治处于黑暗之中，朱东润写作《张居正大传》以寻找他的政治理想，吴晗写《朱元璋传》则是为了政治批判。作家借思古之幽情，发现实之感慨。

联系时代背景阅读人物传记，还要分析传主在社会发展中的地位与作用，从他们对生活、对社会、对人生的态度中得到有益的启示，从现代意义上对传主进行客观评价。如阅读《富兰克林自传》，富兰克林在自传中提到的“美德计划”带有诸种善与美的道德真谛，在与一个伟大心灵对话的过程中，读者收获一份人生修养的智慧，完成一次完美道德的精神之旅。

所谓“事中见人”，就是联系社会环境阅读、理解人物。要理解传主其人其事，首先要了解他所处的社会背景、家庭生活背景等众多因素，只有把人物放在一定的背景中，关注社会、家庭背景下的独特的“他”，才能更好地理解人物的个性特征。其次，要通过传主与他人的关系去把握传主形象。人物的人际交往是影响他、也是组成他人生经历的重要方面，通过人物与他人的关系去把握传主是阅读传记的一条通道。理解关系网中的人物形象，才能理解人物形象要素的形成原因，才能公正看待人物的所作所为，避免误解。

二、重温传主成长经历，感悟传主心路历程

重温传主的成长经历，感悟传主的心路历程，有助于读者分析传主的先天禀赋和后天环境、志向和命运、奋斗和机遇、挫折和成功、事业和爱情等诸多因素对其人生发展的重要意义，才能让读者在评价传主的思想、感情、品格、气质、成就等方面的同时，也能从中汲取精神养料，丰富自己的人生经验，形成主动规划人生的意识和能力。

《史记·魏公子列传》中有信陵君亲自迎接夷门监者侯嬴一事，作者从多个角度写了各方面的人对这件事的态度：侯嬴傲慢，而信陵君谦恭如故。“侯生下见其客朱亥，睥睨故良久，与其客语，微察公子。公子颜色愈合”。满座的宾客狐疑不定。街上的行人看到信陵君执辔，十分惊异。信陵君的从骑等得不耐烦，心中恼火，暗骂侯生。作品不厌其烦地描述各方面的人对这件事的反映就是为了刻画信陵君的礼贤下士。他为什么要这么做呢？为了完成退秦救赵存魏的大业，“我”个人牺牲一些算得了什么。这就是信陵君所作所为背后的所思所想。结合整个作品，信陵君从国家陷入危急时的忧心如焚，到不惜付出一切挽救国家时坚定的信念与意志，他的心路历程清晰地显现在读者心目中。

因此我们要根据作品内容多方位联系，选择那些与作品内容关联较紧密的方面，从社会、政治、教育、个体人格成长与形成的角度解读作品；联系自己的个人生活经历和体验解读作品；联系文本产生的时代解读作品，理解其历史意义；联系现实的生活实际解读作品，把握其现实意义。这样阅读作品，可以正确解读其内容，辨清作者的立场，从不同的角度和层面发掘传记的深层意蕴，探讨传主本身体现出来的人生价值和传者的情感态度所反映出来的人生价值，获得独特的阅读体验与个人见解，受到人生的启迪。

从作品出发，抓住最能反映传主或作者精神实质的那些材料进行分析，从传主的人生经历中看到自己的影子，从传主的心路历程中收获教益，我们对作品的认识将更加深刻，对人物的评价将更加客观公正，而且将赋予阅读更高层次的人生意义，提升阅读的价值。

三、关注典型事件，品读生活细节

阅读人物传记时注重典型事件和生活细节，读者可以获得更多的人生教益。

典型事件往往是传主一生的关键所在，它最有代表性，最能反映他一生中的主要功过，有利于读者把握作品的重点内容，理清传主人生发展的脉络，探究人物性格特征。如司马迁的《史记·廉颇蔺相如列传》，作者紧紧抓住蔺相如一生的重大事件，写了“完璧归赵”、“渑池会”、“将相和”三件事，展示出蔺相如的勇敢机智、具有“先国家之急而后私仇”的崇高爱国精神。他的《项羽本纪》，着眼影响项羽一生事业成败的重大事件，写了“巨鹿之战”、“鸿门宴”、“垓下之歌”这三个具有重要历史意义的重大事件，同时也是秦汉之际斗争最激烈、影响特别大的事件。我们从他对历史事件的描述中，了解了秦汉之际从项、刘联合反秦到互相争霸、直至项败刘胜的真实历史，同时也充分认识了项羽的悲剧英雄特性，以及作者对他的歌颂和肯定。

大事固然重要，生活细节也不可忽视。富有特性的细节描写犹如人体之血肉，能使传主的形象更加丰满，能帮助读者更准确地了解传主的思想性格。茅盾说：“善于描写典型的作家，不但用大事来表现人物性格，而且不放松任何细节的描写。”恰当地描述细节，可以增强传记的可读性与可信度，甚至预示着人物日后的发展。《史记·陈涉世家》开头写了这样一个细节：陈涉为人佣耕时，曾对同伴说：“苟富贵，无相忘”，并十分自负地说：“燕雀安知鸿鹄之志哉！”这个细节有助于展示人物思想发展的脉络。

《史记》中写得成功的人物传记，都有精彩的生活细节描写。司马迁从大量的历史资料中，筛选出能展示人物性格的材料，加以合理的艺术加工，构成感人的细节，通过这些生动的细节来展示人物性格的丰富性、复杂性。《史记·项羽本纪》中“霸王别姬”一节，面对着心爱的虞姬、常骑的乌骓马，一向叱咤风云的项羽慷慨悲歌，“泣数行下，左右皆泣，莫能仰视”。通过这一细节，表现了英雄末路多情而又无可奈何的心境。在项羽突围以后的“东城快战”中，项羽大呼驰下，汉军皆披靡，项羽瞋目怒叱，竟让赤泉侯“人马俱惊，辟易数里”。通过这些生动传神的细节，展示了项羽虽败犹勇，临死前还英勇无敌、所向披靡的英猛形象，真可谓英气盖世、名不虚传。

四、比较异同，兼收并蓄

一部传记里面既包含传主的立场，也包含作者的立场，再加上读者自己的立场，给正确解读作品带来了困难，读者要学会多方比较，在比较中有所鉴别、兼收并蓄，获得最佳的阅读体验。

比较不同作者写作的同一传主的传记，可以使材料相互补充、相互印证，使我们对传主有更全面和深入的了解和认识。把握传记作品在叙述角度、材料选择和语言风格等方面的不同特点，可以鉴别出作品之间写作质量的差异。邓榕的《我的父亲邓小平》与英国作家伊文思的《邓小平传》，都有邓小平在哈金森工厂的经历。但因作者对人物的生活轨迹与思想性格的看法不同，所以材料运用上的详略也不同，凸现的人物性格也不同。

对相同题材不同文体的作品进行比较，也是阅读传记的一种方法。这种方法有助于读者从不同的角度理解人物，获得相对全面准确的认识。从而开拓知识视野，提高鉴赏传记的水平。比如《史记·廉颇蔺相如列传》对蔺相如敬佩有加；而明代王世贞的《蔺相如完璧归赵论》中，王世贞对蔺相如大加批评。读者在比较了之后，不由自主地深入思考甚至争论孰对孰错，最终更深刻地理解了司马迁的褒赞之情，也认识到王世贞的否定批判之义，激发思索求辩、质疑探寻和形成自己见解的强烈欲望。

把有密切关系的两人或多人的传记放在一起对比阅读，也会产互相对照的作用。如把《孙中山传》与《宋庆龄传》比较阅读，把《钱钟书传》与《杨绛评传》比较阅读。比较阅读同一位作家所写的不同传记，可以从中探析作家传记创作的特点。比较阅读社会身份、历史地位和其他方面有相同之处的两位人物的传记，可以从历史的大背景下对传主做出更清晰、客观的评价。

此外，阅读传记作品，还要注意作品的历史真实与艺术加工的关系、与传主有关的其他人的言行或表现与传主个性特征之间的关系，等等。

阅读示例

1. 李将军列传（节选）

［西汉］司马迁

【题解】

司马迁（公元前 145 或前 135—前 91），西汉史学家、思想家、文学家，字子长，夏阳（今陕西韩城）人。他出生于史官世家，其父司马谈为太史令达三十年之久。司马迁幼年在故乡“耕牧”读书，10 岁到长安，曾受教于儒学人师董仲舒和孔安国。20 岁时到各地游历，回长安后任职郎中。汉武帝元封三年（公元前 110 年），司马迁接替父亲做了太史令，数年后开始创作《史记》。汉武帝天汉三年（公元前 98 年），他因李陵事件入狱，受宫刑。出狱后“隐忍苟活”，完成了《史记》的撰写和修改工作。

《史记》是我国历史上第一部纪传体通史，全书共 130 篇，记载了上自黄帝、下至汉武帝三千多年的历史。《史记》全书包括十二本纪、三十世家、七十列传、十表、八书，从不同角度反映了这一时期的社会风貌和各阶层人物的活动。同时，《史记》还被认为是一部优秀的文学著作，它注意人物刻画，善于叙事，语言有文采，风格雄奇又深婉多讽，被鲁迅誉为“史家之绝唱，无韵之离骚”。

列传是司马迁给皇帝、王侯以外的人所作的传记。下文为司马迁为西汉“飞将军”李广所作的传记，是《史记》中的传记名篇。

匈奴大入上郡，天子使中贵人从广勒习兵击匈奴①。中贵人将骑数十纵②，见匈奴三人，与战。三人还射，伤中贵人，杀其骑且尽。中贵人走广。广曰：“是必射雕者也③。”广乃遂从百骑往驰三人。三人亡马步行④，行数十里。广令其骑张左右翼，而广身自射彼三人者，杀其二人，生得一人，果匈奴射雕者也。已缚之上马，望匈奴有数千骑，见广，以为诱骑[⑤]，皆惊，上山陈[⑥]。广之百骑皆大恐，欲驰还走。广曰："吾去大军数十里，今如此以百骑走，匈奴追射我立尽。今我留，匈奴必以我为大军诱之，必不敢击我。"广令诸骑曰："前！"前未到匈奴陈二里所[⑦]，止，令曰："皆下马解鞍！"其骑曰："虏多且近，即有急，奈何？"广曰："彼虏以我为走，今皆解鞍以示不走，用坚其意。"于是胡骑遂不敢击。有白马将出护其兵[⑧]，李广上马与十余骑奔射杀胡白马将，而复还至其骑中，解鞍，令士皆纵马卧[⑨]。是时会暮，胡兵终怪之，不敢击。夜半时，胡兵亦以为汉有伏军于旁欲夜取之，胡皆引兵而去。平旦[⑩]，李广乃归其大军。大军不知广所之，故弗从。

居久之，孝景崩，武帝立，左右以为广名将也，于是广以上郡太守为未央卫尉[⑪]，而程不识亦为长乐卫尉[⑫]，程不识故与李广俱以边太守将军屯[⑬]。及出击胡，而广行无部伍行陈[⑭]，就善水草屯，舍止，人人自便，不击刀斗以自卫[⑮]，莫府省约文书籍事[⑯]，然亦远斥候[⑰]，未尝遇害。程不识正部曲行伍营陈[⑱]，击刀斗，士吏治军簿至明[⑲]，军不得休息，然亦未尝遇害。不识曰："李广军极简易，然虏卒犯之[⑳]，无以禁也；而其士卒亦佚乐[㉑]，咸乐为之死。我军虽烦扰，然虏亦不得犯我。"是时汉边郡李广、程不识皆为名将，然匈奴畏李广之略，士卒亦多乐从李广而苦程不识。程不识孝景时以数[㉒]直谏为太中大夫。为人廉，谨于文法[㉓]。

后汉以马邑城诱单于，使大军伏马邑旁谷，而广为骁骑将军，领属护军将军[㉔]。是时单于觉之，去，汉军皆无功[㉕]。其后四岁，广以卫尉为将军，出雁门击匈奴。匈奴兵多，破败广军，生得广。单于素闻广贤，令曰："得李广必生致之[㉖]。"胡骑得广，广时伤病，置广两马间，络而盛卧广[㉗]。行十余里，广详死[㉘]，睨其旁有一胡儿骑善马[㉙]，广暂[㉚]腾而上胡儿马，因推堕儿，取其弓，鞭马南驰数十里，复得其余军，因引而入塞。匈奴捕者骑数百追之，广行取胡儿弓，射杀追骑，以故得脱。于是至汉，汉下广吏[㉛]。吏当广所失亡多，为虏所生得，当斩[㉜]，赎为庶人[㉝]。

顷之，家居数岁。广家与故颍阴侯孙屏野居蓝田南山中射猎[㉞]。尝夜从一骑出，从人田间饮。还至霸陵亭，霸陵尉醉，呵止广[㉟]。广骑曰："故李将军。"尉曰："今将军尚不得夜行，何乃故也！"止广宿亭下。居无何[㊱]，匈奴入杀辽西太守，败韩将军[㊲]，后韩将军徙右北平。于是天子乃召拜广为右北平太守。广即请霸陵尉与俱，至军而斩之。

广居右北平，匈奴闻之，号曰"汉之飞将军"，避之数岁，不敢入右北平。广出猎，见草中石，以为虎而射之，中石没镞[㊳]，视之石也。因复更射之，终不能复入石矣。广所居郡闻有虎，尝自射之。及居右北平射虎，虎腾伤广，广亦竟射杀之。广廉，得赏赐辄分其麾下[㊴]，饮食与士共之。终广之身，为二千石四十余年[㊵]，家无余财，终不言家产事。广为人长，猿臂[㊶]，其善射亦天性也，虽其子孙他人学者，莫能及广。广讷口少言[㊷]，与人居则画地为军陈，射阔狭以饮[㊸]。专以射为戏，竟死。广之将兵，乏绝之处[㊹]，见水，士卒不尽饮，广不近水，士卒不尽食，广不尝食。宽缓不苛，士以此爱乐为用。其射，见敌急[㊺]，非在数十步之内，度不中不发，发即应弦而倒。用此[㊻]，其将兵数困辱，其射猛兽亦为所伤云。

……

太史公曰：《传》[㊼]曰"其身正，不令而行；其身不正，虽令不从"。其李将军之谓也？余睹李将军悛悛如鄙人㊽，口不能道辞。及死之日，天下知与不知，皆为尽哀。彼其忠实心诚信于士大夫也！谚曰“桃李不言，下自成蹊”㊾。此言虽小，可以喻大也。

【注释】

①中贵人：宫中受宠的人。勒：受约束。

②将：率领。骑：骑兵。纵：放马驰骋。

③射雕者：射雕的能手。

④亡：通“无”。

⑤诱骑：诱敌的骑兵。

⑥陈：同“阵”，摆开阵势。

⑦所：表示大约的数目。“二里所”即二里左右。

⑧护：监护。

⑨纵马卧：把马放开，随意躺下。

⑩平旦：清晨，天刚亮。

⑪未央：即未央宫，西汉宫殿名，当时为皇帝居住。

⑫长乐：即长乐宫，西汉宫殿名，当时为太后所居。

⑬将军屯：掌管军队的驻防。

⑭部伍：指军队的编制。行陈：行列、阵势。

⑮刀斗：即刁斗。

⑯莫府：即“幕府”，古代军队出征驻屯时，将帅的办公地。省约：简化。籍：考勤或记载功过之类的簿册。

⑰斥候：侦察瞭望的士兵。远斥候：远远地布置侦察哨。

⑱部曲：古代军队编制，将军率领的军队，下有部，部下有曲，曲下有屯。行伍：古代军队的基层编制，五人为伍，二十五人为行。营陈：即“营阵”，营地和军队的阵势。

⑲治：办理，处理。至明：直到天明。

⑳卒：通“猝”，突然。

㉑佚：通“逸”，安逸，安闲。

㉒数：屡次。

㉓文法：朝廷制定的条文法令。

㉔领属：受统领节制。

㉕韩安国率军埋伏在马邑附近，设计诱骗单于，但被单于发觉，匈奴兵退却，所以汉军无功。其事详见《史记·韩长孺列传》。

㉖致：送。

㉗络：用绳子编结的网兜。盛：放，装。

㉘详：通“佯”，假装。

㉙睨：斜看。

㉚暂：骤然。

㉛下：交付。吏：执法的官吏。

㉜当：判决，判断。

㉝赎：古代罪犯交纳财物可减免刑罚，称为“赎罪”或“赎刑”。庶人：平民。

㉞颖阴侯孙：指颖阴侯灌婴之孙灌强。屏野：退隐田野。屏：隐居。

㉟呵：大声喝斥。

㊱居无何：过了不久。

㊲韩安国率军埋伏在马邑附近，设计诱骗单于，但被单于发觉，匈奴兵退却，所以汉军无功。其事详见《史记·韩长孺列传》。

㊳镞：箭头。

㊴辄：就。麾下：部下。

㊵为二千石：做年俸二千石这一级的官。汉代的郡守、郎中令等都属于这个等级。

㊶猿臂：传说中有一种通臂猿，左右两臂在肩部相通，可自由伸缩。这里是形容李广的两臂像猿那样长而且灵活。

㊷讷口：说话迟钝，口拙。

㊸阔狭：指上句所说在地上画的军阵图中，有的行列宽，有的行列窄。这句话是说，比赛射军阵图，射中窄的行列为胜，射中宽的行列及不中都为负，负者罚酒。

㊹乏绝：指缺水断粮。

㊺急：逼近。

㊻用此：因此。

㊼传：汉朝人称《诗经》、《尚书》、《周易》、《礼记》、《春秋》为经，解说经书的著作都称为“传”。这里指《论语》，因为《论语》不是孔子亲笔著述，所以也称传。

㊽悛悛：老实厚道的样子。

㊾蹊：小路。

【简析】

“但使龙城飞将在，不教胡马度阴山。”“生希李广名飞将，死慕刘伶赠醉侯。”飞将军李广的文功武略使人追慕，因而被古今多少人奉为偶像。但古往今来更让人津津乐道的是他天生英才、终难封侯的悲剧命运，这一切，都真实地记载在与他同时代的“史圣”司马迁所作的《史记·李将军列传》中。

本文记述的是汉代名将李广的生平事迹。作者从几个方面入手，以实录的笔法描述了李广的一生。他一生与匈奴作战七十余次，常常以少胜多、险中取胜，以致匈奴人闻风丧胆，誉为“飞将军”。他又是一位最能体恤士卒的将领，治军简易，对士兵从不苛刻，尤其是他与士卒同甘共苦的作风，深得将士们的敬佩。

司马迁善于抓住人物的主要特征来突出人物形象。本文就抓住李广最突出的特点，通过一些生动的细节，着力描写。如写他以百骑智退匈奴数千骑，受伤被俘而能飞身夺马逃脱等，突出表现了李广的智勇双全。对李广的善射，作者更是精心描写，如射杀匈奴射雕手、射杀敌军白马将、射退敌人的追骑、误以石为虎而力射没镞，甚至平时常以射箭与将士赌赛饮酒等。这些片段对于刻画李广的形象，起到了重要的烘托作用。

司马迁写人物传记“不虚美，不隐恶”，通过对人物生平事迹的真实记录来倾注自己的感情。在这篇文章中，作者对李广的感情也主要是在叙事中体现出来的。此外，这篇传记善用烘托、对比，剪裁得当，结构起伏跌宕，语言精练流畅、生动传神，体现了司马迁高超的文学才能。

2. 李鸿章传（节选）

［清］梁启超

【题解】

梁启超（1873—1929），近代著名的政治活动家、启蒙思想家、教育家、史学家和文学家，字卓如，号任公，别号饮冰室主人、饮冰子、哀时客、中国之新民、自由斋主人等，广东新会人。著有《饮冰室合集》，代表作有《李鸿章传》、《清代学术概论》、《近三百年学术史》、《中国历史研究法》等。梁启超创作传记的目的在于“新民”，他试图通过传记的创作，来改造国民性，启蒙民族文化心理。他推崇司马迁夹叙夹议的纪传体式，知人知世，熔史学、文学于一炉，传统政治智慧纤毫毕现，著就令人心潮澎湃的传奇巨篇。

《李鸿章传》是梁启超的名作之一，被誉为中国“20世纪四大传记”。作品从李鸿章的早年落魄，写到他参加镇压太平军、甲午海战、创办洋务运动，周旋于世界外交舞台，直至西去的一生。梁启超深刻地分析了李鸿章在甲午海战中的种种失误，指出即使没有这些失误，李鸿章的失败也是必然的，因为世界的竞争是国民智力和创造力的竞争，彼时日本各国已经开化，民众在世界眼光和参政热情上已经大大领先，而满清政府仍然禁锢民智民力，失败也就难免了。作者认为李鸿章没有长远的眼光，不知道为后世立百年大计，仅满足于修修补补，不懂得现代民主政治的特点和国民的地位、国民在现代国际竞争中的作用、政府与民众的关系等，因此在现代国际竞争中处处落于下风，处处受制。他的失败，也是晚清政府的失败，是晚清政府不懂得民主政治的必然结局。作品结尾，梁启超认为，晚清政府中李鸿章是最具有世界眼光、最有能力和品格的一个人，尚且不能避免失败的命运，中国未来的前途令人担忧。

《李鸿章传》全书共12章，下文节选了第六章的主要内容。

第六章 洋务时代之李鸿章

……

至其所以失败之故，由于群议之掣肘者半，由于鸿章之自取者亦半；其自取也，由于用人失当者半，由于见识不明者亦半。彼其当大功既立功名鼎盛之时，自视甚高，觉天下事易易耳。又其裨将故吏，昔共患难，今共功名，徇其私情，转相汲引，布满要津，委以重任，不暇问其才之可用与否，以故临机偾事，贻误大局，此其一因也。又惟知练兵，而不知有兵之本原，惟知筹饷，而不知有饷之本原，故支支节节，终无所成，此又其一因也。下节更详论之。

李鸿章所办商务，亦无一成效可睹者，无他，官督商办一语，累之而已。中国人最长于商，若天授焉。但使国家为之制定商法，广通道路，保护利权，自能使地无弃财，人无弃力，国之富可立而待也。今每举一商务，辄为之奏请焉，为之派大臣督办焉，即使所用得人，而代大匠斲者，固未有不伤其手矣。况乃奸吏舞文，视为利薮；凭挟狐威，把持局务，其已入股者安得不寒心，其未来者安得不裹足耶？故中国商务之不兴，虽谓李鸿章官督商办主义，为之厉阶可也。

吾敢以一言武断之曰：李鸿章实不知国务之人也。不知国家之为何物，不知国家与政府有若何之关系，不知政府与人民有若何之权限，不知大臣当尽之责任。其于西国所以富强之原，茫乎未有闻焉，以为吾中国之政教文物风俗，无一不优于他国，所不及者惟枪耳、炮耳、船耳、铁路耳、机器耳，吾但学此，而洋务之能事毕矣。此近日举国谈时务者所异口同声，而李鸿章实此一派中三十年前之先辈也。是所谓无颜效西子之颦，邯郸学武陵之步，其适形其丑，终无所得也，固宜。

虽然，李鸿章之识，固有远过于寻常人者矣。尝观其同治十一年五月复议制造轮船未可裁撤折云：

臣窃惟欧洲诸国，百十年来，由印度而南洋，由南洋而中国，闯入边界腹地，凡前史所未载，亘古所未通，无不款关而求互市。我皇上如天之度，概与立约通商，以牢笼之，合地球东西南朔九万里之遥，胥聚于中国，此三千余年一大变局也。西人专恃其枪炮轮船之精利，故能横行于中土，中国向用之器械，不敌彼等，是以受制于西人。居今日而曰攘夷，曰驱逐出境，固虚妄之论，即欲保和局守疆土，亦非无具而能保守之也。（中略）士大夫囿于章句之学，而昧于数千年来一大变局，狃于目前苟安，而遂忘前二三十年之何以创钜而痛深，后千百年之何以安内而制外，此停止轮船之议所由起也。臣愚以为国家诸费皆可省，惟养兵设防、练习枪炮、制造兵轮之费万不可省。求省费则必屏除一切，国无与立，终不得强矣。

光绪元年，因台湾事变筹画海防折云：

兹总理衙门陈请六条。目前当务之急，与日后久远之图，业经综括无遗，洵为救时要策。所未易猝办者，人才之难得，经费之难筹，畛域之难化，故习之难除。循是不改，虽日事设防，犹画饼也。然则今日所急，惟在力破成见，以求实际而已。何以言之？历代备边，多在西北，其强弱之势，主客之形，皆适相埒。且犹有中外界限。今则东南海疆万余里，各国通商传教，往来自如，麇集京师，及各省腹地，阳托和好之名，阴怀吞噬之计，一国生事，诸国搆煽，实惟数千年来未有之变局。轮船电报之速，瞬息千里，军器机事之精，工力百倍，又为数千年来未有之强敌。外患之乘，变幻如此，而我犹欲以成法制之，譬如医者疗疾，不问何症，概投之以古方，诚未见其效也。庚申以后，夷势骎骎内向，薄海冠带之伦，莫不发愤慷慨，争言驱逐。局外之訾议，既不悉局中之艰难，及询以自强何术，御侮何能，则茫然靡所依据。臣于洋务，涉历颇久，闻见较广，于彼己长短相形之处，知之较深。而环顾当世饷力人才实有未逮，又多拘于成法，牵于众议，虽欲振奋而末由。易曰：穷则变，变则通。盖不变通则战守皆不足恃，而和亦不可久也。

又云：

近时拘谨之儒，多以交涉洋务为浼人之具；取巧之士，又以其引避洋务为自便之图。若非朝廷力开风气，破拘挛之故习，求制胜之实际，天下危局，终不可支。日后乏才，且有甚于今日者，以中国之大，而无自强自立之时，非惟可忧，抑亦可耻。

由此观之，则李鸿章固知今日为三千年来一大变局，固知狃于目前之不可以苟安；固尝有意于求后千百年安内制外之方，固知古方不以医新症；固知非变法维新，则战守皆不足恃；固知畛域不化，故习不除，则事无一可成，甚乃知日后乏才，且有甚于今日，以中国之大，而永无自强自立之时。其言沉痛，吾至今读之，则泪涔涔其承睫焉。夫以李鸿章之忠纯也若彼，其明察也若此，而又久居要津，柄持大权，而其成就乃有今日者，何也？则以知有兵事而不知有民政，知有外交而不知有内治，知有朝廷而不知有国民。日责人昧于大局，而已于大局，先自不明；日责人畛域难化，故习难除，而己之畛域故习，以视彼等，犹不过五十步与百步也。殊不知今日世界之竞争，不在国家而在国民。殊不知泰西诸国所以能化畛域、除故习、布新宪、致富强者，其机恒发自下而非发自上。而求其此机之何以能发，则必有一二先觉有大力者，从而导其辕而鼓其锋，风气既成，然后因而用之，未有不能济者也。李鸿章而不知此、不忧此，则亦已耳；亦既知之，亦既忧之，以彼之地位，彼之声望，上之可以格君心，以臂使百僚；下之可以造舆论，以呼起全国，而惜乎李之不能也。吾故曰：李之受病，在不学无术。故曰：为时势所造之英雄，非造时势之英雄也。

虽然，事易地而殊，人易时而异。吾辈生于今日，而以此大业责李，吾知李必不任受。彼其所谓局外之訾议，不知局中之艰难，言下盖有余痛焉。援春秋责备贤者之义，李固咎无可辞，然试问今日四万万人中，有可以cast the first stone之资格者，几何人哉？吾虽责李，而必不能为所谓拘谨之儒，取巧之士，囿于章句，狃于目前者稍宽其罪，而又决不许彼辈之随我而容喙也。要而论之，李鸿章不失为一有名之英雄，所最不幸者，以举国之大，而无所谓无名之英雄以立乎其后，故一跃而不能起也。吾于李侯之遇，有余悲焉耳。

自此章以后，李鸿章得意之历史终，而失意之历史方始矣。

【简析】

至今仍有人争论李鸿章的“卖国行径”与“委曲求全、勉力经营”。孰是孰非，不如读读梁启超著的《李鸿章传》。

1901年（清光绪二十七年）《辛丑条约》签订后两个月，心力交瘁的李鸿章溘然辞世；又两个月后，流亡海外三年的梁启超完成了这篇传记。通缉在案的维新派流亡领袖，为在朝洋务派领袖作传，其间大有深意。维新运动与洋务运动，一主政治改革，一主经济改革，前赴后继，两者的失败皆有其历史之必然性。因而梁启超自称：“吾敬李鸿章之才，吾惜李鸿章之识，吾悲李鸿章之遇”，惺惺相惜之情与流亡臣子的孤愤溢于言表，既悲逝者，亦是自悲。

节选部分，梁启超以奏折为事实依据，表明李鸿章对当时中国国家经济社会发展状况的深切忧虑，可知其见识也确有过人之处。李鸿章深知中国处于“三千年来一大变局”，因循现状是无法苟且偷安的，希望找到安内制外的长久良方。如不变法维新，抱定门户之见则积习难除，终将一事无成。偌大一个中国，将永无自强自立之日。梁启超以大量笔墨剖析李鸿章推行洋务的失败根源："不知今日世界之竞争，不在国家而在国民"，不知发动民众，通过新的宪政走向富强。他认为洋务运动的失败，是李鸿章由得意走向失意的人生转折点。

李鸿章谤满天下，始因甲午之役北洋水师覆灭，继之以外交连连失败，以"卖国贼"之罪名钉在历史耻辱柱上，为时已逾百年。在梁启超的记述中，谈及李鸿章与洋人交涉，态度轻侮，简直视其为市侩之徒。梁启超的判断可谓切中要害，李鸿章式的中国外交，无非承袭两千年前的纵横家故智，偏重于技巧末事，一味借力使力，殊不知"内治不修，则外交实无可办之理"。

李鸿章一生，平内乱、办洋务、创海军、主外交，位极人臣，其见识才具，远超同僚之上。但观其一生功业，对洋务知其然而不知其所以然，论外交则丧权辱国。这是李鸿章的失败，其实是清政府的失败，败在其背后的专制政治体制。梁启超指出：李鸿章所居"乃数千年君权专制之国，而又当专制政体进化完满，达于极点之时代也"。中国的封建制度高度集权、大一统的帝制，形成了超稳定的社会结构。皇帝口含天宪，权力不受制约，专制垄断的意识形态根深蒂固。如此自难适应时代的发展，使国家屹立于世界。

总之，梁启超在作品中非但评述了李鸿章的生平经历，也表达了他对维新运动、洋务运动的反思，作品的价值已经超越人物传记本身。

梁启超在此书"序例"中开宗明义，自承"全仿西人传记之体"，且继承司马迁开创的夹叙夹议式列传体式。纵观全书，八大主题议论风发，既提纲挈领，又顺应了历史时序。末章结论中，列举古今中外十五位政治人物，逐一与传主比较点评，妙语连珠，极具特色。而将传主放到世界历史的大视野中研判，更是自司马迁以来史家难以企及。这种传记体裁开一代之风气，直到民国时代仍不断被人袭用。

全书以文言文撰写，仅六万余字，要言不烦，如行云流水一气呵成。整篇文字带有鲜明的个人文字风格，极具张力。在一些总结性论断中，经常用"吾敢言"、"一言以蔽之"一类词句，透露出一股咄咄逼人的自信，非有真知灼见者所不敢为也。他断言李鸿章乃"有才气而无学识之人也，有阅历而无血性之人也。彼非无鞠躬尽瘁死而后已之心，然彼弥缝偷安以待死者也。彼于未死之前，当责任而不辞，然未尝有立百年大计以遗后人之志"。他预见到"后此内忧外患之风潮，将有甚于李鸿章时代数倍者，乃今也欲求一如李鸿章其人者，亦渺不可复睹焉。念中国之前途，不禁毛发栗起，而未知其所终极也"。十年后，清王朝最终难逃覆灭的命运。时人称道梁氏文风"笔端常带感情"，其感染力与煽动性超过"十万毛瑟"，堪称近代文坛上最生动的文言文。

梁启超创作传记的目的在于"新民"，他试图通过传记的创作，来改造国民性，启蒙民族文化心理。他的传记创作促进了中国传记由古代向现代的转型，但他的《李鸿章传》不是现代意义上的传记文学，作品中堆砌大量史料与过度议论削弱了作品的成就，不过瑕不掩瑜，我们不能因此否定他对中国传记文学发展所做出的巨大贡献。

3. 名人传(节选)

[法国]罗曼·罗兰

【题解】

罗曼·罗兰(1866—1944),20世纪上半叶法国作家。罗曼·罗兰以他文学作品中的高尚理想、描绘不同类型人物时所具有的同情和对真理的热爱而影响了世界文学,在世界文学领域里有着举足轻重的地位。他一生中写出了许多惊世之作,包括《约翰·克里斯朵夫》、《母与子》、《名人传》(《贝多芬传》、《米开朗基罗传》、《托尔斯泰传》)等。20世纪初,罗曼·罗兰痛感世风日趋颓靡,把变革现实的希望寄托于"英雄人物"的力量,先后写了《贝多芬传》、《米开朗基罗传》、《托尔斯泰传》等名人传记,人们将之称为《名人传》。在这些传记里,作者极力颂扬他们敢于正视黑暗现实,鞭挞腐朽社会,渴望自由,主持正义的精神;赞美他们以造福人类为己任,为坚持真理和信仰,追求"真正的艺术"而受苦受难的钢铁般的意志。伟人的魅力和文字的力量,使《名人传》名传天下,影响了世界各地的人们。

《贝多芬传》饱含感情地叙述了贝多芬的一生:他自幼不幸,父亲是一个残暴的酒鬼,强迫他没完没了地练习钢琴和小提琴,期望他将来成为自己的摇钱树。他曾拜莫扎特为师,深受莫扎特喜爱,但很快因为母亲去世而中断学习。悲痛中他接二连三地得了几场大病,其中出天花毁了他的容貌。从此,重病一直伴随着他,后来又发展到耳朵失聪。此外,贝多芬还不断经受着情感的折磨,他绝望苦闷,甚至想结束生命。靠着坚强的意志和高尚的道德追求,贝多芬战胜了这些痛苦,将个人身心的惨痛升华为一支又一支的乐曲,如《英雄交响曲》、《第七交响曲》、《第八交响曲》等。这些作品给他带来了无上的荣耀,人们把他看作是整个欧洲的光荣。但很快人们转向关注政治与其他类型的音乐,贝多芬陷入异常的孤独寂寞。在悲伤痛苦的时候,贝多芬也没有放弃歌唱欢乐。他倾一生之心力创作出《第九交响曲》(《合唱交响曲》),作品的首次演奏就获得空前的成功。1826年冬,贝多芬因为替侄子奔波劳累,在维也纳病倒。1827年3月26日,在风雪交加中,贝多芬度完了用痛苦换来欢乐的一生。

这篇传记属于评传,作家在写作时抓住传主一生最重要的一些事件,加以评价或议论,来帮助读者更深入地了解传主。全书共六章。下文节选的是第二、三、四章的主要情节。

第二章

……

就这样,他为爱情所抛弃。一八一〇年,他又成为孑然一身,但荣誉纷至沓来,他意识到了自己的力量。此时，他正当盛年，一任激烈而粗犷的性格充分展现，他无所畏惧，不再顾忌社会、习俗和他人的评判。有什么可顾忌、可斟酌的呢？爱情没了，野心也没了，剩下的只有力量和对力量的陶醉，他需要运用，几乎毫无节制地运用他的力量。“力量，就是使人有别于一般人的气势！”他又故态复萌，不注意衣著，举止比以前更加放肆。他知道自己有权爱说什么就说什么，即使在地位最高的人物面前也是如此。一八一二年七月十七日，他曾这样写道：“除了善良，我不承认还有其他高人一等的标志，”[①]当时见过他的贝蒂娜·勃伦塔诺[②]说“没有一位皇帝，没有一位国王像他那样意识到自己的力量。”她被贝多芬的气势震慑住了，写信对歌德说：“我第一次看见他的时候，觉得整个宇宙突然都消失了，贝多芬使我忘记了世界，也忘记了你，噢，歌德！……我认为，我没有弄错，我敢断言此人远远走在现代文明的前面。”

歌德想方设法结识贝多芬。一八一二年，两人在波希米亚的特普利兹浴场相遇，但并不十分相投。贝多芬非常赞赏歌德的才华，[③]但他的性格太狂放也太冲动，难以和歌德相处融洽，还难免会伤害他。他曾讲述，有一次，他们一起散步，这位心高气傲的共和派就人的尊严的问题，教训了那位魏玛大公的枢密顾问官，歌德对此一直耿耿于怀。

王公贵人尽可以造就一些教授和枢密顾问，可以赐给他们头衔与勋章，但却培养不出伟大的人物和超群脱俗的英才……像我和歌德这样两个人在一起的时候，那些老爷们应该意识到我们的伟大。——昨天在回来的路上，我们遇上皇室一家出游。远远望见，歌德便甩开我的胳臂，在路边垂手而立，无论我怎么劝说他都不肯再往前走一步。于是我将帽子按了按，系好礼服的扣子，两手往后一背，径直往密麻麻的人群中走去。王公贵族们此时已分列两旁，鲁道夫公爵[④]向我脱帽致敬；皇后第一个和我打招呼。那些大官们都认识我。——我看见皇室一行在歌德面前走过时不禁好笑。歌德站在路边，深弯着腰，帽子拿在手里。事后我老实不客气地说了他一通。[⑤]

歌德本人也没有忘记此事。[⑥]

第七和第八《交响曲》也是这个时期写的。一八一二年在特普利兹，几个月便完成了这两部作品。前者是狂欢的节奏曲，后者是诙谐的交响乐。在这些作品里，他表现得也许最自然，用他自己的话说，“最放得开”。尽情地欢乐，尽情地疯狂，出其不意的对比、宏伟而令人惊愕的跳跃，使歌德和采尔特惊骇不已的爆发，[⑦]这一切使德国北方人说，《第七交响曲》是一部醉鬼的作品。的确，作者是醉了，陶醉于力量和才华之中。

他自己也说：“我是为人类酿造美酒的酒神。是我给予人类狂热的思想。”

……

两年后，一八二四年五月七日，他指挥着《合唱交响曲》[⑧]（或者如节目单上所说，“参与音乐会的指挥”），全场一致鼓掌，但他一点也听不见。直到一位女歌唱演员拉起他的手，请他转过身来面向听众时，他突然看见全场起立，挥动帽子向他致敬，这才明白过来。一位英国旅行家名叫罗素的，一八二五年时看见过他弹琴，说他想轻轻弹奏柔音的时候，琴键没能发出声音，寂静中只见他情绪激动，面部和手指都抽搐起来，此情此景，真让人感到揪心。[⑨]

他离群索居，自我封闭，惟有大自然能给他一些安慰。特雷泽·德·布伦瑞克说，“大自然是他惟一的知己”，是他的庇护所。一八一五年认识他的卡尔·纳特说，从未见过一个人像他那样热爱花草、云霞和大自然，[10]他似乎是靠这些活着。贝多芬自己也写道：“世界上没有一个人像我这样爱田野……我爱一棵树甚于爱一个人……”——在维也纳时，他每天都要沿着城墙转一圈。从黎明到黑夜，在田野里，他独自散步，帽子也不戴，顶着太阳，或者冒着雨。“全能的上帝！在树林里我很快乐，很快乐，因为那里的每一棵树都传递着你的声音。——上帝啊，这真是太美了！森林里，山丘上，一片宁静，——这是奉献给你的宁静。”

……

巨人的杰作征服了庸俗的听众。刹那间，动摇了维也纳在罗西尼和意大利歌剧影响下形成的轻佻浮华之风。那时，受冷落的贝多芬悲伤之余，正打算移居伦敦，到那里演奏他的《第九交响曲》。又像一八〇九年那样，几位贵族朋友再次修书挽留，求他不要离开祖国。他们说：“我们知道，您写了一部圣乐[11]，表达深沉的信仰在您心中激发的感情。圣洁的光辉照进您伟大的心灵，也照亮了这部作品。而且您也知道，您伟大的交响乐编织的花冠上又增添了一朵不朽鲜花……您这几年的沉默使寄望于您的人感到伤心。[12]大家都悲哀地想，正当一种外国音乐反客为主，企图在我们的土地上站稳脚跟，使人忘记德国的艺术作品时，在芸芸众生中占有如此崇高地位的天才人物竟然悄悄无声……整个民族都把希望寄托在您身上，期望您能为他们带来新的生活，新的光荣，抛开时尚，建立一个真与美的世界……但愿您不久就能让我们看到希望的实现……为了我们，也为了全世界，但愿即将来临的春天因您的天才绽开更多的鲜花！”[13]从这封慷慨激昂的信中，可以看出贝多芬在德国的精英人物中享有多高的威望，不仅艺术上如此，道德上也是如此。是道德方面的。崇拜他的人赞誉他的天才时，想到的第一个词既不是学问，也不是艺术，而是信念[14]。

贝多芬被这些言辞打动了，便留了下来。一八二四年五月七日，《D调弥撒曲》和《第九交响曲》在维也纳举行首演，获得极大的成功。场面之热烈，恍如暴动。贝多芬出场时，受到听众一连五次的鼓掌欢迎，而在这个尊重礼节的国家，按习惯，皇族出场也不过鼓掌三次罢了。最后警察不得不出面干预。交响乐使听众如醉如狂，许多人都哭了。音乐会结束后，贝多芬激动得晕了过去。众人把他抬到了辛德勒家。他迷迷糊糊，合衣躺下，整整一夜和第二天的早上，不吃也不喝。

……

【注释】

①“心灵是一切伟大事物的关键。”见《贝多芬书信集》《给G．D．李里奥的信》。

②贝蒂娜·勃伦塔诺，歌德的女友，其母曾与歌德相爱；贝蒂娜成年后亦追求歌德，后嫁给名诗人阿尔尼姆。她对贝多芬极为崇拜，且对其音乐有较深理解。—原注

③一八一一年二月十九日，他写信给贝蒂娜·勃伦塔诺说：“歌德的诗使我陶醉。”在别的地方他又说：“歌德和席勒是我最喜欢的诗人，还有莪相与荷马，可惜后两位的作品我只能看译本。”（见《贝多芬书信集》第53：1809年8月8日给布莱特科普夫和海尔特尔的信）值得注意的是，贝多芬受教育不多，但文学品味很高。他认为歌德的诗“庄严、博大永远像音乐中的D小调”。在歌德之外，他喜欢三个人，即荷马、普卢塔克和莎士比亚。在荷马的作品中他最欣赏《奥德赛》。他手不释卷地阅读莎士比亚作品的德文译本，

并将其中的《科里奥兰纳斯》和《暴风雨》写成悲壮的乐曲。至于普卢塔克，他和当时的革命者一样深受其思想的启迪。布鲁图（公元前44年刺杀罗马独裁者凯撒的密谋集团领袖）是他崇拜的英雄，这一点和米开朗基罗一样。他还在房间里摆放了一尊这位弑君英雄的小雕像。他喜欢柏拉图，梦想在全世界建立柏拉图式的共和国。他还说过："苏格拉底和耶稣是我的典范。"（1819~1820年谈话记录）——原注

④鲁道夫公爵即皇太子，是贝多芬的学生。

⑤见贝多芬《致贝蒂娜》。有人曾质疑该信的真实性。此事虽有点夸大，但基本上是准确的。——原注

⑥歌德对采尔特说："可惜贝多芬是个桀骜不驯的人。他觉得这个世界可憎，这没有错。他这样做并不能使世界变得可爱呀。我们应该原谅他、同情他，因为他是个聋子。"——歌德并不攻击贝多芬，但也不为他做什么。对贝多芬的作品，他绝对的缄默。说到底，他既欣赏又害怕他的音乐，这种音乐引起他的困扰，他担心会使他失去好不容易才得到的精神安宁。年轻的门德尔松（德国作曲家、钢琴家和指挥家）1830年途经魏玛，他写的一封信，无意中披露了歌德如何用理智控制自己烦乱的心绪。他写道："最初他不想谈到贝多芬，但不谈又不行。听了《第五交响曲》的第一乐章以后，他大为激动，却又故作镇静，只是对我说：'这并不使人感动，只不过令人吃惊罢了。'过了一会儿，他又说：'气魄很大，跟疯了一样，震得房子也要塌了。'这时，晚饭端上来了，他边吃边若有所思，后来又提到贝多芬，他便询问我，看我的反应。看得出，音乐已经产生效果……"——原注

⑦见1812年9月2日歌德致采尔特书和1812年9月14日采尔特致歌德书："我也是，在欣赏之中带着惊惶。"1819年，采尔特写信给歌德说："他简直是疯了。"——原注

⑧即著名的《第九交响曲》。

⑨关于贝多芬耳聋的事，瓦格纳有很精彩的描述，详见他1870年出版的《贝多芬评传》。

⑩他喜爱且怜悯动物。历史学家封·弗里梅尔的母亲说，她小的时候喜欢捉蝴蝶，而贝多芬总用手帕把蝴蝶统统赶跑，所以她长期以来都不由自主地怨恨贝多芬。——原注

⑪指《D调弥撒曲》（作品第123号）。

⑫贝多芬家事缠身，穷困潦倒，为种种忧烦所困扰，从1816到1821年五年间，只写了三支钢琴曲（作品第101、102、106号）。他的敌人说他已经才思枯竭。但1821年他又投入了创作。——原注

⑬这封信写于1824年2月，签名的多是当时的显贵和皇亲国戚。——原注

⑭1819年2月1日，贝多芬为要求对其侄享有监护权一事，在维也纳市府大厦自豪地说："我的道德人品是有目共睹的。甚至杰出的作家如魏森巴赫也认为值得为之大书特书。"——原注

【简析】

《贝多芬传》主要叙述了伟大音乐家贝多芬不平凡的一生，罗曼·罗兰用满腔的热情、生动的语言诠释了贝多芬的苦难人生的各个方面，如爱情、亲情、创作等，同时也寄寓了

自己浓郁的情感和深沉的哲思。罗曼·罗兰尤其倾心于贝多芬身上的那种“力”——创造的“力”、克服人生苦难的“力”。罗曼·罗兰认为，这种“力”正是治疗当时欧洲颓靡精神的一剂良药。同时，罗曼·罗兰又把病痛折磨、遭遇悲惨、内心惶惑与矛盾三者叠加于一身的贝多芬看成一个悲剧性的英雄，他在文中重点强调了贝多芬所遭遇的不幸、苦痛及其与命运抗争的毅力，以此来慰藉、激励人们。

节选部分，是贝多芬感情受挫、身患重病时的人生纪事。在个人生命的痛苦历程中，贝多芬坚持把快乐用音符传递出来，创造了独特的震撼力，也使他拥有崇高的荣誉，成为被全世界公认的最伟大的音乐家。

“英雄”生活在困苦之中，然而“英雄”也有弱点，作家现实主义地、历史主义地看待贝多芬这一点，得到了更加令人信服、更有力的肯定。

苦难造就英雄。《贝多芬传》让我们看到了他和常人一样会有的痛苦、挣扎和矛盾。罗曼·罗兰认为唯有真实的苦难，才能使人不抱幻想，直面人生；唯有与苦难的搏斗，才能使人经受残酷的命运。因此伟人们的生涯往往就是长期地受难，他们的身心遭受悲惨命运的折磨，然而正是忧患造就了他们的伟大。贝多芬这样的天才竟终身未婚，未能享受到真正的爱情。他在怀着敌意的城市维也纳，他的音乐受到欢呼，他的困难却几乎无人问津。一个遭受家庭生活不幸和社会排斥的人，要么在孤独和痛苦中死亡，要么不屈不挠地抗争，贝多芬属于后者：他在生命的末日写出了不朽的《欢乐颂》。由此可见，他是在经历了超越常人的磨难之后才成为伟人的。从这个意义上来说，《名人传》不仅是一部文学名著，而且在提高人们对于历史和伟人的认识、树立正确的人生观等方面，都具有重要的意义。

伟大人物也有缺点，他们在所走过的道路上也有过动摇和错误，然而他们的伟大正在于他们有时善于用痛苦的内心斗争作为代价战胜弱点和克服动摇。“……现在，为了一块面包，我们已经不能把贝多芬这一个人看成是想象中的英雄，看成是由不锈钢铸成的具有倔强性格的英雄。”对贝多芬来说，有钱就意味着相对减少依赖，因此他为了一个铜板就能固执地讨价还价。对他来说，贵族身份是一种避免受别人鄙视的工具，至少在某种程度上是这样，因为那些不敬重贝多芬这个作曲家的人，却很敬重贝多芬这个贵族身份，因而当有人对他贵族身份的真实性提出异议时，他就会大发雷霆。他的革命信念当局知道得十分清楚，为了避免遭受迫害，他有时克制住对巴结奉承的厌恶，去恭维强者。作品中叙述的这些内容，记录了真实的伟人，也使我们更清楚地看到了艺术家痛苦的深度，看到了艺术家道德的伟大，因为艺术家善于不顾一切地保护自己内在的人的本质，从而保护了自己的创作天分，使其不受负面影响。

在热烈期望自己的作品能为现实生活服务的同时，罗曼·罗兰一丝不苟地遵循着历史的真实。他的创作依靠真实的文献资料，力求达到准确可靠。“我对自己，犹如对一个历史学家那样，很快提出了严格的要求。所以，在《贝多芬传》一书完成之后，克利斯朵夫和安及德·李维埃的故事就成了我的真正的《英雄传记》。”他用了大量的、许多对于读者来说新鲜的真实资料，几乎每一页都有脚注和引文之类的详细资料。在传记小说中，借助于虚构情节出现的那种直观性，罗兰完全是用另外取得的，即用他的主人公的原诗、同时代人的证明、时代文献的充分利用而取得的。他需要这样的文献，并不是因为可以死搬教条、拘泥细节了，而恰恰是为了让每一个伟大人物的肖像能以其整个的独特的真实面貌出现在读者面前。

思考与练习

1.《史记·李将军列传》记述的主要事件对李广的命运有何影响？通过这些事件，作者表达了什么思想感情？

2. 阅读梁启超的《李鸿章传》，谈谈你对洋务运动失败的看法，简述你从中得到的启示。

3.《贝多芬传》中记述了贝多芬与命运所做的哪些抗争？结合个人生活实际，谈谈你对人生挫折的认识。

第二编　抒情类作品的阅读

第三章 散文的阅读

第一节 认识散文

散文是一种取材广泛、结构灵活，注重抒写真实感受、境遇的文学体裁。散文行文自由，便于记事、抒情，是比较常见的文学样式。

在中国，散文有广义和狭义两种概念。《文心雕龙·总术》解释："今之常言，有'文'有'笔'，以为无韵者'笔'也，有韵者'文'也。"所谓"笔"，就是广义的散文，指除诗、词、曲、赋等韵文以外的一切记叙性和议论性的文体。现代文体成熟以后，广义的散文是指除诗歌、戏剧、小说以外的文学作品，包括杂文、小品文、随笔、游记、传记、见闻录、回忆录、报告文学等。20 世纪 80 年代以来，传记、报告文学、杂文逐渐发展为独具特色的文体，散文的范围有所缩小。广义的散文，按照主要表达方式的不同可分为抒情散文、叙事散文、议论散文等。狭义的散文则专指抒情散文。本书所说的散文均指广义的散文。

在西方，散文（essay）这一名称来源于法国作家蒙田 1580 年发表的《随笔集》（"Essais"）。英国作家培根有感于蒙田的榜样，于 1597 年将自己的一些随想定名为 essay 出版，标志着英国散文的真正诞生。蒙田和培根都用了"essay"（法语"assai"），这个词的原意即尝试（to attempt）。散文是他们尝试反思、审视特定时期内自己有所思、有所感的话题，进行自我探索的手段。他们发现，把思想诉诸笔端，思维会更加清晰明亮。

根据散文的主要表达方式，散文可以分为记叙性散文、抒情性散文和议论性散文三种。

记叙性散文以记叙人物、事件、写景为主，叙事比较完整，人物形象鲜明，写景饱含作者的情感。但与短篇小说相比，记叙性散文所述的事件不要求情节完整，更不追求曲折变化；记叙性散文注重对人物进行写意式的描绘，其中的人物形象是在真人真事的基础上进行剪裁加工而成的。

根据记叙性散文内容的侧重点不同，又可分为记事散文、写人散文和写景散文。

记事散文以事件发展为线索，偏重对事件的叙述。它可以叙述一个有头有尾的故事，如许地山的《落花生》；也可以选取几个片断进行记叙，如鲁迅的《从百草园到三味书屋》。

写人散文偏重于记人，全篇以人物为中心。它以真实的人物为记叙对象，往往抓住人物的性格特征作粗线条勾勒，着重表现人物的基本气质、性格和精神面貌，如鲁迅《藤野先生》。

写景散文偏重于描写景物。这种散文描写一个地方的景物，主要是游记。其叙述内容广泛，山川景色、风俗民情、名胜古迹都属游记范围。但作品所描写的景物必须完全真实，作者在写景过程中常常融情于物，达到情景交融。如朱自清的《绿》。

抒情性散文主要抒发作者的主观情感，作品往往蕴含作者的思想情感。与其他类别的散文相比，抒情性散文所蕴含的情感更强烈，想象更丰富，语言更有诗意。

抒情性散文的抒情方式有直抒胸臆、借景抒情和托物言志等。直抒胸臆的抒情方式在文章中可以使用，但不适于通篇使用。借景抒情和托物言志是抒情性散文所常用的抒情方式，二者的共同特征是采用象征、比兴、拟人等修辞手法，通过对外在形象的描绘来传达作者的情思，强化表达效果。借景抒情的散文，将感情寓于景物之中，赋予景物以生命，明写景、暗写情，做到情景交融、情景相生。如朱自清的《荷塘月色》。托物言志式散文，即象征性散文，作者将情感融于某个具有象征意义的具体事物，借助象形联想或意蕴联想把主观情感表现出来。如杨朔的《荔枝蜜》、矛盾的《白杨礼赞》等。

议论性散文以发表议论为主。它重于理智，主要用文学形象来说话，是一种文艺性的议论文。它既有生动的形象，又有严密的逻辑；既要以情动人，又要以理服人；融形、情、理于一炉，合政论与文艺于一体。鲁迅先生的杂文都是典型的议论性散文。

第二节　散文的艺术特征

散文取材广泛，情感真挚，艺术表现形式丰富多样，读来令人陶醉。因其具有天然的美，有人把散文比作从生活的沼泽里“挖出来的珍珠”。具体来说，散文的艺术美体现在以下几个方面。

一、形散而神不散

关于散文的艺术特征，虽因视角不同、文章不同而有不同的的概括和说明，但首要的本质的特征当属“形散而神不散”。

散文的“散”有几层含义：语言不受音韵、格律、句行的限制，是自由的散体；表达方式不拘一格，作者根据内容需要自由调整，随意运用叙述、描写、抒情、议论等表达方式，既可以一种表达方式为主，间杂其他方式，也可以几种表达方式综合运用；选材广泛自由，不受时空限制，上下几千年、纵横几万里的内容可以收纳在一篇小小的文章中。例如秦牧的《社稷坛抒情》，作者时而凭着“想象的羽翼”上溯到人类历史的源头，在“一家家的门口”看到农民们在劳动、在饮食、在希望、在叹息；时而又“走出了黑暗的历史隧洞，突然见到耀眼的阳光”，“想起了我们这个时代的农民是几千年历史中第一次真正挣脱了枷锁，逐渐离开了鬼神天命的羁绊的农民”。作者驰骋于历史长河之上，上下数千年，纵横捭阖，形成丰富博大、汪洋恣肆的风格。

散文的“神不散”，指散文所要表达的主旨必须明确而集中。秦牧说得好：“思想像一根线串起了生活的珍珠，没有这根线，珍珠只能够弃散在地。”无论散文的内容多么广泛，表现方式多么灵活，都要为更好地表达主旨服务，它的“神”却始终不散、首尾一贯，表现作者一定的思想、感情。“神不散”在文章中的具体表现，就是全篇文字始终紧紧围绕一个中心，贯穿一条红线，做到结构紧凑，层次分明，详略得当，重点突出。秦牧的散文《社稷坛抒情》是既“散”又“博”的。尽管它天上地下，古今中外，包罗万象，但始终以社稷坛、五色土贯穿全篇，围绕着“歌颂赞美养育我们的土地和创造我们伟大民族文化历史的劳动人民”这一主题思想，放得开，聚得拢。

因此，散文“散”的是内容材料与表现形式，“不散”的是主旨，形散而神不散，是散文的根本特征。

二、小中见大

这里的“小”，指散文的篇幅小、题材小。

我国古代散文的名篇多数篇幅短小，比如宋代周敦颐的《爱莲说》。文章以简洁的笔墨描写了莲花高洁的形象，描绘了莲的风度、莲的气节，最后落脚在莲花之“洁”上，托物言志，寄予了自己对理想人格的肯定和追求，也表达了自己鄙弃贪图富贵、追名逐利的世俗心理和追求洁身自好的美好情操。然后将菊花的隐逸、牡丹的富贵与莲花的高洁相对比，深化了“爱莲”的主题，抒发了品格高尚的君子罕见的深沉慨叹，耐人寻味，发人深省。如此一篇内涵丰富、寓意深刻的文章，却不足150　字，语言之简美，确如作者所说“不枝不蔓”。其他的，如韩愈的《马说》150字，柳宗元的《小石潭记》也仅仅193字。现代散文的名篇多数也是很短的，如许地山的《落花生》482字，茅盾　的《白杨礼赞》1074字。当然，较长的优秀散文也是有的，但它与其他文种相比，仍是精悍之作。所以散文写作要求做到短小精悍，以小见人，言近旨远。

多数散文的取材也着眼于小处：花、草、虫、鱼，山、水、沙、石，一刹那的情思、一闪而过的念头……都可以被拿来谈古论今、感物伤时。见微知著，借助这种小题材，作品可以说明人生的大道理，抒发人类的美好情感，歌颂真、善、美，鞭笞假、恶、丑。如宗璞的《紫藤萝瀑布》，文中对“像一条瀑布”的“一片辉煌的淡紫色”藤萝景况描写细致生动、淋漓尽致，占据了大量篇幅，分外引人注目。这些描写是借景抒怀的起点或依托，是情思遐想得以飞动飘扬的缘由，作者由小见大，悟出“花和人都会遇到各种各样的不幸，但是生命的长河是无止境的”的深刻哲理。

这样的例子还有很多，在鲁迅的《雪》中，从飞雪和雪罗汉身上，探索到了美好、光明以及与冷酷现实进行顽强斗争的革命精神；在茅盾的《白杨礼赞》中，从平凡的白杨树联想到北方农民的坚强不屈和英勇豪迈的形象；在袁鹰的《井冈翠竹》中，从普通的毛竹，看到了井冈山人民的献身革命与建设的精神品质。散文的“小”蕴含着“大”，小题材、小篇幅囊括了宇宙万象中任何一个细微的角落，包孕着社会、人生所有深刻的、具有哲理性的思想。正如著名作家冰心所说“一室便是宇宙，花影树声，都含妙理”。

三、形式灵活

散文在文学作品中是表现形式最自由、最灵活的种类。散文所反映的事物包罗万象，小到花鸟虫鱼，大到宇宙空间。与此相适应，散文的表现形式也格外自由灵便，不拘一格。具体来说，散文的表达方式灵活自如，散文写作可以记人、叙事、状物、写景、抒情、说理；作者可以自由、灵活地选用各种体裁来写，赋铭、速写、游记、书信、日记、序跋、偶感、随笔、回忆录、读后感……任人选择，因人而异，都可写成佳作；散文的感情态度多种多样，可以通过具体事物的描述而呐喊、怒吼、抨击、赞颂、幽默、讽刺、高歌、浅唱、漫谈、絮语、嘻笑怒骂、妙语解颐。

例如鲁迅先生的《从百草园到三味书屋》，作品以地点转换为顺序，抒写童年生活的欢畅、快乐与在私塾学习的刻板枯燥，批判了封建教育制度对孩子身心健康的束缚和摧残。文章的结尾写了自己在先生读书入神的时候画绣像的事，一大本绣像卖给一个有钱的同窗，不知所终了。画绣像、卖绣像、遗憾绣像的下落不明，似乎与文章的主旨关系不大，其实不然。在三味书屋令人窒息的环境中，画绣像当属十分有趣而难忘的事，而绣像的命运如何、现在在哪里，自然是读者所关注的。作者由画绣像顺势带出卖绣像与绣像的下落不明，读起来没有丝毫啰嗦、累赘的感觉，倒是从中更深刻地理解了作者所要表达的主旨，令人别有一番情趣在心头。

散文受作者的思想、情绪、意念所支配，作者在生活中有了某种感受或思考，就可以尽情、尽兴地写，表现形式不拘一格。有的只是围绕一个中心，牵住一条线索组织材料，控制思路，形式比较松散、自由，但脉络、层次却清晰可辨，如老舍的《济南的冬天》；还有的只是抒写一种心境或情绪，错综变化，全凭主观感情的暗中控制，因而在形式上显得更加随意，似乎无迹可求，如居里夫人的《我的信念》。但如前文所说，无论文章的形式多么灵活，都要受文章的主旨制约，要能够为更好地表达主旨服务，这也是散文“形散神不散”特征的表现之一。

四、真情实感

散文是作者个性化的产物，作者把自己独特的生活感受与情感体验通过艺术加工直接展示给读者，带有强烈的主观色彩。小说、戏剧的作者，往往把自己强烈的感情倾注在人物形象的塑造上，作者对生活的感受、对人物的爱憎褒贬，一般是通过间接的方式表现出来的。散文则不一样，它常常用直接抒情的方式抒写胸臆，不仅使读者知其理、晓其事，而且悟其心、感其情。因此，真情实感是散文的主要艺术特征。作家贾平凹曾说：就散文来说，“……我个人的体会，还是倾向于‘绝对真实’四个字。所谓真实，主要是指在感情以及运用环境和事件上。古人写的散文，题材也是很广泛的，但古人写散文，都是有感而发。……作为文学作品应该生活化，生活也应该作品化，散文尤是这样。”从这一点上来说，在文学作品当中，散文最接近生活。

散文所反映的人和事是真实的，作者所表达的情感也是真实的，是作者真情实感的直接抒发。例如，朱自清先生的《绿》，文章在开头“我第二次到仙岩的时候，我惊诧于梅雨潭的绿了”的基础上，承递对梅雨潭醉人、奇异的绿的喜爱之情，结尾自然发出“我第二次到仙岩的时候，我不禁惊诧于梅雨潭的绿了”的慨叹，感情鲜明，前后照应，文章如一幅情感挂图，浑然天成，真挚感人。

朱自清在谈到《背影》时曾说：“我写《背影》，就因为文中所引的父亲的来信的那句话。当时读了父亲的信，真的泪如泉涌。我父亲待我的好处，特别是《背影》里所叙的那一回，想起来跟在眼前一般无二。我这篇文只是写实，似乎说不到意境上去。”可见，真实的感情，自然而然的流露，使得散文更加接近生活，更易于走入读者内心深处。

第三节 如何阅读散文

阅读散文作品，宜依据散文的文体特征，对具体作品通过文眼的抓取、脉络的梳理、意境的领悟、主旨的明确、技法的鉴别、语言的品味、情感的分析，一步步深入文本、读懂作品。

一、抓取文眼，梳理脉络

（一）抓取文眼

所谓“文眼”，是指散文中能够用来升华情感、凸显主题的关键性词句。这些词句，既是作品主旨的闪光点，又是作者情感抒发的凝聚处。清代文学家刘熙载在《艺概·文概》中说：“余谓眼乃神光所聚，故有通体之眼，有数句之眼，前前后后无不待眼光照映。”这里的“神光”就是文章的主旨，“照映”就是照应主旨，统摄全文。通常情况下，散文的“文眼”既能够体现作者构思行文的契机，同时也对表现文章的主旨、意蕴起画龙点睛的作用。阅读散文，抓住了“文眼”，把握作者的情感和文章的主旨也就成为水到渠成的事。而抓取“文眼”，须在整体把握作品主旨的基础上，兼顾其特定的结构位置。

抓“文眼”，须在整体把握作品主旨和情感的基础上进行。虽然“文眼”与主旨不同，但是主旨和“文眼”密切相关。“文眼”是作者情感的升华，可以直接体现文章的主旨；同时，文章的主旨又多通过“文眼”来明确。在散文作品中，能凸显散文主旨、流露作者情感的词句即为“文眼”。

阅读茨威格的《世间最美的坟墓》，当抓住文眼，从“最美”二字入手，在整体把握文章主旨的基础上深入剖析、归纳其含义。远离尘嚣、孤零零的坟墓何以成为“庄严圣地”，无人守护、无人管理的长方形土堆何以成为“最美”的坟墓？一切都因为坟墓背后的感人故事。托尔斯泰之所以安息在这里，是为了发现哥哥写在小绿棒上的秘密，希望世间不再有疾病和痛苦，所有的人都相亲相爱、永远幸福。这一崇高的理想境界和伟大的人格魅力深深感染了作者，因而托尔斯泰的坟墓成了“世间最美的、给人印象最深刻的、最感人的坟墓”。由此可见，“最美”是文章的关键点和“文眼”之所在。由于感动、由于崇敬，托尔斯泰的坟墓在茨威格眼中成了“世间最美的坟墓”。抓住“最美”，深入剖析“最美”的原因，对文章的理解也就迎刃而解。

读散文，抓“文眼”，要注意其特定的结构位置。一般而言，散文“文眼”不会千篇一律地出现在某一固定位置。刘熙载在《艺概·文概》中说："揭全文之旨，或在篇首，或在篇中，或在篇末。"位置的不同，"文眼"所起的作用也不尽相同，但大都为作者情感的升华，起着连贯全文、凸显主旨的作用。

很多优秀的散文在结尾处升华主旨。读杨绛的回忆性散文《老王》，结尾处的"愧怍"会给读者留下深刻的印象。老王是不幸的，但是作为一个知识分子，作者为什么在过去了几年后才逐渐明白那是"一个多吃多占的人对一个不幸者的愧怍"呢？要读懂作品，必须抓住"愧怍"二字，向深处开掘，才能正确读解作品，读懂作者写作意图。

好的文章题目是文章内容的浓缩和升华，有些散文在题目中就暗含"文眼"。王充闾的散文《祁连雪》紧紧围绕"雪"字展开行文。文中既写了祁连雪化成水哺育着河西走廊世世代代的子孙，又写了祁连雪赋予祁连山以壮丽的景观；同时，雪还充当了作者抒发思想感情和表达历史感悟的载体。雪作为生动鲜明的感性意象，使文章富于艺术感染力，既是贯彻全文的线索，又是这篇散文的"文眼"。抓住了题目中的"雪"，可以更加便捷地理清作者的行文思路，也能够帮助读者明确文章的主旨。

（二）梳理脉络

由于散文取材广泛自由，行文方式灵活多样，表面看起来"散"，其实散文大都有潜在的文脉贯穿、散而不乱，呈现出形散意连、形散神聚的特点。因而，读散文，不仅要抓住"文眼"，更要理清作品的脉络。

脉络是体现作者情感变化和行文思路的线索。散文的材料是凭着清晰的线索，按照一定的思路组织在作品中的。即使散文的脉络是隐性的，表现潜在的文意变化过程，但往往在题目或文眼中显露端倪。因而，阅读散文就要抓住文章线索，理清作者思路。这不仅有助于理解作者的写作意图，而且也有利于理解作者独具匠心的布局谋篇。梳理散文脉络，要善于捕捉文中体现时间、空间、人物、事件、感情的句子，遵循作者思路，透过散文"形散"的表象，抓住文章精髓，分析全文立意。

阅读朱自清的《荷塘月色》，我们可以抓住"这几天心里颇不宁静"这个"文眼"，细细探究作者内心的情感，理出文章的脉络。在"颇不宁静"的心境下，作者为排解忧愁来到了日日走过的荷塘，描绘出诗一样的月色和画一般的荷塘。作者虽然在这里获取了片刻的逍遥和自由，但他无力改变现实，只好在夜晚一个人尽情地"受用这无边的荷香月色"。我们能够体味出作者那片刻的宁静和自由的心情，也可以体会出作者内心淡淡的喜悦与哀愁。可见，抓住"文眼"解读散文，我们不难发现作品既是按照作者的游踪，也是围绕作者的心情来组织行文的。

散文，都是作者"情动而辞发"、"取于心而注于手"的结果。阅读散文，梳理作品的脉络，还要连贯文中各个片段，分析语段间的逻辑关系。迟子建在《时间怎样地行走》一文中围绕人的成长与对时间的感受展开行文。作者以人生的过程为线索，把不同时期对时间的不同感悟贯穿其中，把各个时期连贯起来分析，不仅能够看出文章清晰的脉络，文章的主旨也随之柳暗花明。该文分别以时间在钟表里行走、时间在生活中行走和时间在生命中行走等多种行走方式，告诉我们应该珍惜时间、热爱生命，让生命在时间里充满意义。阅读时注意文章各个层次之间的内在逻辑联系，把作者不同时期的感悟连贯起来，才能理清文章脉络，理解文章主旨。

优秀的散文“思接千载，视通万里”，是外在的形与内在的神的完美契合。因而，要读懂散文必须抓住文眼，瞻前顾后，连贯全文，理清文章的脉络。

二、领悟意境，把握主旨

（一）领悟意境

意境是抒情性文学作品美的灵魂，是作者审美理想的集中体现。散文作品也同样讲究其内蕴的意境，尤其是写景抒情性散文不仅有优美的语言，而且大都有诗意的意境。

散文的意境由一系列意象共同组成，并且是由内情和外境共同生发出的饱含作家主观情感的审美想象艺术空间。领悟散文的意境，宜从作品具体意象入手，融合意象特点和作者情感进行细致品悟。在《荷塘月色》中，朱自清先生运用优美的语言、具体的意象形象描绘出月色下的荷塘之美和荷塘里的月色之美，营造出朦胧宁静优美的艺术氛围。月色下的荷塘荷叶田田、荷花点点、荷香缕缕、碧波荡漾，向我们诗意地展示了荷塘之美。荷塘里的月色如水、似雾、像梦，朦胧迷离、淡雅而又极富诗意。一系列极具朦胧梦幻般的意象又衬托出月色的朦胧柔和。在细细品味了文章中的众多意象后，我们不由沉浸到这些意象组合所营造出的优美宁静的意境中去。

由此可见，优美的抒情性散文作品多为作家生活哲思的诉说和情感体验的外显。散文中诗意的意境是散文家自己的主观情思与客观景象交织渗透而共同构成的艺术境界。从具体的意象入手，细品作品所营造的意境不仅能够开拓读者的审美视野，而且可以更加真切地领会作者蕴涵在作品中的情思。品悟散文的意境，我们不仅要从典型意象入手分析，还得身临其“境”，细推敲作品中的关键语段，通过合理的想象来领会。在品悟时充分发挥主观想象力，将自己置身于作品之中，我们才能真正从内心深处感知作品的意境之美。

阅读梭罗的《瓦尔登湖》，只有置身于瓦尔登湖畔，才能为那美妙的湖光山色陶醉。作品中，梭罗通过优美的语言细致地向读者描绘了透明的湖水、苍翠的山林，并且将自己的思想与瓦尔登湖周边的景象融为一体，为我们营造出自然纯洁澄澈恬静的意境。作者通过对纯净天然的瓦尔登湖的细致描绘，展示了瓦尔登湖的清澈和自然、纯洁与诗意，也唤醒人们亲近自然、返朴归真的情绪，并且给人以遐想和深思。设想眼前就是瓦尔登湖的阳光、雨丝、游鱼、花草、飞鸟、走兽等，读者也会脱离尘世的喧嚣和羁绊，与自然融为一体。可见，通过设身处地想象，我们既可以感受作家主观情思与生活图景交融而形成的审美艺术空间，更容易把握作家的主观情思。

总之，散文的意境之美是缘于作品中诸多意象组合而产生的艺术感染力。领悟散文意境，就要从作品的具体意象入手，融合意象的特点和作者情感进行细致品悟，还要身临其境仔细推敲作品中的关键语段，通过合理的想象来领会。

（二）把握主旨

散文写作虽然自由灵活，但作家往往有感而发，通过具体的文字来传达内心的情感志向。不同作品表达主旨的方式各异。有些作品主旨外显直白，有些作品主旨表达得比较含蓄，甚至含而不露。阅读散文作品，必须透过繁杂的表象，正确把握作品主旨，领会作者的写作意图。

明确作品主旨，领会作者意图，首先当从关键词句入手，尤其要关注作品的题目、文眼和流露作者情感倾向的抒情性、议论性语句。文眼是作品主旨的闪光点和作者情感抒发的凝聚处。抓住文眼，对倾注作者情感的关键语句细心品味、认真揣摩，读解其意蕴，领悟其内涵，可以帮助我们把握作品主旨，领会作者意图。作品中一些言简意丰的语句常常蕴含文章主旨，寄寓作者情志。葛剑雄在《邂逅霍金》中对邂逅霍金的文字描述并不多，更多的文字是邂逅霍金后引发的思考。邂逅霍金时，周围的人营造出一个对他人充分尊重的环境，这样的环境是作者渴望和呼唤的理想状况。在新的历史时期，经济发展迅猛，但人文环境更需要提高。因此，作者祝愿霍金"在平凡中度过他不平凡的一生，更愿世界上其他'霍金'能像他那样幸运"。这就使得作品的写作意图昭然：对尊重他人人格独立与生存自由的人文环境的渴望与呼唤！

明确作品主旨，领会作者的写作意图，要关注作品中的景物描写，抓住景物的特征，体味出作者情志之所托。以描写景物见长的写景状物类散文，往往在具体景物的描摹上精雕细琢，阅读这样的作品必须细致把握景物的特征。作者触景感事伤怀，往往托物言志，通过外在的景物描写来传达内心的真实感受。所以，阅读时须通过对文中之景的品读，找准作者缘情感怀的点来会其意。钟敬文在《碧云寺的秋色》中大量运用色彩词来描摹碧云寺的秋景，其目的就是为了表达对碧云寺秋色之美的发现与赞叹。作者这样写，既写出了秋叶的绚烂多彩，展现了秋色的丰富性，又能给人以一种视觉的享受，凸显了文章主旨，使作品极富艺术感染力。由此可见，抓住描摹景物的语句细品，可以将蕴含在作品中的情感与写作意图挖掘出来。这样才能够真正读出"文内之意"，读懂作品。

阅读散文作品，还要关注作品写作时间、背景等信息，从整体感知文意。着眼整体，去筛选梳理作品信息，找出各关键点共通的核心，就容易把握散文的"神"。老舍在《想北平》一文结尾处标明写作时间——一九三六年六月十六日，是一个非常重要的提示信息；他还附加解释，告诉读者"北平"其实是 1928 年至 1949 年间对北京的旧称等，都可以帮助我们正确理解作品。细读作品，我们在阅读过程中就会体会出这不仅仅是一篇怀乡之作，更有一种爱国知识分子对家乡、对民族、对国家时局的隐忧。看来，了解了作品的写作背景，对领会作者写作意图具有非常重要的指导意义。

三、鉴赏技法，品味语言

（一）鉴赏技法

散文的技法，指作者为表达作品的主旨、抒发个人的情志，在形式上所采用的各种技巧与方法。散文的写作技法种类繁杂、丰富多彩，小到字词句法，大至谋篇布局，既包括常见的修辞手法，也包括广义的表现手法。阅读散文作品，鉴别赏析文中使用的技法是一项重要内容。

鉴赏作品所运用的技法当从具体字词入手。散文作品中每一个字词的运用，既是为了作品主旨的表达，也大都蕴含了作者的主观情感。其中，尤其要注意动词和叠词的运用。在列夫·托尔斯泰看来，艺术语言中最重要的是动词。而各种形式的叠词在作品中巧妙运用，则有利于散文家恰切地表情达意、抒情言志。在《荷塘月色》中，朱自清运用了 20 多个叠词，如蓊蓊郁郁、曲曲折折、阴森森、轻轻地、层层、缕缕、粒粒等。这些叠词的运用，不仅使作品悠扬舒缓，富有音韵美；而且还形象描摹出荷塘月色的美景，传达出作家内心复杂的情感。在《听听那冷雨》中，余光中不仅运用了大量叠词，还恰当运用一连串动词表达自己的情感态度。听听、看看、嗅嗅、闻闻、舔舔等，既是叠词，又是动词，只需读上一遍“一切云情雨意，就宛然其中了”。可见，赏析散文作品在遣词造句上的功夫需结合作品内容和作者情感的表达进行。

修辞手法是作品美化语言、增添文采的重要工具。为准确、生动地表达自己的思想，作者常会选择运用一些修辞手法，以使文章语言表达更加准确鲜明、生动而有力。赏析散文的修辞手法，首先要辨识清楚作品中运用了何种修辞手法，然后在准确理解文意的基础上，结合文章的主旨和作者情感的表达来分析。胡弦《顺着石板街走到从前》中的几个句子：“岁月是峥嵘的，而这些石板的外表却越来越随和、温婉，棱角都已失去，像磨损了边角的古籍。”首先辨识清楚句子运用了比拟和比喻的修辞手法，然后结合作品主要内容、抓住句子的关键词“石板”来分析：由于石板的外表被磨损，所以才会变得越来越随和、温婉，而磨损了边角的古籍，即使外表不再光华，但古籍内在的文化意蕴却是永远不会失去的。这样既领会了作品蕴含的思想感情，又体会到了文章的语言美。

优秀的散文，往往还要使用联想、对比、衬托、象征、借景抒情、托物言志等表现手法。表现手法的合理运用，可以使文章主旨和作者情感的表达更加鲜明突出、生动而有力。作者运用各种表现手法都是为了更好地表达作品的主旨和自己的思想情感。因而，要鉴赏表现手法在表情达意方面的作用，也必须在具体语言环境中结合散文主旨内容和作者情感。林斤澜在《春声和春深》中描述北国之景的“生猛”，其实是为了衬托江南故乡风情的美好，借此可以更好地抒发内心的思乡之情。郁达夫在《故都的秋》中则是以江南景象反衬北国秋天的“清、静、悲凉”，从而鲜明地表达了作者对故都之秋的喜爱。在具体的语言环境中，紧扣作品的主旨和作者的情感去鉴赏评析作品的表现手法，才能够真正读懂散文作品，体会出作者用意之所在。

鉴赏散文技法，作品在谋局布篇等结构方面的特点也是不可忽略的一方面。散文家为抒发情志往往在构思布局方面苦心孤诣独具匠心，有些散文“首句标其目”，有的曲笔入题，有的卒章显志，有的以景结情，不一而足。从精心构思的布局结构来用心赏析作者在技法上的运用之妙，有助于深入领会作者的用意。

（二）品味语言

散文的语言是散文家抒写性灵、表情达意的最基本工具。散文在遣词造句、谋局布篇等方面是不拘一格的，但又是讲究语言艺术的文学形式，优秀的散文家都是将自己对世界的思索体验用具体入微的语言来表达的。阅读散文作品，宜首先从具体字词句的组合运用入手品读其独特的语言艺术特色。

阅读散文，品味散文的语言特点，应当字斟句酌，从散文作品的字里行间研读涵咏，根据文中用语、修辞等技巧的具体运用来细心品味。在品味散文的语言时，尤其要注意作家饱含深情的语句。一些看似直白无奇，或直接抒情、或蕴含深意的关键语句使散文“立片言以居要”，同时也使散文因此而更具魅力。

在《想北平》中，老舍用通俗直白的语言表达自己对北京简明而亲切的挚爱之情。文章开篇直言“我真爱北平”。他拒绝运用华丽的辞藻，而是通过最通俗质朴的语言来表达自己内心对北京的爱。文章结尾又是明白如话，不加藻饰：“好，不再说了吧，要落泪了。

真想念北平呀！”。此时，任何多余的修饰都是苍白的，只有这样饱含深情、直抒胸臆的语句才能够表达出对北京浓烈的情感。联系当时的时局（1936 年），作为一个“位卑未敢忘忧国”的爱国知识分子，老舍对家乡对祖国的情感便跃然纸上。可见，优秀作品通俗、直白的语言其实大都是作者精心设想饱含深意的。

品味散文的语言不仅要在字斟句酌中仔细体会出作家蕴含其中的情感和深意，还要注意作家的用语习惯，尤其是那些看似不合乎常理和故意打破常规的语句。作者为了更加确切地表达自己的情感，有时会故意打破常规。如有些作家在散文作品中故意运用长短交错、整散结合的语句来表达自己内心的情感。余光中在散文《听听那冷雨》中就有意打破常规，整散结合，时而运用短句，如“听听，那冷雨。看看，那冷雨。嗅嗅闻闻，那冷雨。舔舔吧，那冷雨。”又时而运用饱含深意的长句如“雨是一种回忆的音乐，听听那冷雨，回忆江南的雨下得满地是江湖下在桥上和船上，也下在四川在秧田和蛙塘下肥了嘉陵江下湿布谷咕咕的啼声，雨是潮潮润润的音乐下在渴望的唇上舔舔那冷雨。”余光中有意运用与众不同的长句，造成了文字稠密、意象繁富的效果，同时也运用这些打破常规的语言深切表达出自己内心的思乡情绪。在阅读散文作品时，读者只有细细品读这样的语句，才能真正读懂作家的深刻用意。

叶圣陶说：“鉴赏文学作品跟寻常读物不同，是非辨出真滋味来不可的，读者必须把握语言文字的意义和情味，才能辨出真滋味来——也就是接近作者旨趣的希望。”品味语言是切实感受散文魅力的重要手段。品读散文作品的语言，在字里行间字斟句酌、涵咏揣摩，品味散文语言的特点，感受作家的情感。

四、体会情感，感受诗意

（一）体会情感

散文必须抒写真情实感，它凸显作者的情感体验。王安忆说“散文，真可称得上是情感的试金石，情感的虚实多寡，都瞒不过散文。”散文是抒写真我、表达至真性情的艺术，由于特殊的人、事、物的触发，作者“情动于中而形于言”，通过带有主观色彩的文字反映个人对社会生活的认知。阅读散文，我们可以直接感受到作者内心的情绪及其对社会生活的认知态度。在创作过程中，作者将个人的情感诉诸具体文字；反过来，在阅读散文时必须“披文以入情”，在具体文字中寻找触动作者情感的那一处来品析蕴含在作品中的情思。

比如陈忠实的《又见鹭鸶》，文章第一段中，在春天傍晚沿着水边的沙滩散步时，“我突然瞅见了鹭鸶”而停了下来，接着抒写了阔别多年后又见鹭鸶时作者内心的惊叹。然后从小时候依次写来，通过对往事的回忆，“难以泯灭的鹭鸶的倩影，现在就从心里扑飞出来”，写出作者对鹭鸶的深深留恋。第六、七段直抒胸臆，抒发了作者重见鹭鸶时的欣喜。阅读这篇文章，抓住具体文字的内容及其蕴含的感情是把握作品思想内容的关键。这就说明，在散文作品中，作者或托物言志，或借景抒情，或即事感怀，都是把个人情思诉诸具体的文字。阅读散文作品，品析作者的情感，只有抓住关键的词句要点，才能真正走进作者的心灵深处。

把握作者蕴含在文中的情感，还须知人论世，结合作者的时代背景和创作缘由来分析。鲁迅说过，“我总以为倘要论文，最好是顾及全篇，并且顾及作者的全人，以及他所处的社会状态，这才较为确凿。要不然，是很容易近乎说梦的。”

郁达夫的《故都的秋》是把自然界的客观秋景与自己内心的主观感受融为一体的散文名作。作者以情驭景，以景显情，以“清、静、悲凉”的秋景显现内心的忧郁孤苦。从全文来看，蓝色或白色的牵牛花、秋槐的落蕊、秋蝉的啼唱嘶叫、秋雨的息列索落等，处处充满着“清、静、悲凉”的秋意。同时，这样的秋景又处处体现着作者的情感。结合当时的背景分析，在 20 世纪 30 年代，中国正处于风雨飘摇之中，一个知识分子的民族责任感与爱国情怀让郁达夫心如刀绞。所以作者坚持用“故都”二字而不用北平来表明描写的地点，用笔下萧索凄凉的秋景显现了自己内心“清、静、悲凉”的心境，用“清、静、悲凉”来表达对故都的爱、眷恋和对国家的担忧。据上所述，根据作者的创作背景，抓住作品中的关键词句，深入文本用心品悟，有助于品读出作品所蕴含的情思。

（二）感受诗意

杨朔说过：“好的散文就是一首诗。”优秀的散文应当营造出诗的意境，即所谓“诗情画意”。散文的诗意是物质的、形象的，可以捉摸、可以感受；它又是精神的、灵性的，动人心弦、震颤魂魄。如朱自清写《荷塘月色》，全篇着力于“淡淡的情趣”，顺着沿路走来、伫立凝想的线索，工笔描绘小路、荷塘、花姿、月色、树影、雾气、灯光……色彩斑烂，可见可感，而叶香、蛙鸣、蝉声，又可品可闻。更加上心情的抒写，巧妙的譬喻，创造出一种淡雅、闲静、情景交融的意境。这种优美的意境，正是散文写作者所要努力追求、刻意创造的。

杨朔的散文之所以写得那样好，原因之一就是他“总是拿着当诗一样写。”他告诉我们：“不要从狭义方面来理解诗意两个字。杏花春雨，固然有诗，铁马金戈的英雄气概，更富有鼓舞人心的诗力。你在斗争中，劳动中，时常会有些东西触动你的心，使你激昂，使你欢乐，使你忧愁，使你深思，这不是诗又是什么？凡是遇到这样动情的事，我就要反复思索，到后来往往形成我文章里的思想意境。”（《东风第一枝·小跋》）他的名篇《荔枝蜜》、《茶花赋》、《海市》……都是诗意盎然之作，既是散文，又是诗篇。

散文的诗意常常通过诗化的语言表现出来，这种语言经过情感的陶冶、锻炼，具有很强的抒情味和感染力。比如朱自清的《春》中的句子：“野花遍地是：杂样儿，有名字的，没名字的，散在草丛里，像眼睛，像星星，还眨呀眨的。”虽然平白如话，但写得很动情，很有韵味，有一种自然流动的节奏。

诗化的语言有的给人感觉很华丽，有的读起来觉得很朴素，不管给人的感觉如何，其中的词句都是从新鲜、活泼的口语中来的，是对优秀的古代汉语创造性的继承，也是作者仔细选择、锤炼和加工的结果。阅读一篇优秀的散文，不仅能从中感受到作者营造的诗情画意，还能学习到优美的语言，无形中增加了读者的语言储备，有利于读者提高语言表达能力。

阅读示例

1. 论语（节选）

【题解】

孔子（公元前 551—公元前 479），春秋时期思想家和教育家，名丘，字仲尼，鲁国陬邑（今山东曲阜）人。孔子祖上是宋国贵族，但他早年丧父，“贫且贱”，后在鲁国出仕，因不满鲁国政治周游列国，又不为所用，便回到鲁国教授弟子，整理古代文化典籍。他是儒家学派的创始人，在中国思想史上影响极其深远。他首创私人讲学，为传播和普及古代文化做出了重要贡献。

《论语》是记载孔子及其弟子言行的书，由孔子的弟子及再传弟子编纂而成。现存《论语》共二十篇，文字简约含蓄，思想博大精深，是研究孔子及先秦儒家思想最直接的材料。《论语》在东汉时期被列为七经之一，南宋时朱熹将它和《孟子》、《大学》、《中庸》合编为“四书”，与“五经”并列，后来成为读书人科举考试的必读书目。

曾子①曰：“吾日三省②吾身。为人谋而不忠乎？与朋友交而不信③乎？传不习④乎？”（《学而》）

【注释】

①曾子：孔子的弟子曾参。
②省（xǐng）：反省。
③信：诚信。
④传：老师传授的知识。习：温习。

子曰：“君子食无求饱，居无求安，敏①于事而慎于言，就②有道③而正④焉，可谓好学也已。”（《学而》）

【注释】

①敏：勤。
②就：接近。
③有道：指有道德的人。
④正：匡正、端正。

子曰：“饭疏食①、饮水，曲肱而枕之②，乐亦在其中矣！不义而富且贵，于我如浮

云。”（《述而》）

【注释】

①疏：粗粮，糙米。疏食：粗饭。
②肱（gōng）：臂膊。这句话是说弯曲胳膊当枕头。

子曰：“为政以德，譬如北辰①，居其所而众星共之②。”（《为政》）

【注释】

①北辰：北极星。
②共：同“拱”。这三句话是说，为政的人如果用自己的美德作为表率，就好像天上的北极星，安居其所，别的星星都绕着它旋转。

子曰：“譬如为山①，未成一篑②，止，吾止也③。譬如平地，虽覆④一篑，进，吾往也⑤。”（《子罕》）

【注释】

①譬如：比如。为：做。
②未成一篑（kuì）：还差一筐土没完成。篑：竹制的筐。
③止：中止。
④覆：倾倒。
⑤进：前进。往：前进。

孔子曰：“益者三友，损者三友。友直，友谅①，友多闻，益矣；友便辟②，友善柔③，友便佞④，损矣。”（《季氏》）

【注释】

①谅：信义。
②便：善辩。辟：逢迎谄媚的样子。
③善柔：工于讨好。
④便佞：善于以言辞取悦于人。

子曰：“见贤思齐①焉，见不贤而内自省也。”（《里仁》）

【注释】

①齐：平齐，指与贤者齐。

子贡[①]问政。子曰："足食，足兵[②]，民信之矣。" 子贡曰："必不得已而去，于斯三者何先？" 曰："去兵。" 子贡曰："必不得已而去，于斯二者何先？" 曰："去食。自古皆有死，民无信不立。"（《颜渊》）

【注释】

①子贡：孔子弟子，姓端木，名赐，字子贡。

②足食，足兵：充实粮食，讲究武备。

子夏[①]曰："日知其所亡[②]，月无[③]忘其所能，可谓好学也已矣。"（《子张》）

【注释】

①子夏：孔子弟子，姓卜，名商，字子夏。

②亡：无，指原先所不知不会者。

③无：同"毋"，不要。

子贡问曰："有一言[①]而可以终身行之者乎？" 子曰："其'恕'乎！己所不欲，勿施于人。"（《卫灵公》）

【注释】

①言：这里是"字"的意思。

【简析】

《论语》是早期语录体散文，语言基本上是口语，明白易懂。这十则语录涉及修身、为人、学习、政治思想等方面的内容，都是孔子对现实人生和社会生活深刻认识的反映，充满真知灼见且言简意赅，传诵至今大多已成为志士仁人牢记、遵循的人生格言。

《论语》用语简洁明快、朴素生动，富有哲理和情感色彩，形成一种平易雅正、隽永含蓄的语言风格。其中格言式的语句言约意丰，富有启发性，有不少句子成为后人的座右铭，为中华民族一代代人的成长提供了丰富的精神营养并影响着我们对人生、社会和美的认识，以及人格修养的完成。

《论语》的文学价值还表现在它对孔子及其门人等形象的塑造上，往往通过简短的对话或神态描写，人物的思想性格就生动形象地表现出来了。

2. 合欢树

史铁生

【题解】

史铁生（1951—2010），当代作家，北京人。1967 年清华大学附中初中毕业。1969 年去陕西延安插队。1972 年因双腿瘫痪返回北京治疗。1974 年到北京北新桥地区街道工厂工作。病后致力于文学创作，1979 年发表第一篇小说《法学教授及其夫人》。1981 年病情加重，遂回家养病。1983 年加入中国作协。主要作品有中短篇小说集《我的遥远的清平湾》、《礼拜日》、《舞台效果》、《命若琴弦》等，长篇小说《务虚笔记》等。其中《我的遥远的清平湾》、《奶奶的星星》分获 1983、1984 年全国优秀短篇小说奖。另外散文集《我与地坛》、《答自己问》等作品也获得了很大影响。2002 年获华语文学传媒大奖年度杰出成就奖。

史铁生的作品主要分为两类：一类是对知青生活的回忆和反思，另一类是对残疾人命运的描摹，作品呈现平淡质朴而意蕴深沉的“散文化”倾向。自 1985 年以来，开始思考人的命运，略带哲理玄思，揭示人与生俱来的局限是能力与愿望之间的永恒距离，生命的目的就是不断跨越困境的过程。后来形式上也有所变化，吸取了现代主义的因素。

《合欢树》作于 1984 年，收入散文集《答自己问》。

十岁那年，我在一次作文比赛中得了第一。母亲那时候还年轻，急着跟我说她自己，说她小时候的作文作得还要好，老师甚至不相信那么好的文章会是她写的。“老师找到家来问，是不是家里的大人帮了忙。我那时可能还不到十岁呢。”我听得扫兴，故意笑：“可能？什么叫可能还不到？”她就解释。我装作根本不再注意她的话，对着墙打乒乓球，把她气得够呛。不过我承认她聪明，承认她是世界上长得最好看的女的。她正给自己做一条蓝地白花的裙子。

二十岁，我的两条腿残废了。除去给人家画彩蛋，我想我还应该再干点别的事，先后改变了几次主意，最后想学写作。母亲那时已不年轻，为了我的腿，她头上开始有了白发。医院已经明确表示，我的病目前没办法治。母亲的全副心思却还放在给我治病上，到处找大夫，打听偏方，花很多钱。她倒总能找来稀奇古怪的药，让我吃，让我喝，或者是洗、敷、熏、炙。“别浪费时间啦！根本没用！”我说。我一心只想着写小说，仿佛那东西能把残废人救出困境。“再试一回，不试你怎么知道会没用？”她说，每一回都虔诚地抱着希望。然而对我的腿，有多少回希望就有多少回失望。最后一回，我的胯上被熏成烫伤。医院的大夫说，这实在太悬了，对于瘫痪病人，这差不多是要命的事。我倒没太害怕，心想死了也好，死了倒痛快。母亲惊惶了几个月，昼夜守着我，一换药就说：“怎么会烫了呢？我还直留神呀！”幸亏伤口好起来，不然她非疯了不可。

后来她发现我在写小说。她跟我说："那就好好写吧。"我听出来，她对治好我的腿也终于绝望。"我年轻的时候也最喜欢文学，"她说。"跟你现在差不多大的时候，我也想过搞写作，"她说。"你小时的作文不是得过第一？"她提醒我说。我们俩都尽力把我的腿忘掉。她到处去给我借书，顶着雨或冒了雪推我去看电影，像过去给我找大夫、打听偏方那样，抱了希望。

三十岁时，我的第一篇小说发表了，母亲却已不在人世。过了几年，我的另一篇小说又侥幸获奖，母亲已经离开我整整七年。

获奖之后，登门采访的记者就多，大家都好心好意，认为我不容易。但是我只准备了一套话，说来说去就觉得心烦。我摇着车躲出去，坐在小公园安静的树林里，想：上帝为什么早早地召母亲回去呢？迷迷糊糊的，我听见回答："她心里太苦了。上帝看她受不住了，就召她回去。"我的心得到一点安慰，睁开眼睛，看见风正在树林里吹过。

我摇车离开那儿，在街上瞎逛，不想回家。

母亲去世后，我们搬了家。我很少再到母亲住过的那个小院儿去。小院儿在一个大院儿的尽里头。我偶尔摇车到大院儿去坐坐，但不愿意去那个小院儿，推说手摇车进去不方便，院儿里的老太太们还都把我当儿孙看，尤其想到我又没了母亲，但都不说，光扯些闲话，怪我不常去。我坐在院子当中，喝东家的茶，吃西家的瓜。有一年，人们终于又提到母亲："到小院儿去看看吧，你妈种的那棵合欢树今年开花了！"我心里一阵抖，还是推说手摇车进出太不易。大伙就不再说，忙扯些别的，说起我们原来住的房子里现在住了小两口，女的刚生了个儿子，孩子不哭不闹，光是瞪着眼睛看窗户上的树影儿。

我没料到那棵树还活着。那年，母亲到劳动局去给我找工作，回来时在路边挖了一棵刚出土的"含羞草"，以为是含羞草，种在花盆里长，竟是一棵合欢树。母亲从来喜欢那些东西，但当时心思全在别处。第二年合欢树没有发芽，母亲叹息了一回，还不舍得扔掉，依然让它长在瓦盆里。第三年，合欢树却又长出叶子，而且茂盛了。母亲高兴了很多天，以为那是个好兆头，常去侍弄它，不敢再大意。又过一年，她把合欢树移出盆，栽在窗前的地上，有时念叨，不知道这种树几年才开花。再过一年，我们搬了家，悲痛弄得我们都把那棵小树忘记了。

与其在街上瞎逛，我想，不如就去看看那棵树吧。我也想再看看母亲住过的那间房。我老记着，那儿还有个刚来到世上的孩子，不哭不闹，瞪着眼睛看树影儿。是那棵合欢树的影子吗？小院儿里只有那棵树。

院儿里的老太太们还是那么欢迎我，东屋倒茶，西屋点烟，送到我跟前。大伙都不知道我获奖的事，也许知道，但不觉得那很重要；还是都问我的腿，问我是否有了正式工作。这回，想摇车进小院儿真是不能了。家家门前的小厨房都扩大，过道窄到一个人推自行车进出也要侧身。我问起那棵合欢树。大伙说，年年都开花，长到房高了。这么说，我再也看不见它了。我要是求人背我去看，倒也不是不行。我挺后悔前两年没有自己摇车进去看看。

我摇着车在街上慢慢走，不急着回家。人有时候只想独自静静地呆一会儿。悲伤也成享受。

有一天那个孩子长大了，会想起童年的事，会想起那些晃动的树影儿，会想起他自己的妈妈，他会跑去看看那棵树。但他不会知道那棵树是谁种的，是怎么种的。

【简析】

爱，特别是母爱，对于史铁生来说，是一份沉甸甸的记忆，它无时无刻不在，也无时无刻不在影响着他的生活、他对人生的感悟，乃至他人生的独特航程……散文《合欢树》就相当真实地记录下了这一切。

史铁生的作品一向以清淡悠远见长，《合欢树》正是体现了这一点。全文思绪飞扬，笔致灵动，以“合欢树”为中心意象却并不拘泥，以“母亲”为用力点却又时时荡漾开去，构思平朴自然又不落俗套，充分体现了散文“形散而神不散”的特点。

全文以时间为序，叙述母亲生前身后之事。在母亲生前，“我”由一个不懂事的小男孩逐渐成长为一条能够把握自己生活的铮铮汉子，母亲的潜移默化之功不可忽视；母亲历尽沧桑，默默地将命运对于儿子的沉重打击转移到自己身上，母爱日趋博大深沉。正当儿子对母亲的理解与母亲对儿子的爱达到成熟之际，一切却因母亲的逝世戛然而止。“合欢树”由此进入了作者的关注视野，在他对母亲之死的逃避中，在他无限的忧伤中——它伴随着作者独特的忧患体悟一起成长，它也曾经弱不禁风，气息奄奄，宛然是作者现实生命的投影；它也曾经如作者一样，承受着母亲的关爱，寄寓着母亲对现实生活中的儿子不便言明的希望……在作者看来，浸润着母亲手泽的合欢树是上天对他的一种安慰，是母爱的一种象征。在文章结尾，作者将某种希望寄寓在下一代的孩子身上。在这个孩子的身上，作者明显寄托了一种物是人非的苍凉感，一种渴望时间倒流的幻想；“合欢树”的象征内涵再一次凸显出来，它不仅仅作为不在场的母亲的象征，而且也成为作者与往昔岁月相扭结的一个通道，是作者越来越成熟的人生感悟的最好见证者。

本文多处成功地进行了心理描写。首先是作者思考母亲过早离开人世原因时的心理描写：“上帝为什么早早地召母亲回去呢？”“她心里太苦了。上帝看她受不住了，就召她回去。”作者的自问自答，充分表现了儿子对母亲备受煎熬的心灵苦痛的深刻理解。其次，表现在作者对小院子与合欢树的复杂心理的描写，“我要是求人背我去看，倒也不是不行。我挺后悔前两年没有自己摇车进去看看。”不能去亲睹合欢树是作者心中最大的遗憾。但究其实，作者是“不愿”去，而不是“不能”去。作者显然是在刻意回避某些东西，或者说，在着意保留某种想象中的完美和幸福。这种欲行又止的矛盾心态，正好说明作者对那个小院子、合欢树都是非常在乎的。再次，文章结尾处的几句话：“有一天那个孩子长大了，会想起童年的事，会想起那些晃动的树影儿，会想起他自己的妈妈，他会跑去看看那棵树。”这种细腻而深刻的心理描写，表现了作者对合欢树的特殊情感，合欢树是母爱的化身，这是别人永远无法知道和理解的。这些心理描写，细腻准确，生动传神，又合情合理，使文章读来妙趣横生，回味无穷。

对比手法是本文的重要特色，本文通过儿子与母亲的对比突出表现母爱的伟大。“我”双腿残废之后心情沮丧，对母亲四处奔波的辛苦不仅不予理解，反而认为这是浪费时间的徒劳之举。对此，母亲依然坚持奔波，直到那次危险事件发生之后，母亲才对药物治疗“终于绝望”。当发生危险之后，“我倒没太害怕，心想死了也好，死了倒痛快”；母亲却“惊惶了几个月”，差点儿发疯。文章通过这些对比，有力地表现了母爱的博大、深厚与无私。

史铁生散文语言质朴自然，尤其是单音节词语的使用非常准确且富于表现力，本文也是如此。如“这实在太悬了”、“非疯了不可”、“躲了出去”、“她心里太苦了”、“受不住”、“召她回去”、“光扯些闲话”、“忙扯到别的”、“过道窄得一个人……”等处都使用了单音节词语，使文章语言生动、传神，具有日常口语平易浅近的自然、朴素、淡雅的韵味。尤其“我心里一抖”的动词用得非常精彩，把作者极为复杂的内心感情表现得细腻而传神。

3. 傅雷家书（节选）

傅敏编

【题解】

傅雷(1908—1966)，当代文学翻译家、文艺评论家，字怒安，号怒庵，上海南汇人。1927年赴法国入巴黎大学学习，留学经历给予他艺术发展的极大动力，使他多艺兼通，在艺术、美术、音乐等各个领域都有精辟独到的见解。1931年返国，受聘于上海美术专科学校讲授美术史和法文，后因不愿从流俗而闭门译书。抗战期间，积极参加抗日救亡活动。抗战胜利后，参与筹备成立中国民主促进会，并当选为第一届理事。“文革”初受到迫害，1966年9月3日和夫人朱梅馥双双自缢。傅雷毕生翻译巴尔扎克、罗曼·罗兰、伏尔泰等作家的文学名著，译作内容丰富，行文流畅，文笔传神，因其独特风格和神韵而被誉为“傅雷体华文语言”，成为中国译界备受推崇的范文。主要译作有《约翰·克利斯朵夫》、《高老头》、《欧也妮·葛朗台》、《老实人》等34部。

《傅雷家书》是傅雷先生与他的夫人于1954至1966年间写给其孩子傅聪、傅敏的家信摘编，共一百八十多封。傅雷以语重心长的态度数十年如一日地关心、教育儿子，大到爱国、做人，小到生活中的细枝末节，他在信中都千般叮咛、万般嘱咐，他的无私的纯真之情，益父、益师、益友的形象深深打动了千千万万读者的心扉，给天下父母子女以强烈的感染和启迪。此书出版后，受到广大读者的热烈欢迎，在社会上产生了重大影响，至今畅销不衰。

《傅雷家书》全书按照年份分为13部分，下文节选了1960年的一封书信。

八月二十九日

八月二十日报告的喜讯使我们心中说不出的欢喜和兴奋。你在人生的旅途中踏上一个新的阶段，开始负起新的责任来，我们要祝贺你、祝福你、鼓励你。希望你拿出像对待音乐艺术一样的毅力、信心、虔诚，来学习人生艺术中最高深的一课。但愿你将来在这一门艺术中得到像你在音乐艺术中一样的成功！发生什么疑难或苦闷，随时向一二个正直而有经验的中老年人讨教，（你在伦敦已有一年八个月，也该有这样的老成的朋友吧？）深思熟虑，然后决定，切勿单凭一时冲动：只要你能做到这几点，我们也就放心了。

对终身伴侣的要求，正如对人生一切的要求一样不能太苛。事情总有正反两面：追得你太迫切了，你觉得负担重；追得不紧了，又觉得不够热烈。温柔的人有时会显得懦弱，刚强了又近乎专制。幻想多了未免不切实际，能干的管家太太又觉得俗气。只有长处没有短处的人在哪儿呢？世界上究竟有没有十全十美的人或事物呢？抚躬自问，自己又完美到什么程度呢？这一类的问题想必你考虑过不止一次。我觉得最主要的还是本质的善良，天性的温厚，开阔的胸襟。有了这三样，其他都可以逐渐培养；而且有了这三样，将来即使遇到大大小小的风波也不致变成悲剧。做艺术家的妻子比做任何人的妻子都难；你要不预先明白这一点，即使你知道"责人太严，责己太宽"，也不容易学会明哲、体贴、容忍。只要能代你解决生活琐事，同时对你的事业感到兴趣就行，对学问的钻研等等暂时不必期望过奢，还得看你们婚后的生活如何。眼前双方先学习相互的尊重、谅解、宽容。

对方把你作为她整个的世界固然很危险，但也很宝贵！你既已发觉，一定会慢慢点醒她；最好旁敲侧击而勿正面提出，还要使她感到那是为了维护她的人格独立，扩大她的世界观。倘若你已经想到奥里维的故事，不妨就把那部书叫她细读一二遍，特别要她注意那一段插曲。像雅葛丽纳［与前面提到的奥里维，均是罗曼·罗兰长篇小说《约翰·克里斯多夫》中的人物］那样只知道 love，love，love！［爱，爱，爱！］的人只是童话中人物，在现实世界中非但得不到 love，连日子都会过不下去，因为她除了 love 一无所知，一无所有，一无所爱。这样狭窄的天地哪像一个天地！这样片面的人生观哪会得到幸福！无论男女，只有把兴趣集中在事业上，学问上，艺术上，尽量抛开渺小的自我（ego），才有快活的可能，才觉得活的有意义。未经世事的少女往往会存一个荒诞的梦想，以为恋爱时期的感情的高潮也能在婚后维持下去。这是违反自然规律的妄想。古语说，"君子之交淡如水"；又有一句话说，"夫妇相敬如宾"。可见只有平静、含蓄、温和的感情方能持久；另外一句的意义是说，夫妇到后来完全是一种知己朋友的关系，也即是我们所谓的终身伴侣。未婚之前双方能深切领会到这一点，就为将来打定了最可靠的基础，免除了多少不必要的误会与痛苦。

你是以艺术为生命的人，也是把真理、正义、人格等等看作高于一切的人，也是以工作为乐生的人；我用不着唠叨，想你早已把这些信念表白过，而且竭力灌输给对方的了。我只想提醒你几点：——第一，世界上最有力的论证莫如实际行动，最有效的教育莫如以身作则；自己做不到的事千万勿要求别人；自己也要犯的毛病先批评自己，先改自己的。——第二，永远不要忘了我教育你的时候犯的许多过严的毛病。我过去的错误要是能使你避免同样的错误，我的罪过也可以减轻几分；你受过的痛苦不再施之于他人，你也不算白白吃苦。总的来说，尽管指点别人，可不要给人"好为人师"的感觉。奥诺丽纳（你还记得巴尔扎克那个中篇吗？）的不幸一大半是咎由自取，一小部分也因为丈夫教育她的态度伤了她的自尊心。凡是童年不快乐的人都特别脆弱（也有训练得格外坚强的，但只是少数），特别敏感，你回想一下自己，就会知道对付你的爱人要如何 delicate［温柔］，如何 discreet［谨慎］了。

我相信你对爱情问题看得比以前更郑重更严肃了；就在这考验时期，希望你更加用严肃的态度对待一切，尤其要对婚后的责任先培养一种忠诚、庄严、虔敬的心情！

【简析】

楼适夷先生在谈到傅雷家书时说："这是一部最好的艺术学徒修养读物，这也是一部充满着父爱的苦心孤诣、呕心沥血的教子篇。"傅雷先生是以一颗慈爱之心不断地给儿子写信，谈生活、谈艺术、说做人、说从艺，循循善诱、谆谆教导，将满腔热诚流泻于笔端，深情寄寓于一篇篇信笺之中。

爱情观教育是傅雷家教中情感教育的一个重要内容。傅雷对儿子的爱情婚姻表示了极大的关心，以其人生经验与见识教育儿子应该具有正确的爱情观。1960 年 8 月，傅聪与弥拉（一位英籍少女）订婚，在信中表达了自己对弥拉不满意的地方。傅雷于 1960 年 8 月 29 日写了这封关于爱情的回信，表达了他自己的婚姻爱情观：一是择偶标准，"我觉得最主要的还是本质的善良，天性的温厚，开阔的胸襟。"二是如何认识爱情，"真理至上"、"道德至上"、"正义至上"这种种都应当作为立身的原则，不能侵犯这些原则；无论男女，只有把兴趣集中在事业上、学问上、艺术上，尽量抛开渺小的自我，才有快活的可能，才觉得活得有意义……只有平静、含蓄、温和的感情方能持久。三是如何恋爱，首先态度和心情都要尽可能的冷静；要找一个双方缺点都能各自认识、各自承认，愿意逐渐改、同时能彼此容忍的伴侣；俩人性格脾气是否相投也是重要因素；长相身材虽不是主要考虑点，但在一个爱美的人也不能过于忽视；交友期间，尽量少送礼物，少花钱；一方面表明你的恋爱观念与物质关系极少牵连，另一方面也是考验对方。这些作为一个正直的人与合格的父亲的叮嘱，对于每一个读者来说，都可以从中收到教益。

《傅雷家书》可以说是傅先生晚年的一部重要著作。一般情况下，反反复复的道德教育，难免会成枯燥乏味的说教。但是，在一位学贯中西、具有很高艺术修养的学者笔下，傅雷谈道德却是旁征博引，娓娓道来，妙不可言。

"十七年"的文学创作以颂歌的基调为主，在散文创作中尤其如此。《傅雷家书》远离了颂歌式的创作模式，不以诗意化的笔触美化生活，不以说教式的方式灌输思想教育，不以空泛的抒情讴歌现实。傅雷以其真诚的姿态、丰富的学识撰写家书，与儿子谈如何做人、谈爱情婚姻、谈艺术追求，真挚的情感、丰富的学识、深刻的哲理、流畅的文笔，使傅雷家书成为异口同声中保持着个人话语空间的真诚之作，成为中国当代散文史上别具一格的真诚、精彩的篇章。

作为翻译家的傅雷，其译文准确流畅，被认为是"信达雅"的完美楷模。作为父亲的傅雷，其家书文笔典雅晓畅，在真挚感情的表达中体现其流畅文笔的感人魅力。傅雷以长辈与儿子促膝谈心的姿态，以朋友间讨论人生与艺术的心态，给儿子写家书，自然而真挚。读傅雷家书，读者会如同面对一位睿智的长者，语气亲切自然；会如同会晤一位渊博的学者，语言流畅智慧。从中既可以领略到一位慈父的良苦用心，也可以感受到一位学者的广阔胸襟。

4. 西行漫记（节选）

［美国］埃德加·斯诺

【题解】

埃德加·斯诺 (1905—1972)，美国著名记者。他于 1928 年来华，曾任欧美几家报社驻华记者、通讯员。1936 年 6 月他进入陕甘宁边区进行访问，写了大量通讯报道，成为第一个采访陕北苏区的西方记者。抗日战争爆发后，斯诺任《每日先驱报》和美国《星期六晚邮报》驻华记者，直到 1942 年他离开中国。新中国成立后，斯诺曾三次来华访问，并与毛泽东主席见面。1972 年 2 月 15 日他因病在瑞士日内瓦逝世。遵照其遗愿，其一部分骨灰葬在中国，地点在北京大学未名湖畔。

《西行漫记》是斯诺的名著《红星照耀中国》的通行中文译名。自 1936 年 6 月开始，利用四个月的时间，斯诺深入到红军将士和老百姓中，对苏区的军民生活、地方沿革、民风社俗等作了广泛深入的调查。中共中央对斯诺的采访非常重视，周恩来为斯诺提出了尽可能了解苏区全貌的采访计划，毛泽东抽出大量时间与他彻夜长谈。结束在陕北的采访回到北平后，斯诺迅速向西方公众公布了他搜集到的关于中国共产党的信息，国内外重要报刊纷纷予以刊登。当时的美国报刊发表了 100 多篇关于《西行漫记》的评论文章，称之为“令人眼花缭乱的新闻奇迹”、“本年度的杰出之作”、“光辉的新闻成就”。1937 年 10 月，斯诺的系列报道被结集为《西行漫记》一书出版。此后，《西行漫记》被译成近 20 种文字，在世界范围内广泛传播。

《西行漫记》全书共 12 篇，下文节选的是第四篇第二节的后半部分主要内容。

第四篇　一个共产党员的由来

二　在长沙的日子

……

“我不喜欢第一中学。它的课程有限，校规也使人反感。我读了《御批通鉴辑览》以后，得出结论，还不如自学更好。我在校六个月就退学了，订了一个自修计划，每天到湖南省立图书馆去看书。我非常认真地执行，持之以恒。我这样度过的半年时间，我认为对我极有价值。每天早晨图书馆一开门我就进去。中午只停下来买两块米糕吃。这就是我每天的午饭。我天天在图书馆读到关门才出来。

“在这段自修期间，我读了许多的书，学习了世界地理和世界历史。我在那里第一次看到一幅世界地图，怀着很大的兴趣研究了它。我读了亚当·斯密的《原富》，达尔文的《物种起源》和约翰·穆勒的一部关于伦理学的书。我读了卢梭的著作，斯宾塞的《逻辑》和孟德斯鸠写的一本关于法律的书。我在认真研读俄、美、英、法等国历史地理的同时，也阅读诗歌、小说和古希腊的故事。

“我那时住在湘乡会馆里。许多士兵也住在那里，都是‘退伍’或者被遣散的湘乡人。他们没有工作，也没有什么钱。住在会馆里的学生和士兵总是吵架。一天晚上，他们之间的这种敌对爆发成为武斗了。士兵袭击学生，要想杀死他们。我躲到厕所里去，直到殴斗结束以后才出来。

“那时候我没有钱，家里不肯供养我，除非我进学校读书。由于我在会馆里住不下去了，我开始寻找新的住处。同时，我也在认真地考虑自己的‘前途’，我差不多已经作出结论，我最适合于教书。我又开始留意广告了。这时候湖南师范学校的一则动听的广告，引起我的注意，我津津有味地读着它的优点：不收学费，膳宿费低廉。有两个朋友也鼓励我投考。他们需要我帮助他们准备入学考试的作文。我把我的打算写信告诉家里，结果得到他们的同意。我替那两位朋友写了作文，为自己也写了一篇。三个人都录取了——因此，我实际上是考取了三次。那时候我并不认为我为朋友代笔是不道德的行为，这不过是朋友之间的义气。

“我在师范学校读了五年书，抵住了后来一切广告的引诱。最后，我居然得到了毕业文凭。我在这里——湖南省立第一师范度过的生活中发生了很多事情，我的政治思想在这个时期开始形成。我也是在这里获得社会行动的初步经验的。

“这所新学校有许多校规，我赞成的极少。例如，我反对自然科学列为必修课。我想专修社会科学。我对自然科学并不特别感兴趣，我没有好好地去学，所以大多数这些课程我得到的分数很差。我尤其讨厌一门静物写生必修课。我认为这门课极端无聊。我往往想出最简单的东西来画，草草画完就离开教室。记得有一次我画了一条直线，上面加上一个半圆，表示‘半壁见海日’①。又有一次，在图画考试时，我画了一个椭圆形就算了事，说这是蛋。结果图画课得了四十分，不及格。幸亏我的社会科学各课得到的分数都很高，这样就扯平了其他课程的坏分数。

“学校里有一个国文教员，学生给他起了‘袁大胡子’的绰号。他嘲笑我的作文，说它是新闻记者的手笔。他看不起我视为楷模的梁启超，认为他半通不通。我只得改变文风。我钻研韩愈的文章，学会了古文文体。所以，多亏袁大胡子，今天我在必要时仍然能够写出一篇过得去的文言文。

“给我印象最深的教员是杨昌济，他是从英国回来的留学生，后来我同他的生活有密切的关系。他教授伦理学，是一个唯心主义者，一个道德高尚的人。他对自己的伦理学有强烈信仰，努力鼓励学生立志做有益于社会的正大光明的人。我在他的影响之下，读了蔡元培翻译的一本伦理学的书。我受到这本书的启发，写了一篇题为《心之力》的文章。那时我是一个唯心主义者，杨昌济老师从他的唯心主义观点出发，高度赞赏我的那篇文章。他给了我一百分。

“一位姓唐的教员常常给我一些旧《民报》看，我读得很有兴趣。从那上面我知道了同盟会的活动和纲领。有一天我读到一份《民报》，上面刊载两个中国学生旅行全国的故事，他们一直走到西藏边境的打箭炉。这件事给我很大的鼓舞。我想效法他们的榜样，可是我没有钱，所以我想应当先在湖南旅行一试。

“第二年夏天，我开始在湖南徒步旅行，游历了五个县。一个名叫萧瑜的学生与我同行。我们走遍了这五个县，没有花一个铜板。农民们给我们吃的，给我们地方睡觉；所到之处，都受到款待和欢迎。和我一同旅行的萧瑜这个家伙，后来在南京在易培基手下当国民党的官。易培基原来是湖南师范的校长，后来成了南京的大官，他给萧瑜谋到北京故宫博物院管理的职位。萧瑜盗卖了博物院里一些最珍贵的文物，于1934年卷款潜逃。

“我这时感到心情舒畅，需要结交一些亲密的同伴，有一天我就在长沙一家报纸上登了一个广告，邀请有志于爱国工作的青年和我联系。我指明要结交能刻苦耐劳、意志坚定、随时准备为国捐躯的青年。我从这个广告得到的回答一共有三个半人。一个回答来自罗章龙，他后来参加了共产党，接着又转向了。两个回答来自后来变成极端反动的青年。‘半’个回答来自一个没有明白表示意见的青年，名叫李立三。②李立三听了我说的话之后，没有提出任何具体建议就走了。我们的友谊始终没有发展起来。

“但是，我逐渐地团结了一批学生在我的周围，形成了一个核心，后来成为对中国的国事和命运产生广泛影响的一个学会③。这是一小批态度严肃的人，他们不屑于议论身边琐事。他们的一言一行，都一定要有一个目的。他们没有时间谈情说爱，他们认为时局危急，求知的需要迫切，不允许他们去谈论女人或私人问题。我对女人不感兴趣。我14岁的时候，父母给我娶了一个20岁的女子，可是我从来没有和她一起生活过——后来也没有。我并不认为她是我的妻子，这时也没有想到她。在这个年龄的青年的生恬中，议论女性的魅力通常占有重要的位置，可是我的同伴非但没有这样做，而且连日常生活的普通事情也拒绝谈论。记得有一次我在一个青年的家里，他对我说起要买些肉，当着我的面把他的佣人叫来，谈买肉的事，最后吩咐他去买一块。我生气了，以后再也不同那个家伙见面了。我的朋友和我只愿意谈论大事——人的天性，人类社会，中国，世界，宇宙！

“我们也热心于体育锻炼。在寒假当中，我们徒步穿野越林，爬山绕城，渡江过河。遇见下雨，我们就脱掉衬衣让雨淋，说这是雨浴。烈日当空，我们也脱掉衬衣，说是日光浴。春风吹来的时候，我们高声叫嚷，说这是叫做‘风浴’的体育新项目。在已经下霜的日子，我们就露天睡觉，甚至到11月份，我们还在寒冷的河水里游泳。这一切都是在‘体格锻炼’的名义下进行的。这对于增强我的体格大概很有帮助，我后来在华南多次往返行军中，从江西到西北的长征中，特别需要这样的体格。

“我同住在其他大小城市的许多学生和朋友建立了广泛的通信关系。我逐渐认识到有必要建立一个比较严密的组织。1917年，我和其他几位朋友一道，成立新民学会。学会有七八十名会员，其中许多人后来都成了中国共产主义和中国革命史上的有名人物。……

【注释】

①李白的一首名诗中的话。

②李立三后来实行有名的“李立三路线”，遭到毛泽东的激烈反对。《西行漫记》下文将述及毛泽东谈到李立三与红军的斗争以及斗争的结果。

③即新民学会。

【简析】

《西行漫记》一书的诞生，可以说是中国共产党对外宣传的一个典范。它第一次向外界报道了中国共产党领导的工农红军及其将领的真实情况，从而在世界各国得到广泛传播。

在斯诺的报道中，中国共产党人并不像国民党所描绘的那样，是一群“赤匪”，而是一股团结一致的、拥有忠实的农民追随者的力量。美国学者休梅克指出：作为美国人对中国人产生印象的一个重要来源，《西行漫记》使西方人第一次真实地看到了中国共产党人的生活，为美国人塑造了中国共产党人的形象，得到了美国公众的认同。《西行漫记》首先在美国引起巨大反响，因为它适应了美国公众了解中国共产党的需要。斯诺在到陕北前曾拟定了 78 个问题，多是美国公众期待了解的问题。美国公众欢迎国共两党建立统一战线去共同应对日本，至少增强牵制日本的力量。斯诺的书拨动了最敏感的心弦，特别是在西方知识分子中，面对着在欧洲、非洲和亚洲那些肆无忌惮的侵略，以及由此所造成的满目凄凉的景象，他们正企盼着果敢刚毅的英雄人物。

斯诺集记者、作家、史家于一身，因此他的著作文字优美，洞察敏锐，析理透辟，尤其具有中国同类著作所缺少的幽默感。但《西行漫记》经久不衰的永存价值，主要来自于高度的历史真实性。毛泽东向干部推荐这部书时说过，这是“一本真实介绍我们情况的书”。

《西行漫记》的高度历史真实性在于：它真实表现了产生中国社会革命运动的基本原因及其前景，真实写出了中共领袖们的神奇远见和准确判断，真实报道了感天动地的长征和构成中国现代历史重要转折点的西安事变，尤其真实塑造了中国共产党人的英雄群像——从领袖毛泽东、周恩来，军事将领贺龙、彭德怀、徐海东、刘志丹，传奇人物董健吾、邓发，直到那群向彭德怀索要路条的少先队员以及具有高度自尊心的小通讯员向季邦，个个写得栩栩如生，真实感人。正是这群大大小小人物的历史，构成了中国现代革命史的一个丰富的横断面，至今仍是研究我党、我军历史的具有权威性的珍贵史料；不仅在当时激励了千百万有志青年奔向光明，而且至今仍有助于我们总结历史经验，继承和发扬革命传统。

《西行漫记》之所以能达到真实的追求目标，首先要归功于斯诺进步的新闻观念。为了揭示历史的真相，他不仅注意收集和分析有关文字资料，更重视亲自采访第一手资料。他在与共产党人朝夕相处的过程中，以敏锐的洞察力感知、综合了陕北苏区发生的一切及其背后的原因，既写出了共产党人的丰功伟绩，也写出了共产党人的成长过程，使读者感到十分真实、亲切。谨严的写作态度是完成《西行漫记》这部史诗般著作的必备条件。比如在撰写构成全书核心部分的第四篇——《一个共产党员的由来》时，先请毛泽东自述，由精通英语的吴亮平担任译员，斯诺奋笔速记；然后再将记录稿译成中文，请毛泽东亲笔改正。因此，这一篇文字很少有报道的错误，真实反映出毛本人对自己过去的看法，至今仍不失为研究毛泽东生平的基本史料。《西行漫记》史料丰富翔实的第三个原因在于中国的红色区域为斯诺提供了自由采访的一切条件。他自由地拍摄所选择的任何镜头，在收集材料、安排采访等方面得到了一切可能的合作。最为难能可贵的是，我党、我军的高层领导人能够向这位热爱中国的异邦人敞开心扉，他们不仅热情地向斯诺介绍了中国革命的艰难历程，而且推心置腹地提供了他们鲜为人知的个人经历，包括作为人生有机组成部分的私生活的情况。斯诺跟中共领导人这种真诚相待的态度，为处理党政领导部门跟新闻界的关系树立了楷模，也为当前如何增强新闻透明度、提高报道真实性提供了历史经验。

节选部分记述了毛泽东回忆他在长沙读书的一段经历，其所作所为值得今天的青年深思与效仿。

思考与练习

1．选取《论语》中三到五章文字，用自己的话进行解说，并结合现实生活谈谈你的阅读体会。

2．在《合欢树》中作者表达了哪些思想感情？这对你处理与父母的关系有何影响？

3．在《傅雷家书》中傅雷对爱情的观点有哪些？你对这些观点是否同意？谈谈你对爱情的认识。

4．《西行漫记》真实地记述了毛泽东青少年时期的成长经历，谈谈你对此的阅读体会。

第四章　现代诗的阅读

第一节　认识现代诗

现代诗指新文化运动以后，用白话写作、形式自由、内涵开放、注重意象经营的诗歌样式。

本书所说的现代诗，地域范围仅限于中国。从时间上来说，指1915年之后用白话创作的新式诗歌。从内涵上来说，现代诗与古典诗对举，古典诗以“思无邪”的诗观，表达温柔敦厚、哀而不怨，强调在“可解与不可解之间”；现代诗强调自由开放的精神，以直率的情境陈述，进行“可感与不可感之间”的沟通。但二者皆为感物而作，都是心灵的映现，是人们表情达意的工具。

根据不同的分类标准，现代诗可以分为以下种类：

按照诗作中主要表达方式的不同，现代诗分为叙事诗和抒情诗。

叙事诗中有比较完整的故事情节和人物形象，诗人通常以满怀激情的歌唱方式来表现。比如著名诗人李季的《王贵与李香香》、余光中的《等你，在雨中》。

抒情诗不要求描述完整的故事情节和人物形象，诗人主要通过直接抒发思想感情来反映社会生活。根据其表达的情感的不同，抒情诗又可分为情歌、颂歌、哀歌、挽歌、牧歌和讽刺诗等。比如郭沫若的《女神》、徐志摩的《再别康桥》、舒婷的《致橡树》、北岛的《回答》等。

叙事诗和抒情诗的划分不是绝对的。叙事诗也有一定的抒情性，不过它的抒情要与叙事紧密结合。抒情诗也常有对某些生活片断的叙述，但不能铺展开，应服从抒情的需要。

按照语音形式和结构形式的不同特征，现代诗可分为自由诗、散文诗和韵脚诗。

自由诗是近代欧美新发展起来的一种诗体。它不受格律限制，无固定格式，注重自然的、内在的节奏，押大致相近的韵或不押韵，字数、行数、句式、音调都比较自由，语言比较通俗。新文化运动以后，自由诗进入中国，渐渐成为中国诗歌的主要形式。

散文诗兼有散文和诗的特点。作品中有诗的意境和激情，常常富有哲理，注重自然的节奏感和音乐美；又像散文一样不分行、不押韵，篇幅短小。鲁迅的《野草》是一部经典的散文诗集。

韵脚诗泛指结尾须押韵的诗。韵脚诗不论格律和音步，读起来朗朗上口，如同歌谣。现代韵脚诗属于韵式体新诗，诗作中形成有规律的押韵，但音步（节奏）不对称。现代韵脚诗以汪国真的诗作最有代表性。

第二节　现代诗常用的写作手法

为了增强表情达意的艺术效果，诗歌中要综合运用多种修辞手法与表现手法，具体分述如下。

一、比喻

比喻是文学作品中常用的修辞手法，在诗歌中也大量运用，但诗歌中的比喻追求新鲜感，诗人用新鲜的比喻来表达对生活的一次新发现、新感受和新理解。寻找新鲜的比喻，也就是善于展开联想，善于由此及彼，使此物的某一特征在彼物中得到更鲜明、更生动、更深刻的表现。以雷抒雁的《雨滴》为例：

五月的雨滴，
像熟透的葡萄，
一颗，一颗，
落进大地的怀里！

这是酿造的季节呵！
到处是蜜的气息，
到处是酒的气息。

作品中以“熟透的葡萄”来形容“五月的雨滴”，这是多么新鲜多么精彩的比喻，不仅传达出五月雨滴的重量，而且把五月的雨滴描摹得神采飞扬，可爱至极。

二、对比

对比的修辞手法在现代诗中有极其广泛的运用。巧妙运用对比，不仅能使事物的个性特征更加突出，而且能使描写对象的典型性更加鲜明。如凝溪的《泼冷水》：

一瓢冰凉的冷水，
泼到一块烧得通红的火炭上。
火炭嘶哑地悲叫一声，
一阵青烟，脸色黑得失去了光。
一瓢冰凉的冷水泼到石灰上，
石灰像雪莲花开得舒展酣畅：
嘿！你想把我的心也泼冷？

来吧，冷水更能激发我心中的热量。

火炭发热发光，给人以温暖，但心理脆弱，怕泼冷水。而石灰不怕泼冷水，当冷水泼来反而更激发出它心中的热量。作者通过这两个形成鲜明对比、强烈反差的形象，给人以深刻的启迪。

三、回环

回环是造成诗意浓郁的一种方法和手段，巧妙运用，有助于抒发缠绵悠长的情愫。以郭沫若《天上的街市》为例：

远远的街灯明了，
好像是闪着无数的明星。
天上的明星现了，
好像是点着无数的街灯。

诗作通过“街灯”与“明星”的回环往复，描绘了天上街市奇美瑰丽的景象，怎不令人心驰神往！回环手法的运用营造了一种美，一种飘然欲仙的美。

四、象征

象征，是根据事物之间的某种联系，借助具体事物来表现某种特殊意义，好像是在咏叹、抒写某一自然现象，但实际上意在揭示在这种现象本身所寄寓的象征意义。象征是一种委婉含蓄的艺术手法，在诗歌创作中有着广泛的运用。比如冰心的《纸船》，用“纸船”象征对母亲的思念；冯至的《我是一条小河》，用“小河”象征对爱情的追求。

文学创作中，有一些事物常常被赋予特定的象征含义，如用“梅花”象征坚贞不屈、用“蜡烛”象征默默奉献、用“松柏”象征坚韧不拔、用“万年青”象征永葆青春、用“海鸥”象征搏击风浪，等等。

五、点化

在古典诗词中，点化诗句的例子很多。在现代诗中，巧妙化用古典诗词的例子也不少。运用点化手法，可以使经典诗句翻出新意，给人以美的享受。例如石祥的《望月》：

月亮——
慈母的眼睛，望着我，望着你。
天之涯，海之角，
千里，万里。
哪一丝月光不是慈母手中线？
缝在你身上，连在我心里。

这首诗化用了三首唐诗名句，分别是张若虚《春江花月夜》中的“海上升明月，天涯共此时”、李白《静夜思》中的“床前明月光，疑是地上霜”、孟郊《游子吟》中的“游子身上衣，慈母手中线”。化用之后，由月而写思乡，进而赞颂母爱，翻出一个新的意境“月亮——慈母的眼睛”。

六、逆挽

文似看山不喜平，即使是短小的诗歌，也要讲求蓄势兴波，平地起峰峦，这样才耐读、耐嚼，动人心魄。逆挽手法的运用，使诗歌的内容既出乎意料，又在情理之中，使诗作前后跌宕，又浑然一体。以《沙》为例：

世上，好像——
只有沙最不值钱。

然而，
最宝贵的东西——金，
就在它的里面。

诗作首节起笔平淡，第二节却妙笔生花，读来峰回路转、别有洞天，让人耳目一新，难以忘怀。

七、通感

通感，是具体情境下通过巧妙联想，把一种感觉用描述另一种感觉的语言描述出来，创造活泼、新奇的艺术效果。比如碧沛的《蝉》：

她的声音就是一片明朗的阳光，
只有夏天热烈的性格才配得上她的歌唱，
但我更爱她在秋日的暮霭中，
给我弹奏那故乡屋后枫叶飘零的哀伤……

诗作用蝉声比喻明朗的阳光，显得新鲜独特。“蝉声”属于听觉，“阳光”属于视觉，二者放在一起，实现了从听觉到视觉的转化，充分体现了美感的丰富性。

八、嫁接

诗歌中的嫁接，就是将不相关的甲事物与乙事物巧妙地联系起来，构成和谐新颖的意境。诗的嫁接，是诗歌形象化的一种方法，通过比喻和比拟的方法，取得“曲径通幽”的艺术效果，产生优美的情趣。比如昌政的《黄昏》：

是白昼删去的字句
因为无法表达光明的主题

夜却用它
作为黑暗的标题

作者以写文章来比喻黄昏，黄昏既是“白昼删去的字句”，又是“黑暗的标题”，使这白昼与黑夜之交的黄昏的特点充分地显示出来，又富于诗歌的艺术美。

九、以实写虚

诗作中既有人们能感知到的“实”的事物，又有情感、意志等实际存在却无法感知的“虚”的精神要素。为了把看不见、摸不着的精神要素形象地表现出来，就要以实写虚，“用形象和图画说话”。以实写虚，用生动的文字塑造形象，避免了机械地说明、刻板地描写与空洞地议论，不破坏诗歌的美。比如台湾诗人蓉子的《晚秋的乡愁》：

啊！谁说秋天月圆
佳节中尽缺残
——每回西风走过
总踩痛我思乡的弦！

诗作首句通过发问，强化第二句诗的分量。第二句诗侧重写景，说月亮“尽是缺残”，饱含诗人的哀惋和忧愁。第三、四句借西风抒情，用拟人化的手法写对故乡的思念。四行小诗，创造了秋月、西风、弦三个意象，把“晚秋的乡愁”表现得刻骨铭心，又形象生动、具体可感。

十、化静为动

景物有动态与静态之分，诗人化静为动，把静态景物写得活跃跳脱、富于生机。化静为动，是诗人的主观感受施于景物影响的结果，是一种以神写形、以情写景、寓我于物的艺术手法，可以增强诗作的表现力与感染力。比如刘益善的《一线天》：

一次未遂的呐喊，
这呐喊一定撼地惊天！

“一线天”是大自然鬼斧神工的奇观，古今吟咏“一线天”的诗作很多，诗人却以动写静，把“一线天“比喻为一次撼地惊天的未遂“呐喊”，可谓是“石破天惊”式的奇想，愈见其奇特与壮观，令人叹绝。

第三节 现代诗的艺术特征

现代诗以抒情为主要表达形式，以意象为传达诗情的基本结构单位，追求语言美，有着鲜明的艺术特征。

一、集中概括的抒情

诗歌最重要的特征在于它的抒情性。现代诗以抒情为主要表达形式，一般以较短的篇幅具体形象、集中概括地表现社会生活，表达诗人的情感。诗歌作者在具体的写作过程中，以能否传达主观情感为目的来选择和提炼诗歌意象，创立和设置诗歌意境，各种诗歌语言技法的使用也是为了更准确、更细致、更熨帖地抒情达意。

从篇幅上来说，与其他文体相比诗歌可以说是最短小的。诗歌要在较短的篇幅内表达一个相对完整的诗情和诗美，这就决定了它所反映的社会生活必须凝练、集中与概括。如顾城的《一代人》："黑夜给了我黑色的眼睛，/ 我却用它来寻找光明。"短短两句就把被十年浩劫耽搁了美好时光的青年一代决心战胜蒙昧、追求真理的坚定信念鲜明地表露出来。

集中概括地抒情要求诗歌的意象具有概括性和典型性，因而诗歌中的物象不能直接从现实世界中撷取，而是通过了诗人的心灵过滤；诗歌中的时空不同于现实生活，诗人在表情达意时常常能穿越时空，"观古今于须臾，抚四海于一瞬"，在不受时空拘缚的自如书写中，呈现出对于宇宙人生的真实心灵体验。

典型、概括的意象进入诗作，它们的艺术联结与组合是跳跃的。比如顾城的《弧线》："鸟儿在疾风中 / 迅速转向 // 少年去捡拾 / 一枚分币 // 葡萄藤因幻想 / 而延伸的触丝 // 海浪因退缩 / 而耸起的背脊"。"鸟儿"、"少年"、"葡萄藤"与"海浪"彼此并不搭界，它们的情态跳跃性地呈现在读者目前，从四个侧面反映了"弧线"带给人的审美思考。因此，诗歌的意象更多地体现为诗人的主观意识，诗歌本身具有概括生活、超越生活的表现特征。

诗人在诗歌中情感的抒发多数不是直抒胸臆，而是借助诗歌意象间接地暗示出来的，正如象征派诗人穆木天所说："诗的世界是潜在意识的世界。……诗是要暗示出人的内生命的深秘。诗是要暗示的，诗最忌说明的。"

诗人强调暗示在诗歌中的重要性，借助暗示来表达思想感情，构成了诗歌创作的基本原则。同时，诗歌的暗示也在客观上造成了诗句语义的含蓄多解，使诗歌充满了朦胧美。如卞之琳的《断章》："你站在桥上看风景，/ 看风景的人在楼上看你。// 明月装饰了你的窗子，/ 你装饰了别人的梦。"诗作借用"桥"、"风景"、"楼"、"明月"、"窗子"、"梦"等多个意象，究竟要传达什么诗意，诗人没有直说。所以这首诗诞生以后，围绕它的解读有多种版本，有"相对"论，有"距离"说，等等。诗歌的这种复义和多解不是它的缺陷，反而正是它迷人的地方。

二、创造独特的意象

现代诗以意象为诗情传达的基本结构单位，通过单个或多个独特意象来凸现诗意、抒发情感。

意象是在对现实世界感知的基础上形成的，渗透着诗人主观感受的客观事物的影像。因为诗人的经历与思维不同、创作的触发点不同，诗作中的意象都有其独特性。在一首诗中，意象可能只有一个，比如徐志摩的《沙扬娜拉·赠日本女郎》："最是那一低头的温柔，/ 像一朵水莲花不胜凉风的娇羞，/ 道一声珍重，道一声珍重，/ 那一声珍重里有蜜甜的忧愁——/ 沙扬娜拉！"诗歌中的独特意象只有娇羞的"水莲花"，却栩栩如生地刻画出日本女郎的形象与依依惜别的感情。一首诗中的意象也可能有好几个，比如海子的《九月》："目击众神死亡的草原上野花一片 / 远在远方的风比远方更远 / 我的琴声呜咽泪水全无 / 我把这远方的远归还草原 / 一个叫木头 一个叫马尾 / 我的琴声呜咽 泪水全无 // 远方只有在死亡中凝聚野花一片 / 明月如镜 高悬草原 映照千年岁月 / 我的琴声呜咽 泪水全无 / 只身打马过草原"。诗作中反复出现了"草原"、"远方"、"琴声"、"泪水"等多个意象，作品借助这些意象来传达诗意，抒发诗人的情感。

显然，诗歌中的意象须具有典型性，需要诗人从现实生活中采撷与提炼、加工而成。获得典型意象，就要依靠平时对生活的观察与积累。人们所处的生存环境各自不同，在不同的时空中，人们对世界的感受和理解也迥然有别。优秀的诗人都善于在不同的时空里提取独特的意象，把自己对于世界与自我的独特认识与理解用语言来物化成具体的艺术形象。比如诗人李金发，从 1919 年（时年仅 19 岁）起离开祖国，到法国求学长达 5 年，出于对异域生存的深刻理解，他择取了许多独具个性的意象来写自己的生命境遇，他以"弃妇"隐喻自己卑微的人生地位，以"寒夜"来写周围的环境，以"可死的生物"交代自己孤苦的灵魂，等等。对意象的诗化采撷和精心提炼，使李金发的诗歌达到了很高水平，具有突出的审美价值。

在诗歌的艺术表现中，诗人常常需要采用多种方式，将采撷来的意象进行精心的组合与叠加，以达到最佳的表达效果。诗歌组合意象时所采取的方法主要有下面几种：感觉挪移、博喻与铺陈、色彩错杂、悖谬与突反。感觉挪移也就是我们常说的"通感"；博喻是比喻的一种，是从不同的角度写同一个意象，以各不相同的喻体来喻指同一个本体；铺陈就是对同一意象从不同侧面反复铺写，以达到强化意义和渲染情绪的目的。这些都容易理解，此处只对色彩错杂、悖谬与突反作以解释。

色彩错杂指诗人在组合诗歌意象时，常常将许多色彩词错杂在一起，在五彩斑斓的色彩世界里呈现繁复的诗意。如穆旦的《野兽》："在坚实的肉里那些深深的 / 血的沟渠，血的沟渠灌溉了 / 翻白的花，在青铜样的皮上！"血的红、花的白与皮的青铜色交错在一起，勾画出一个极富野性的兽类来。再如艾青的《大堰河，我的保姆》中的诗句："呈给你黄土地下紫色的灵魂。""黄色"的土地，"紫色"的灵魂，两种颜色组合在一起，将贫寒土地上生存的、受尽了生活折磨和鞭打的保姆形象准确地描画出来。

悖谬指将相反或相对的语词并排在一起，使诗歌呈现语义含混和打破常规的审美效果。它是诗歌中独特的表达手段之一。比如"是不情愿的情愿，不肯定的肯定"、"这是痛苦，是幸福，要说出它 / 需要以冰雪来充满我的一生”，等等。这些语义相对或相反的词语并置在一处，表面看来似乎违反了生活逻辑，但实际上符合了心理世界的真实体验，它们的出现，使诗歌呈现出更大的艺术魅力。

突反指诗歌围绕一个核心意象，使用若干相近的意象将诗意层层展开、步步深入，等到烘托和渲染到达一定程度后，再拈出一个与核心意象相对或相反的意象，从而将前面的诗意全面颠覆。比如艾青的《礁石》：“一个浪，一个浪 / 无休止地扑过来 / 每一个浪都在它脚下 / 被打成碎末，散开……// 它的脸上和身上 / 像刀砍过一样 / 但它依然站在那里 / 含着微笑，看着海洋……”前面六句极力铺写汹涌的海浪对礁石的扑打与摧残，最后两句描绘了礁石泰然自若的样子，一个勇敢面对逆境、敢于克服重重苦难的英雄形象顿时出现在我们面前。突反的使用强化了诗歌语言的“出其不意”特征，也增强了诗歌的陌生感与新鲜感。

三、精练优美的语言

现代诗追求语言美，首先体现在语言形式美的探索上，目前总结出的诗歌语言行列方式有：以闻一多的《死水》为代表的9字4顿的“整饬的行列”；以郭沫若的《天上的市街》为代表的或长或短的“参差的行列”；以贺敬之《放声歌唱》为代表的“递进的行列”；以戴望舒的《雨巷》为代表的“回环的行列”等。不同的行列形式产生了诗歌语言特有的节奏感和韵律美。

为了使诗人的情感充沛地抒发出来，诗歌常常采用复沓与铺排手法，强化诗歌语言的形式美与音乐美。比如柯岩《周总理，你在哪里？》对“周总理，你在哪里”的反复寻呼，艾青《雪落在中国的土地上》中“雪落在中国的土地上，/ 寒冷在封锁着中国呀……”这一诗句的多次出现。这些复沓的诗句给人一唱三叹、情萦意绕的感受。再如何其芳《我为少男少女们歌唱》：“我为少男少女们歌唱。/ 我歌唱早晨，/ 我歌唱希望，/ 我歌唱那些属于未来的事物，/ 我歌唱正在生长的力量。”这样的铺排，使诗歌显得气势磅礴，增强了它的艺术感染力。

在语言的内涵上，诗歌语言在物化意象时特别讲究精练的内蕴，它要通过大力度的炼字、炼句，以较小的篇幅来完美地容纳高度概括的内容。体现在语言的组织上，主要表现在打破常规组合，以超常化的语言构造来呈现意象。大胆打破常规组合，超越人们的常规思维对词语进行搭配，能收到意想不到的效果，形成诗歌语言区别于小说、散文的新奇优美的审美特征。

一般来说，打破常规组合的诗歌语言方式主要包括动词精选、词类活用、一词多义、省略与跳跃、近比与远比。

优秀的诗人都会精心选择动词。对于诗意呈现来说，动态意象使诗歌更显得情绪流溢、力度扩张、意蕴生动，充满饱满的内在张力，它比静态意象作用更大。动态意象还能抓住读者的阅读视线，撩发他们丰富的审美联想与想象。一个恰切的动词会让诗歌意象变得灵动鲜活，从而使整首诗歌的艺术水准跃升到更高层次。如陈敬容的《哲人与猫》：“雨锁住了黄昏的窗，/ 让白日静静凋残吧”。“锁”这个动词形象地点出了大雨的滂沱和给人的心灵造成的阴影，白日因这雨的紧“锁”而静静凋残。臧克家的《难民》：“日头堕到鸟巢里，/ 黄昏还没溶尽归鸦的翅膀。”“溶”字准确而生动地写出了夜幕慢慢降临的情形，富有表现力。

词类活用在诗歌作品中是相当平常的现象。词类活用，可以扩大现代汉语词汇的意义空间，充分挖掘词语的表达潜能，同时也有助于增强诗歌的审美表现力。诗歌中的词类活用一般是名词、动词和形容词之间相互的词性转换，比如“田亩已荒芜了——/ 狼藉着犁翻了的土地”；“请停下来，停下你疲劳的奔波”；“我喝了一口街上的朦胧”；“但它的生命内部 / 却贮满了这么多的芬芳”。其中的“狼藉”、“奔波”、“朦胧”、“芬芳”都属于词类活用，表意效果很明显。

一词多义也是诗歌创作中常用的表现手法。用自然之“丝”来表达心理之“思”，以天气之“晴”暗示情感之“情”，以“折柳”的动作行为来喻示对朋友的“挽留”，显得含蓄而深情。现代诗中的一词多义现象也不少，比如吴晓的《给奏琴的少女》中的诗句：“笼罩我的琴面的 / 是月光一样轻柔地洒落的 / 你的凝视 / 我的弦因幸福而绷得紧紧 / 一颗渴望歌唱阳光、花朵、溪流的心 / 在你芳香的呼吸的抚摸下 / 刹那间明朗地开放”。诗句表面写“琴”和“弦”，深层的意思是指“情”和“心弦”，恋爱中的款款深情捧手可掬。

诗歌语言讲究精练，追求简约之美。诗歌中因而充满了意义省略和情绪跳跃，这些意义省略和情感跳跃为读者预留了发挥想象的巨大空间，也使诗歌的意蕴无限，经得起多次阅读与阐释。比如曾卓的《我遥望》：“当我年轻的时候 / 在生活的海洋里，偶而抬头 / 遥望六十岁，像遥望 / 一个远在异国的港口 // 经历了狂风暴雨、惊涛骇浪 / 而今我到达了，有时回头 / 遥望我年轻的时候，像遥望 / 迷失在烟雾中的故乡”，从短短的八行诗将年轻到年老的几十年岁月组接在一起，中间用“经历了狂风暴雨、惊涛骇浪”来上下贯通，那么这几十年如何过来的？经历了怎样的狂风暴雨、惊涛骇浪？诗人又如何来抗御这些狂风暴雨、惊涛骇浪的呢？诗中没有交代，一笔带过，省略后所造成的意义空白，由读者自己去填充。

朱自清将诗歌中的比喻分为近比和远比两种类型。所谓“近比”，是指构成比喻的本体和喻体之间相似关系极为明显，读者读后可以马上接受，如“当我的生命嫩的像花苞，/ 每样东西都朝着我发笑。”把“嫩的生命”比作“花苞”，是很容易理解和接受的。所谓“远比”，是指本体和喻体之间相似性不明显，二者跨度很大，读者粗看起来一时难以接受，这种比喻陌生化效果强烈，给读者带来的审美刺激也更大。例如“精神世界最深的沉思像只哀愁的手。”“沉思”与“手”之间的差别很大，用“手”比喻“沉思”，显然属于“远比”。有时，为了诗歌表达的需要，诗人往往会把“近比”和“远比”结合起来使用，如舒婷《致橡树》：“我有我红硕的花朵，/ 像沉重的叹息，/ 又像英勇的火炬。”我们不难看出，第一个比喻是“远比”，第二个则是“近比”。

第四节　如何阅读现代诗

阅读现代诗，我们可以在反复诵读、品悟的过程中，按分析意象、品味意境、领悟意蕴等三个步骤层层深入。

一、分析意象

诗歌通过具体感人的意象表情达意。只有把握了诗人创造的意象，我们才能深入地理解诗的意境和诗人的思想情感。

意象是诗歌中融入了诗人主观情感的客观事物形象。现代诗中的意象往往寄寓了诗人的理想与志向，倾注了诗人的主观情思。阅读现代诗，首先应该从意象的特征入手分析，把握诗作寄寓的诗人的情感。戴望舒在《雨巷》中运用了大量意象来表达内心的情思，比如雨巷、篱墙、姑娘、丁香等，阅读时细细分析、把握这些意象，可以更容易读懂诗歌。从意象特征入手分析，雨巷是悠长、寂寥、潮湿而凄清的，篱墙是陈旧的、颓圮的，姑娘是结着愁怨、飘忽不定的，这些意象都给人一种凄凉的感觉。中国古典诗歌中，“丁香”常用来表示愁思。戴望舒既用“丁香”来传达自己无尽的忧愁和迷茫，又抒发了自己对丁香的喜爱。因而，诗作中的“丁香”是美丽、高洁、愁怨三位一体的，在此基础上把握诗人的情感自然就容易了。

诗歌创作讲求炼字、炼句、炼意，通过语言的锤炼来塑造诗歌形象。把握诗歌中的意象，需从诗歌的语言入手，细细品味诗中生动形象的词句。臧克家的《老马》，动词运用精彩传神，“背上的压力往肉里扣”、“眼里飘来一道鞭影”，“扣”、“飘”二字准确、生动、逼真，有力地刻划出受到深重压迫的老马形象。

诗歌中的意象有时会构成一幅画面，根据诗中的词句想象出这样的画面，能够更好地把握诗歌中的意象。《再别康桥》一诗中多选用色彩明丽的词语创造意象，比如夕阳映照的“金柳”、波光里荡漾的“艳影”、水底软泥上的“青荇”、潭中倒影的“彩虹”，以及“云彩”、“夕阳”、“青草更青处”、“星辉斑斓”，等等。这些意象一个接一个地出现在诗中，创造出一系列鲜明生动的画面，给读者提供了视觉上的色彩想象空间。同时，诗人通过一系列动作性很强的词语，如“招手”、“荡漾”、“招摇”、“揉碎”、“漫溯”、“挥一挥”等，使一幅幅静态的画面变成了动态的画面，显得摇曳多姿，更有诗歌的韵味。

把握诗歌中的意象，还要注意“意”与“象”的统一。这里的“意”，是诗人情感物化后可视、可听、可感的“意”，它是诗歌主旨的显现；这里的“象”是倾注了诗人情思的客观事物形象，是诗人情感的载体。“意”与“象”是一个整体，不能割裂。阅读诗歌时，既要感知诗歌中意象的“象”，又要读出意象的“意”，理解具体事物形象承载的思想感情。在《双桅船》中，诗人舒婷通过有多重寓意的象征性意象来表达内心的情绪和情感的历程，诗中的“船”、“岸”、“风暴”、“灯”等意象共同形成一幅完整的动态的画面。“风”象征动力；“风暴”暗指历史的波折；“灯”与光明、信念联系在一起；“岸”既可以象征情感的归宿，又可以是理想的家园或人生追求的目标。诗人借助“双桅船”这一具体形象、通过船对岸的追寻来表现自己内心复杂的情感。如果我们仅仅从字面意思去把握意象、领会诗意，显然难以理解诗人所要表达的思想感情。

有些诗作借助想象把数个独立的意象组合为整体的诗歌意象系统。什么样的诗歌意象系统就会产生什么样特定的诗歌意境，呈现出别具一格的诗歌美，阅读时也要细心品读。著名诗人余光中的代表作《乡愁》，诗人分别把乡愁想象成“邮票”、“船票”、“坟墓”和

"海峡"，新颖别致。这些意象紧紧围绕"乡愁"这一中心经营，并按照"小时候"、"长大后"、"后来"、"现在"这一人生的成长历程层层递进，以"我"与"母亲"、"新娘"、"大陆"对举，这四个意象就形成了一个诗歌意象系统，成为诗人抒发乡愁的寄托了。独特的想象造就了独特的意象与新奇的意象系统，使诗作同其他乡愁之作有了本质的区别，从而成为中国现代文学史上的一首名作。

二、品味意境

诗歌的意境是诗中"意"与"境"两个因素的和谐统一，指作者在诗作中所描绘的生活图景和所抒发的思想感情融合而成的一种艺术境界，它包括作者的主观情感和客观事物两个方面。阅读现代诗，不仅要着眼于诗作所描写的山、川、草、木等客观事物形象，还应透过它们的外表，看到其中作者倾注的思想感情，体会诗作营造的意境。

阅读现代诗，应当抓住诗作中生动具体的意象去分析诗歌的意境。比如徐志摩在《再别康桥》中通过西天的云彩、河畔的金柳、康河的柔波、软泥上的轻荇、榆阴下的一潭、长篙、星辉等一系列柔美的意象来浸润自己对康桥的永久的眷恋。整首诗景中见情、情景交融，营造出了清新柔婉、轻盈优美的意境。再如戴望舒的《雨巷》，诗人描绘了一幅梅雨时节江南市镇寂寥悠长的小巷的阴沉图景："撑着油纸伞，独自/彷徨在悠长、悠长/又寂寥的雨巷，/我希望逢着/一个丁香一样的/结着愁怨的姑娘。"诗人抓住"雨巷"/"丁香"两个意象和"姑娘"的形象，运用象征、暗示手法来抒情，营造了朦胧优美的意境，表达了一种幽微精妙的感情，显得含蓄而耐人寻味。

体味意境，要抓住诗的画面和氛围，去感受此时、此地、此景中人的情感世界。在《再别康桥》中，徐志摩注重主观情绪和客观景物的和谐融合，做到了融情于景。因而，诗人笔下的康桥是有生命有灵性的，带有诗人柔和飘逸的风度，与诗人的感情融为一体。诗人把对母校的深情，融入了对康桥晚景的形象描绘中：万千离愁在招手之间，幻成了"西天的云彩"。金柳倒映在康河里，浸透了诗人无限的欢喜和眷恋。绿油油的水草在柔波里招摇，更引发诗人对康桥的依恋。"天上虹"倒映在清泉中，美梦"揉碎在浮藻间"，又散发出一缕淡淡的哀伤……在如画的美景中诗人情不自禁地要"在星辉斑斓里放歌"，但他不能放歌，只能轻轻地来、悄悄地走，"夏虫也为我沉默"，寂静中交织着诗人依恋、无奈、惆怅的种种复杂情感。全诗以三个"轻轻的"起笔，以三个"悄悄的"照应开头，用虚实相间的手法，描绘了一幅幅流动的画面，构成了一处处美妙的意境，细致入微地将诗人对康桥的爱恋，对往昔生活的憧憬，对眼前的无可奈何的离愁，表现得真挚、浓郁、隽永，在情景交融的意境中，使诗人的离别之情，表现得更深、更美、更为浑厚和潇洒。

抒情性是诗歌的首要艺术特征。诗人在情感发生变化时，就会借物载情、以诗明志。正因为诗人在创作时要抒发强烈的感情，诗人才能展开想象的翅膀，去描绘出诗歌的意境，用情感去感动千万人的心灵。比如郭沫若的《炉中煤》，诗人把自己比作熊熊燃烧的"炉中煤"，把"五四"运动以后新生的祖国比作"年青的女郎"，把"年青的女郎"视作自己热烈爱恋和追求的对象，象征着经过五四运动洗礼后的祖国生机蓬勃、青春焕发，表现了作者真挚的爱国热情。作者用反复的修辞手法，四次写"啊，我年青的女郎"，两次写"我为我心爱的人儿，/燃到了这般模样"，营造了热情奔放的意境，抒写了诗人愿为祖国献身的激情，读来更感人至深。

意境是诗人受现实世界的触发，通过想象创造的艺术境界。阅读现代诗，也要通过想象进入诗中广阔的意境，感悟诗意。比如郭沫若的《天上的街市》，诗作由美丽的夜空景色写起，描绘了自己对仙人生活的充满浪漫色彩的想象。阅读时，我们可以通过想象去遨游诗人所营造的仙境，感受诗中描绘的牛郎织女的幸福生活，领略诗歌的美。再如冰心的《纸船》，诗歌通过“纸船”这一意象，表达了对母亲的思念与深情。通过想象，我们仿佛看到一个思念母亲的女儿在不停地叠纸船并抛到海里，纸船有的被天风吹卷到舟中，有的被海浪打湿沾在船头，但她还是乐此不疲地折叠、丢抛。这样一副感人的画面，最容易触动读者的情感，给人留下深刻的印象。

三、领悟意蕴

现代诗的意蕴是蕴含在诗作内部的理性内涵。诗人寄寓在作品中的情感、透过作品表现出来的精神品质和人生境界都属于现代诗的意蕴。现代诗的意蕴一般通过特定的意象和具体的表现手法营造，诗人将主观的情思寄寓在一些特定的意象中，通过这些意象的细致描绘来抒情言志，传达诗歌意蕴。

中国现当代诗人都善于借歌咏某一景、某一物来寄托某种意蕴。比如戴望舒的《我用残损的手掌》，诗作以“我”用“无形的手掌”抚摸祖国的地图时的想象和联想作为全诗的抒情线索，逐一再现了家乡、长白山、黄河、江南、岭南、南海和他从来没有到过体验过的解放区的景象。正是借助于“残损手掌”的逐一抚摸，诗人炽热情感的不断喷涌，诗中所寄予的意蕴也就逐渐清晰地呈现出来：在抗日战争最艰苦的年代，诗人抒发了对祖国命运的关注及自己对祖国真诚的爱，表达了自己对解放区的无限向往的感情。

读懂诗人寄寓其中的情感，也能读出蕴含在诗歌内部的意蕴。在艾青的《雪落在中国的土地上》中，诗人展现了四幅图景：冒雪赶车的农夫、乌篷船里的少妇、家中年老的母亲、拥挤绝望的垦者。这四幅图景是当时劳动人民苦难的缩影，是中国社会黑暗的写照。诗人既承传了古典诗歌缘情造境、以境显情的传统，又吸收了西方写意象征的风格，通过意象系统的整体象征沉郁凝重地写出了集聚在内心的忧国之情和赤子之心，赋予诗作丰富的意蕴。

读懂诗作所表现出来的人生况味，有助于理解诗作的意蕴。解读牛汉的《悼念一棵枫树》，就要透过意象传达的信息“感受到历史的疼痛”，感受诗人的人生体验，体会诗人内心的情感波澜。作品中，那样一棵高大雄伟的美丽枫树横遭砍伐，无论对枫树本身还是对生活在枫树荫蔽下的我们及周边来说都是一个悲剧！“贮蓄了这么多的芬芳”表明了枫树心灵的高洁，如叶片上泪水般“明亮的露水”倾吐着对生命的眷恋，一圈圈凝固的血泪既是无声的控诉，又表现出枫树坚韧的生命力。“枫树”，无论置身于多么残酷的逆境，他都能够保持自己伟岸的身姿和高贵的内心，这正是历史上遭受无情迫害的生灵的象征。因此，阅读诗作，就要感觉出诗人的生命体验、感受到历史的阵痛，进而领悟诗歌的意蕴。

熟悉并能准确分析诗歌中常运用的一些表现手法，对领悟诗作的意蕴也很有帮助。诗人闻一多在《死水》中，借鉴西方现代派诗歌鼻祖波德莱尔“以丑为美”的主张和技巧，营造一种反讽的氛围，批判丑恶和肮脏。诗人选用翡翠、桃花、罗绮、云霞等华丽词语描写“死水”，将丑恶写得很美。美与丑反差巨大却又交织在一起，造成新颖独特的表达效果。丑越写得美，越引起人的反感，使读者去反思诗人所要表达的感情，增加了引人思考的魅力。

除了把握诗作中的意象、想象诗作的意境、领悟诗作的意蕴，了解作者的生平、思想和流派，以及作品的时代背景、写作背景，可以帮助我们找到理解和鉴赏诗作的钥匙。阅读《再别康侨》，就得先了解1922年前后徐志摩的生活状况，以及这段生活在徐志摩一生中的主要地位。徐志摩在《猛虎集·序文》中说：在24岁以前，他对于诗的兴味远不如对于相对论或民约论的兴味。正是康河的水，开启了诗人的性灵，唤醒了久蛰在他心中的诗人的天命。后来他曾满怀深情地说：“我的眼是康桥教我睁的，我的求知欲是康桥给我拨动的，我的自我意识是康桥给我胚胎的。”1922年前后的求学生涯是徐志摩一生的转折点，给他留下了深刻而美好的印象。为此，1922年初别康桥时就高唱：“康桥，汝永为我精神依恋之乡”；回国后他一再吟诗著文缅怀康桥；1925年重游康桥时，又作散文《我所知道的康桥》；1928年，诗人故地重游，又倾注满腔深情写下了传世经典之作——《再别康桥》，以离别康桥时的感情起伏为线索，抒发了对康桥的无限眷恋和依依惜别的深情。显然，了解了作者的经历、作品的时代背景与写作背景，我们对作者所抒发的思想感情有了更深的体会，对作品的主旨也有了更深的理解。

阅读示例

1. 雪花的快乐

徐志摩

【题解】

徐志摩（1897—1931），现代诗人、散文家，浙江海宁人。1916年入北京大学法科，1918年按照其父愿望赴美国学习银行学，1921年春入伦敦剑桥大学当特别生，在英国19世纪浪漫主义诗歌及其他西洋文学的熏陶下，开始创作新诗。1922年10月回国后大量发表诗文，创办了“新月社”。1924年又与胡适、陈西滢等创办《现代评论》周刊。1925年出版第一本诗集《志摩的诗》，创作了诗集《翡冷翠的一夜》和散文集《巴黎的鳞爪》、《自剖》、《落叶》中的大部分作品。1926年年中与闻一多、朱湘等人开展新诗格律化运动，对新诗的艺术发展产生过很大影响。随后又提倡所谓“健康与尊严”的原则。1931年1月，与陈梦家、方玮德创办《诗刊》季刊。8月，第三本诗集《猛虎集》出版。1931年11月19日，徐志摩因飞机失事遇难。第四本诗集《云游》后由陈梦家编辑出版。

徐志摩说：“我这一生的周折，大都寻得出感情的线索。”《志摩的诗》和《翡冷翠的一夜》中的诗，用鲜明的画笔描绘了下层劳动者痛苦的生活画面，表露了了对北洋军阀血腥暴行的不满，生动地体现了青年徐志摩“那股不顾一切，带有激烈的燃烧性的热情”，也流露了他享乐主义的生活哲学和庸俗的生活情趣。《猛虎集》、《云游》中的诗，却是“抹去了以前的火气”，用“圆熟的外形，配着淡到几乎没有的内容，而且这淡极了的内容也不外乎感伤的情绪”，表露当时资产阶级“枯窘”、徬徨的心理状态。他的诗，确实可以说是“中国布尔乔亚心境最忠实的反映”。

《雪花的快乐》写于1924年12月30日。发表于1925年1月17日《现代评论》第一卷第6期。

假如我是一朵雪花，
翩翩的在半空里潇洒，
我一定认清我的方向——
飞扬，飞扬，飞扬，——
这地面上有我的方向。
不去那冷寞的幽谷，

不去那凄清的山麓，
也不上荒街去惆怅——
飞扬，飞扬，飞扬，——
你看，我有我的方向！

在半空里娟娟的飞舞，
认明了那清幽的住处，
等着她来花园里探望——
飞扬，飞扬，飞扬，——
啊，她身上有朱砂梅的清香！

那时我凭借我的身轻，
盈盈的，沾住了她的衣襟，
贴近她柔波似的心胸——
消溶，消溶，消溶——
溶入了她柔波似的心胸！

【简析】

徐志摩是真正的诗人，他用他的诗作表达了自己的痛哭与快乐，歌唱星月的光辉与人类的希望。

徐志摩的《雪花的快乐》、《再别康桥》和《我不知道风是在哪个方向吹》放在一起，它们正好从相同的角度展示了诗人写作的连续、希望与理想追寻的深入。这三首名篇风格一致，内在韵脉清晰，最真实地传达了诗人“一个曾经单纯信仰的，流入怀疑的颓废”的心路历程。诗人朝向一生信仰的心路历程是一个纷繁的文学世界，其中曲折的足迹读者往往需追随及终点方恍然大悟。胡适之在《追忆志摩》中指出："他的人生观真是一种单纯的信仰，这里面只有三个大字：一个是爱，一个是自由，一个是美。……他的一生的历史，只是他追求这个单纯信仰实现的历史。"徐志摩用了许多文字来抵抗现实世界的重荷、复杂，在现实世界的摧毁面前，他最终保持的却是"雪花的快乐"、"康桥的梦"及"我不知道风在哪个方向吹"的无限惆怅。如果说现代诗的本质就是诗人穿越现实去获取内心清白、坚守理想高贵，那么，我们不难理解人们对于徐志摩诗作的偏爱。

《雪花的快乐》无疑是一首纯粹的诗作。在诗作中，现实的我被彻底抽空，"雪花"代替我出场，"翩翩的在半空里潇洒"。但这是被诗人意念填充的雪花，被灵魂穿着的雪花。这是灵性的雪花，人的精灵，他要为美而死。值得回味的是，他在追求美的过程丝毫不感痛苦、绝望；相反，他充分享受着选择的自由、热爱的快乐。雪花"飞扬，飞扬，飞扬"这是多么坚定、欢快和轻松自由的执着，实在是自明和自觉的结果。而这个美的她，住在清幽之地，浑身散发朱砂梅的清香，心胸恰似万缕柔波的湖泊！她是现代文学永恒的幻像。对于诗人徐志摩而言，或许隐含着很深的个人因素，但对于20世纪初有识之士对曙光的追寻，自然是诗人选择"她"而不是"他"的内驱力。

写作时的诗人或许面对窗外飞扬的雪花热泪盈眶，或许独自漫步于雪花漫舞的天地间。他的灵魂正在深受囚禁之苦。现实和肉身的沉重正在折磨他。当"星月的光辉与人类的希望"令他唱出《雪花的快乐》，或许可以说，诗的过程本身就是灵魂飞扬的过程。这首诗共四节，与其说这四节韵律铿锵的诗具有启承转合的章法结构之美，不如说它体现了诗人激情起伏的思路之奇。清醒的诗人避开现实藩篱，把一切展开建筑在"假如"之上。"假如"使这首诗定下了柔美、朦胧的格调，使其中的热烈和自由无不笼罩于淡淡的忧伤的光环里。雪花的旋转、延宕和最终归宿完全吻合诗人优美灵魂的自由、坚定和执着。这首诗的韵律是大自然的音籁、灵魂的交响。重复出现的"飞扬，飞扬，飞扬"织出一幅深邃的灵魂图画。步入"假如"建筑的世界，人们往往不仅受到美的沐浴，还要萌发美的守护。

徐志摩的诗大都是抒情诗，他既善于用细腻的笔触表现丰富复杂的情感，又致力于创造一种建筑在现代汉语基础上的新的诗歌语言。其语言自然、纯熟，既是地道的口语，又经过艺术的提炼，独具清莹流丽的情致，读来朗朗上口、言简意约、余味无穷，为诗作平添不少魅力。

2. 雨巷

戴望舒

【题解】

戴望舒（1905—1950），现代诗人，浙江杭县（今余杭市）人。1925年入上海震旦大学学习法文，开始受到法国象征派的影响。1928年后成为水沫社和其后的《现代》杂志的作者之一，创作现代派诗歌。1932年后留学法国、西班牙。1938年赴香港，主编《星岛日报》副刊。1941年底香港沦陷，被日军以抗日罪名下狱。抗战胜利后回上海教书，并进行著、译、研究等工作。1949年春北上至解放区。1950年2月因病逝世。诗集有《我的记忆》、《望舒草》、《望舒诗稿》和《灾难的岁月》。

戴望舒早期诗歌多写个人的孤寂心境，感伤气息较重，因受西方象征派的影响，意象朦胧、含蓄，《雨巷》为此时期的代表作。后期诗歌表现了热爱祖国、憎恨侵略者的强烈感情和对美好未来的热烈向往，诗风显得明朗、沉挚。他被胡乔木称为是“一个决心为人民服务的有才能的抒情诗人”。

《雨巷》是戴望舒的成名作，约作于1927年夏天。诗作投出后，叶圣陶一看到就非常喜欢，称它“替新诗的音节开了一个新的纪元”，并送给作者“雨巷诗人”的称号。

撑着油纸伞，独自
彷徨在悠长、悠长
又寂寥的雨巷，
我希望逢着
一个丁香一样的
结着愁怨的姑娘。

她是有
丁香一样的颜色，
丁香一样的芬芳，
丁香一样的忧愁，
在雨中哀怨，
哀怨又彷徨；

她彷徨在这寂寥的雨巷，
撑着油纸伞
像我一样，
像我一样地
默默彳亍着，
冷漠、凄清，又惆怅。

她默默地走近，
走近，又投出
太息一般的眼光，
她飘过
像梦一般的，
像梦一般的凄婉迷茫。

像梦中飘过
一枝丁香地，
我身旁飘过这个女郎；
她默默地远了，远了，
到了颓圮的篱墙，
走尽这雨巷。

在雨的哀曲里，
消了她的颜色，
散了她的芬芳，
消散了，甚至她的
太息般的眼光
丁香般的惆怅。

撑着油纸伞，独自
彷徨在悠长、悠长
又寂寥的雨巷，
我希望飘过
一个丁香一样地
结着愁怨的姑娘。

【简析】

读了《雨巷》，你怎么能够忘记那独特的朦胧迷离？

这首诗写于1927年夏天。当时全国处于白色恐怖之中，戴望舒因曾参加进步活动而不得不避居于松江的友人家中，在孤寂中咀嚼着大革命失败后的幻灭与痛苦，心中充满了迷惘的情绪和朦胧的希望。《雨巷》一诗就是他的这种心情的表现，其中交织着失望和希望、幻灭和追求的双重情调。

戴望舒的诗深得中国古典诗词中婉约诗风的遗韵，又受到法国象征诗派的影响，因而他的早期诗作总体上表现出孤独、抑郁和消沉的特点。《雨巷》就是这样。这首诗写的是梅雨季节江南小巷中的一个场景。细雨蒙蒙中，“我”怀着一种落寞、惆怅的情绪和一丝微茫的希望，撑着油纸伞在悠长寂寞的小巷中踽踽独行。“我希望逢着 / 一个丁香一样的 / 结着愁怨的姑娘。”果然，梦幻般的姑娘出现了。她有着“丁香一样的颜色”、“丁香一样的芬芳”、“丁香一样的忧愁”，像“我”一样撑着油纸伞，“彷徨在这寂寥的雨巷”中。走近时，“我”看到她是那样地哀怨、忧愁，投出的目光“像梦一般的凄婉迷茫”。她并没有停下来，而是“像梦中飘过 / 一枝丁香”一般，飘过“我”的身旁。姑娘最终消失在雨巷尽头“颓圮的篱墙”边。雨巷里又只剩下“我”一个人，孤独地行着，继续渺茫地希望着、期待着……

这首诗写得既实又虚，朦胧恍惚。“我”似乎有着满腹的心事、无限的烦忧，但又不愿明说，或者是说不出来。“我”似乎在期待什么、追求什么，而期待和追求的目标又显得那样遥远而渺茫。“她”出现了，这或许是在幻觉中，或者是真的，但“她”的出现是那样地快，逝去也那样地快，一刹那间擦肩而过，消失在前方，“像梦一般的凄婉迷茫”。“我”只有自怨自艾，自悲自叹。诗中的“姑娘”，我们可以认为是实指，是诗人心中期待已久的美丽、高洁而忧郁的姑娘。但我们也可以把这位“姑娘”当做诗人心中朦胧的理想和追求，代表了诗人陷入人生苦闷时，对未来渺茫的憧憬。

《雨巷》中有两个意象非常美。一是雨巷。梅雨季节，江南的小巷阴沉潮湿，两边是寂寞的人家，间或有人匆匆走过。这一形象具有很强的视觉效果，给人丰富的想象空间。我们可以把它“虚化”为一条“追求之路”，怀着渺茫希望的“我”在雨巷里徘徊不前，让人不禁发问，“我”期待着什么？二是丁香。丁香是古典诗词里常见的意象。丁香花常见白色、紫色两种，外形单薄细弱，往往用来代表孤高、美丽和忧愁。诗人将这种美赋予姑娘，“丁香一样的姑娘”，姑娘即丁香，丁香即姑娘。丁香可以象征诗人心中的理想，这种理想是高洁、美丽的。但这种理想即如丁香或姑娘一样，稍纵即逝，不可把握，给人暂时的安慰，留下的却是永久的怀恋和无限的惆怅。

整首诗音调和谐，节奏舒缓。全诗七节，每节六行，每行虽然长短不一，有的一句一行，有的一句排成几行，但诗句的停顿却很有规律。诗中多处运用重叠和反复的手法，如“在雨中哀怨，/ 哀怨又彷徨”、“像我一样，/ 像我一样地 / 默默彳亍着”、“像梦一般的，/ 像梦一般的凄婉迷茫”。而首尾两节，除“逢着”换“飘过”外，其他语句完全相同。诗句的重叠反复，构成声音和感情的回环往复，强化了节奏，增强了诗歌的抒情色彩。全诗每节第 3、6 行押韵，一韵到底，保证了音韵的和谐一致，使诗从头至尾保持了一种鲜明的音乐效果。

3. 神女峰

舒婷

【题解】

舒婷（1952— ），当代著名诗人，原名龚佩瑜、龚婷婷，福建厦门人。1967 年初中毕业，1969 年到福建上杭插队落户，并开始诗歌创作。1972 年回厦门当工人。1977 年开始发表作品。1980 年调福建省文联创作室从事专业创作。主要作品有诗集《双桅船》、《会唱歌的鸢尾花》、《舒婷顾城抒情诗选》等。其中，《双桅船》1981 年获全国优秀诗歌奖。现任福建省作家协会副主席。

舒婷崛起于 20 世纪 70 年代末的中国诗坛，她和同时代的北岛、顾城等人以迥异于前人的诗风，在中国诗坛上掀起了一股“朦胧诗”大潮，作品《致橡树》是朦胧诗潮的代表作之一。其诗作于温柔中透着坚强，徘徊中含着执著，朦胧中显着清新，透射出女性心灵所特有的细腻、敏锐、坚韧的特质。“朦胧诗”以描述诗人内心的主观感受为主，采用新奇的意象，风格清新、真挚，诗意内涵丰富，很多人觉得不好理解，故称之为“朦胧诗”。

在向你挥舞的各色花帕中
是谁的手突然收回
紧紧捂住了自己的眼睛
当人们四散离去，谁
还站在船尾
衣裙漫飞，如翻涌不息的云
江涛
高一声
低一声

·

美丽的梦留下美丽的忧伤
人间天上，代代相传
但是，心
真的能变成石头吗
为眺望远天的杳鹤
而错过无数次春江明月

沿着江岸
金光菊和女贞子的洪流
正煽动新的背叛
与其在悬崖上展览千年
不如在爱人肩头痛哭一晚

【简析】

《神女峰》作为舒婷诗歌的代表作之一，无论在诗歌艺术上和主题挖掘上都达到了相当高的成就。

这首诗取材于长江三峡的神女峰神话传说，表达了对封建思想的解构，对传统女性观念的唾弃，充分张扬和释放现代女性意识，整首诗充满浓郁的女性主义气氛。

诗的首节写抒情主人公在江轮上初见风雨千年的神女峰时的内心体验；第二节是对有关神女峰神话传说的重新解读；最后一节顺流而下，以强大、真挚的情感和理性精神宣告于世人：“与其在悬崖上展览千年 / 不如在爱人的肩头痛哭一晚”，抖落社会和自身的因袭重担，走上妇女自由解放的历史道路。这是新爱情观的凯旋，具有巨大的说服力与震撼力。诗人首先把神女还原成人，从而注入人的性灵和应有的情感，这是对传统的妇女地位及爱情观念“新的背叛”。是诗人继《致橡树》之后对一种充满人性关怀的新爱情观的向往与呼唤。

"神女"获得受赞美、受欣赏的地位和品格，其实是长期的封建社会和至今仍有影响力的封建意识加在她身上的束缚和禁锢，属于一种传统的妇女价值观。神女被当做异乎寻常的坚贞的化身来瞻仰，她生存的意义在于"眺望远天杳鹤"，必须失去她自己独立的人格，失去了作为一个真实的、普通人的生活权利，即"错过无数次春江月明"。诗人勇敢地打破了神女坚贞守节成为经典标本的神话，其意蕴却又不仅仅止于爱情，它指向一切对正常人性构成束缚的礼教枷锁。因为这是在思想和感情还比较禁锢的20世纪70年代末、80年代初，个人感情的合法性还没有得到社会的充分认可，所以诗人所说的"背叛"就显得惊心动魄，视为"新的背叛"。《神女峰》从中国妇女的历史命运和现实处境的感受、思考出发，延伸和深入了作者"表现我对'人'的一种关切"的总主题。

这首诗没有采取诗人经常使用的第一人称表白方式。在第一节中，"我"化为"谁"——不确定称谓的第三人称。使用这种人称的好处有两方面：一是对强烈感情的表述，不致因"我"的直接宣泄而显得缺乏节制。二是诗人内在的感情借助人物的动作情景构成的形象得以表达。"谁"使诗人成为感情表达的"旁观者"，手的突然收回，捂住眼睛，衣裙漫飞如翻涌不息的云，以及对江涛的听觉上的描写，都成为丰富的心理内容的外在暗示，借助旁观才能真切地实现。相对地说，回到第一人称的第二节，在表现力和情感内涵上倒有些减弱。但最后一节诗人又强化了艺术表现力，以第一人称视角对两岸"金光菊和女贞子的洪流"触目所及的情境描写，化为情感表达的一个有力手段，使诗作结尾内容生动、深刻意蕴。

4. 乡愁

席慕容

【题解】

席慕容（1943—　），著名诗人、散文家、画家，祖籍内蒙古察哈尔盟明安旗，生于四川，幼年在香港度过，成长于台湾。她从小酷爱绘画，台湾师范大学美术系毕业后，于1964年赴比利时布鲁塞尔皇家艺术学院深造，1966年以第一名的成绩毕业。作为专业画家，她曾任台湾新竹师范学院教授多年，获比利时皇家金牌奖、布鲁塞尔市政府金牌奖、欧洲美协两项铜牌奖、金鼎奖最佳作词及中兴文艺奖章新诗奖等。作为作家，她先后出版诗集《七里香》、《无怨的青春》、《时光九篇》、《边缘光影》、《迷途诗册》、《我折叠着我的爱》等，此外有散文集、画册及选本等五十余种，读者遍及海内外。近十年来，她潜心探索蒙古文化，以原乡为主题进行文艺创作。

席慕容的文风温柔淡泊，如幻似梦，似有似无，是一种有远有近的境界。其诗文用语浅白，但写情细致浓郁，擅长运用重复的句型，追求词藻的华美，呈现舒缓的音乐风格，充满了田园式的牧歌情调。

席慕容的故乡在蒙古草原，但她既不在那里出生，也不在那里长大，直到20世纪80

年代才有机会踏上故乡的土地。她只有在梦里，在诗中寄托无限乡愁，《乡愁》就是她集中抒发思乡之情的诗作。

故乡的歌
是一支清远的笛
总在有月亮的晚上响起

故乡的面貌
却是一种模糊的怅惘
仿佛雾里的挥手别离

离别后
乡愁是一棵没有年轮的树
永不老去

【简析】

思恋故土是人类文学共同而永恒的主题，席慕蓉以清新、别致的语言倾诉了她对故乡的眷恋。

席慕蓉的故乡，在“长城外”、“阴山下”那个“风吹草低见牛羊”的大草原上。但是，由于命运的安排，她不在那儿出生，也不在那儿长大，直到她46岁时才有机会踏上故乡的土地。可是，多情的诗人在遥远的海岛上，面对人为的山河阻隔，不忘她与故乡割不断的血脉联系，用语言娓娓道来她心中的故乡——她精神的归宿、灵魂的家园。

席慕蓉将这份乡愁用简短的七行三节诗进行概括：第一节写描写故乡月夜的笛声，笛声“总在有月亮的晚上响起”，这就含蓄地道出游子无时无刻不在怀恋故乡。第二节写离别之时，表现离别故乡时心中模糊的怅惘。对故乡的怀念渐渐遥远，时间的推移摇落了故乡的轮廓，仅剩一种模糊不清的怅惘。用“雾里的挥手别离”来比喻对故乡的模糊而怅惘的记忆，是用一种可观可感的具体形象来描述抽象的主观感受，可谓生动形象、贴切自然。第三层写离别之后，表现对故乡绵绵无期的思念。乡愁的永恒从上两层的乡音缭绕和乡情缠绵过渡而来，形式新颖，层次的渐递也使主题由模糊逐渐鲜明。诗人用“没有年轮的树”永驻游子心中“永不老去”作形象比喻，抒发了深似海洋的愁绪和怀恋、怅惘的情感。

故乡是席慕容精神的归宿、灵魂的家园，她对故乡的感情是发自内心的，也是至真至纯的。那毫无矫揉造作的情愫，犹如徐徐吹来的缕缕清风，直让人无法拒绝，不顾一切去尽情享受。她的乡愁，自然而然地与读者的愁绪融合在一起，形成强烈的共鸣。

情感抒发与意象选择的融合，使整首诗的意境深邃悠远，比喻的贴切自然、语言的朴素优美更使整首诗具有牧歌式的情调。最为人称道的“模糊的怅惘”竟是如此传神、又是如此贴切，将许多年以前故乡的样子在自己脑中的印象轻轻唤出：她模糊而又真切，真切却又无法一一道出，便在心灵深处生出一丝惆怅、一阵迷茫，正如那秋日早晨山间的浓浓雾气笼罩。对故乡的思念已成为“一棵没有年轮的树，永不老去”，这不老的思念又唤起了多少漂泊他乡的游子浓浓的情思、绵绵的期待！

5. 因为风的缘故

洛夫

【题解】

洛夫（1928—　），当代诗人、诗歌理论家、书法家，原名莫洛夫，湖南衡阳人。他1949年去台湾，毕业于台湾淡江大学英文系。1954年与张默、痖弦等人创办《创世纪诗刊》，倡导超现实主义写作，风行一时，对台湾现代诗的发展影响深远，曾被诗坛誉为“诗魔”。20世纪90年代后期移居加拿大。

洛夫与余光中被合称为台湾诗坛的“双子星座”，余光中推崇他是现代诗坛一位“重量级拳手”，是20世纪50代迄今硕果仅存的几座“活火山”之一。他出版的诗集有《灵河》、《石室之死亡》、《众荷喧哗》、《因为风的缘故》、《月光房子》等，诗论集《诗人之镜》、《诗的边缘》等五种，另有散文、译著多种。他的名作《石室之死亡》广受诗坛重视，自发表以来评论不辍。

《因为风的缘故》是洛夫1988年为太太陈琼芳女士“定制”的一首情诗，因其抒情浓郁、风格别致而成为洛夫先生的“招牌情诗”。

昨日我沿着河岸
漫步到
芦苇弯腰喝水的地方
顺便请烟囱
在天空为我写一封长长的信
潦是潦草了些
而我的心意
则明亮亦如你窗前的烛光
稍有暧昧之处
势所难免
因为风的缘故

此信你能否看懂并不重要
重要的是
你务必在雏菊尚未全部凋零之前
赶快发怒，或者发笑

赶快从箱子里找出我那件薄衫子
赶快对镜梳你那又黑又柔的妩媚
然后以整生的爱
点燃一盏灯
我是火
随时可能熄灭
因为风的缘故

【简析】

什么是真正的爱？一位61岁老人的情诗或许就是答案。

这是一首构思独特的爱情诗。它从根本上颠覆了一般情诗或赞美、或倾慕、或思念、或盟誓的抒情路线。诗人以一副沧桑的面孔示人：青春易逝，世事无常；俗世的爱情，风雨飘摇。诗中没有腻味的词句，只有真诚的诉说，真诚到洗去一切玫瑰色彩和香味，直接呈现出精油的品质。这是一种“大丈夫的爱情”，赤诚磊落却羞于言情。其中滋味需沉淀过的心才能体察，对爱情存有虚荣的人难以读懂诗里的情分。

诗的第一节主要是写“我”给你写情书，但这情书居然是在天空中游弋的烟雾，而且是由烟囱代写的，由此可见诗人高超的拟人手法与独特新奇的想象。诗人的语气夹杂着一些调侃，一些平和，一些深情，一些朴实，不同于一般爱情诗中的一味滥情矫情。

诗的第二节是“我”写给你的情书的内容。在这节诗里，“风”也许是象征着匆匆流逝的时光与人生的种种苦难，所以“我”敦促你对我“发怒”、向“我”发笑，从箱子里拿出“我”那件“薄衫子”，还要梳洗打扮得漂漂亮亮，然后“以整生的爱，点燃一盏灯”，和“我”一起灯下漫话，共诉衷肠，珍惜每分每秒相聚的时光。因为“我是火，随时可能熄灭，因为风的缘故”。诗的语气十分平静，但却又饱含着人生短暂的幻灭感及人生苦多的沧桑感。第二节诗的沉重、唏嘘，与第一节的轻松、调侃形成对比，却又突出了一种旷达与超脱。也许是因为“我”懂得了珍惜有生之年，也许是因为“我”还有你。

这首诗作描绘的爱情，已不再是年轻人那种轰轰烈烈、干柴烈火或寒冰冷雪式的爱情，不再是刻骨铭心的相思，而是具有了成熟爱情的温馨与互相珍惜，戡破人世的超脱与淡淡的唏嘘。诗作因此洗脱了“矫情”，毫无造作之情态，这要归功于他真实可靠的“抒情动机”：“我是火，随时可能熄灭”。诗人以“火”自喻，以“风”暗喻世道的险恶、命运的无常、人性的脆弱，通过“火”遇“风”的宿命将一种悲悯情怀置于爱情之流的源头，这来自对生命本质的悲剧性认知，其中透析出来的爱情格外自然、清澈、纯净。其实，诗作已远远超越了爱情诗的范畴，诗人从对生命的感动出发的情感之流触动读者许多个动情点，让人百读不厌、手不释卷。

意象的新异、语言的轻盈是洛夫诗歌的一贯特征。他认为诗人要掌握意象语的鲜活与精练。安排意象应先求疏落有致、浓淡得宜，才能进而争奇斗艳。作为诗人，他把语言的运用当作最大的挑战，追求贴切的、鲜活的，或为表现某种特殊心象所需的语言，形成了清新活泼、潇洒自如的语言风格，实现了诗的“纯粹性”。

6. 远和近

顾城

【题解】

顾城（1956—1993），当代诗人，祖籍上海，生于北京。1969 年随父亲顾工下放到山东某农场。1974 年回京后，当过木工、搬运工、编辑等。1977 年发表诗作。1987 年应邀出访欧美国家，进行文化交流。1988 年赴新西兰教授中国古典文学，后辞职隐居新西兰激流岛。1993 年 9 月因恋情受挫在新西兰寓所杀妻后自缢，随后其绝命书《英儿》出版，其人、其作、其事曾在诗界引起热烈论争。

顾城是“朦胧诗”的代表性诗人之一，被称为“童话诗人”，主要诗集有《黑眼睛》、《雷米》、《城》、《水银》、《舒婷、顾城抒情诗选》等。他以一颗童心看待世界，与舒婷诗作的典雅端丽、委婉绰约、美丽忧伤相比，其诗作显得纯真无瑕，扑朔迷离。但是，在顾城充满梦幻和童稚的诗中，却充溢着一股成年人的忧伤。这种忧伤虽然淡然若无，但又像铅一样沉重。因为这不仅是诗人个人的忧伤，而是一代人觉醒后的忧伤，是觉醒的一代人看到眼前的现实而产生的忧伤。

你，
一会看我，
一会看云。

我觉得
你看我时很远，
你看云时很近。

【简析】

《远与近》是顾城的名篇，它像是块水晶，小巧精致，又包含了无限的光与影的内容。品读过后，满怀的感动，在可说与不可说之间。

《远和近》表现特定心理和审美情趣，表达含蓄、精炼而内容深刻。第一节写“你”左顾右盼的行为。第二节是写“我”的独特感觉，从表层形式上看，这是一种错觉。因为你既然能看到我，说明双方距离并不遥远；而“云”处天际，它与人的距离遥不可及。诗人透过表层形象着意揭示了一种心理距离的远和近。人与人，虽然近在咫尺，但心理却存在各种隔膜与不可逾越的鸿沟，因而觉着“很远”。而人与云、人与大自然却能沟通感情，因而觉得“很近”——亲近、融洽。诗人运用象征手法，表现了心理距离与物理距离的不和谐，表达了对人与人之间良好关系的追求与向往。

诗作言简意赅，使人很容易联想到个人的生活经验，它的美就隐含在抽象的线条之中。但细细品味，冷静之中暗含一种热切的期盼，呼唤一种相互理解、相互信任、和谐融洽的人际关系。而由于诗人隐去了造成错觉的原因，有意留下较大的空白，引发读者去想象，读者的心理因素不同，这种想象图景也会不尽相同，有人就认为诗人也在抒发个人的情感体验。

从诗作表达的纤细情感来看，作品好像一位腼腆大男孩的心灵独白。他爱慕一个女孩，但羞于表白，甚至连目光都不敢和女孩的目光相交，他只能趁女孩的目光转向别处时偷偷地望上一眼。在目不转睛如饥似渴的观望中，他悲哀地发现自己是那么怯懦、无助、自卑，爱情的热焰没能燃烧他内心的羞涩，他不敢让目光泄露他内心的焦灼。“你看我时很远，你看云时很近”，那么幽怨又那么平淡，那么焦急又那么彷徨，字里行间饱含着濡润的气息。

诗的诗眼是“远”和“近”，一个“很”字让远和近所指代的距离变得极端，要缓和、改变这种状况，需要付出相当的努力。情感的拉近不是一厢情愿的事情，有时甚至不是两厢情愿的，它需要恰合的气氛、愉悦的心情、无畏的勇气、长久的坚持特别是明哲的智慧。距离的存在虽然让人辗转反侧、焦灼不安、无所适从，但在爱情的虚幻想象中，心上人的侧面形象最美，它激发了人内心对爱情的憧憬，这大概是爱情最有魔力的一个阶段吧。

一个远，一个近，引发了人类与自然、物质与精神、肉体与灵魂、存在与虚无的种种思索，还能给我们带来很多联想，唤起我们很多共鸣。它短小精悍的外质包裹着丰富的内涵，一千个读者就有一千个“我”和“你”。

思考与练习

1．徐志摩的诗歌创作主张是什么？结合《雪花的快乐》分析他诗歌的艺术特色。

2．戴望舒被称为“雨巷诗人”，分析象征手法在《雨巷》一诗中的具体运用，简述这种手法运用的艺术效果。

3．在《乡愁》一诗中，席慕容用哪些意象来寄托乡愁？找一找其他诗人抒写乡愁的诗句。

4．《神女峰》中舒婷主要表达什么思想感情？你认为舒婷的这种思想在当时有什么进步意义？

5．洛夫在《因为风的缘故》中，通过哪些意象来表达他的爱情？你还能找到哪些表达爱情的经典诗句？

6．对《远和近》的主题有哪些解读？你认为哪种说法更有说服力，为什么？

第三编　戏剧影视和理论作品的阅读

第五章　戏剧文学的阅读

第一节　认识戏剧文学

戏剧是一种借助文学、音乐、舞蹈、美术等艺术手段来塑造人物形象，揭示社会矛盾，反映社会现实，展现人的价值取向的综合性舞台艺术。它是以塑造舞台形象为目的的直观艺术，由演员在舞台上，以模拟性动作，以情感的力量，展示人生中的矛盾和矛盾演绎的过程，表现有一定长度和内在完整性的生活状态，从而透视出身处其境的人物的主观心态和人性内涵，表达作者对人生的认识、情感与理性思考。剧本、演员、舞台和观众是戏剧必不可少的元素。

剧作家为了戏剧演出而创作的剧本，我们称之为戏剧文学。大多数戏剧创作都要经历两个过程：剧本创作和舞台创作。剧作家把剧本写出来以后，导演按照自己的构思，协调演员、舞美、音乐、灯光、音响等各个方面，在精心设计的舞台上把剧本内容展现出来，戏剧创作的过程才算最终完成。

戏剧文学要在短时间内展现强烈的矛盾冲突、塑造人物形象、表达主题思想，逐渐形成了独特的情节结构，主要由序幕、开端、发展、高潮、结局、尾声等要素构成。序幕是用来交代剧中故事发生的时间、地点和时代背景的，或简要介绍剧中的主要人物及人物关系。开端是剧本中所反映的矛盾冲突的第一个事件，引出剧本矛盾的起因，或同时点出次要矛盾，或设下次要矛盾的伏笔。发展是整个情节中主要的、最长的部分，包括从开端之后到高潮这一阶段。在这个阶段中，矛盾冲突逐步展开和深化，人物性格和人物关系逐渐表现出来，直至把矛盾冲突推向高潮。高潮是矛盾冲突发展的顶点，是决定矛盾冲突双方胜负和主要矛盾即将解决的关键时刻，因而也是斗争最紧张、最激烈、最尖锐的部分。结局是紧接高潮之后，主要矛盾得以解决，人物和事件有了一定的结果的部分，是情节从开端、发展到高潮的必然结果。尾声一般是在结局之后展示未来的前景，或对矛盾解决以后的结果作必要的补充交代，使主题和人物表现得更为鲜明。

戏剧文学的分类方法多种多样，就其表演形式以及艺术观念的不同，可以作如下区分。

按照戏剧文学内容性质的不同，可分为悲剧、喜剧和正剧。

悲剧是表现处于特定环境的先进的或善良的主人公及其事业，由于反动、邪恶势力的破坏而遭受失败或被毁灭，从而反映一定社会历史条件下反动势力压倒进步力量、美的事物被催毁的矛盾冲突，抒发悲愤感情的一种戏剧。鲁迅说：“悲剧将人生的有价值的东西毁灭给人看。”古希腊悲剧之父埃斯库罗斯的《被缚的普罗米修斯》、郭沫若的《屈原》、关汉卿的《窦娥冤》等都是悲剧。

喜剧一般以讽刺或嘲笑丑恶、落后的现象，从而肯定美好、进步的现实或理想为其主要内容，常以夸张的手法、巧妙的结构、诙谐的台词刻画和表现人物的喜剧性格，以引起观众发出不同含意的笑。鲁迅说“喜剧将那无价值的撕破给人看。” 法国剧作家莫里哀的《吝啬鬼》，俄国剧作家果戈里的《钦差大臣》，我国传统戏曲《七品芝麻官》、《徐九经升官记》等都是喜剧。

正剧兼有悲剧和喜剧因素，能够反映更广阔的社会生活，抒发丰富复杂的思想感情。它的特点一般是先悲后喜，反面人物终于受到惩罚，正面人物终于获得胜利。郭沫若的《蔡文姬》、老舍的《茶馆》等都是正剧。

按照戏剧文学表现手段的不同，可分为话剧、歌剧、舞剧、歌舞剧和哑剧。

话剧是现代戏剧中最普通的艺术形式之一，是以反映现代社会生活为主要内容的新型戏剧。它综合文学、表演、导演、美术、音乐、舞蹈等多种文艺形式，以人物语言（对白、独白、旁白）为主要表现手段，塑造各种各样的人物形象，直观地展现社会生活中的各种矛盾和斗争。老舍的《茶馆》、陈白尘的《升官图》等都是我国现代优秀话剧。

歌剧主要通过演员的歌唱来表现剧情，是综合诗词、舞蹈等艺术形式的戏剧艺术。正宗的西方歌剧当属意大利歌剧，代表性作品有威尔第的《茶花女》、莫扎特的《费加罗的婚礼》等。新文化运动以后，我国逐渐形成了既区别于传统戏曲又与西方歌剧有一定差异的民族歌剧，代表作有《白毛女》、《小二黑结婚》、《洪湖赤卫队》、《江姐》等。

舞剧以舞蹈作为主要手段，综合音乐、舞台美术的一种戏剧艺术。其剧情的发展、人物形象的塑造主要靠演员的舞蹈动作来表现，剧中的舞蹈一般分为情节舞和表演舞两种。芭蕾舞是西方舞剧艺术的典范，经典作品有《天鹅湖》、《睡美人》、《巴黎圣母院》等。我国芭蕾舞经典剧目有《红色娘子军》、《白毛女》、《梁山伯与祝英台》等。我国民族舞剧的代表作品有《宝莲灯》、《丝路花雨》、《嫦娥奔月》等。

歌舞剧是诗歌、音乐、舞蹈三种艺术的结合。我国的戏曲就属于此类，它不仅是我国最早的戏剧形式，也最富有民族特色，还形成了各具特色的地方戏曲，代表曲目如京剧《霸王别姬》、越剧《梁山泊与祝英台》、豫剧《花木兰》等。

哑剧是不用台词，而以动作和表情表达剧情的戏剧。它要求演员用高超的形体语言，去表达戏剧思想和意蕴。现代哑剧有独角戏也有集体哑剧，都有完整的情节。英国的卓别林、法国的马尔索、奥地利的莫尔肖为哑剧创作的代表人物。我国现代哑剧创作成就较大的有王景愚等人。

按照戏剧文学结构形式的不同，可分为独幕剧和多幕剧。

独幕剧是独成一幕的短剧。剧中一般人物较少，情节线索单纯，从一个生活侧面反映社会矛盾，构成一个独立完整的戏剧故事。莫里哀的《可笑的女才子》、契诃夫的《求婚》，以及田汉的《名优之死》、丁西林的《三块钱国币》等，都是独幕剧的代表作。

多幕剧是两幕以上的剧作。多幕剧中人物相对较多，可以有多条线索，反映的社会生活更为全面、深刻。英国剧作家莎士比亚的《哈姆雷特》、《罗密欧与朱丽叶》，我国现代剧作家曹禺的《日出》、《雷雨》等都是优秀的多幕剧。

此外，按照作品反映的时代，又可分为现代剧、历史剧等。

根据不同的标准，戏剧文学作品可以划归不同的种类。因此，同一剧本根据不同的分类标准，自然也可分属不同的种类。以《雷雨》为例，根据矛盾冲突的性质和结局，它属于悲剧；根据艺术形式和表现手段，它属于话剧；根据剧情的繁简和结构，它属于多幕剧；根据作品反映的时代，它属于现代剧。

第二节　戏剧文学的艺术特征

戏剧文学是供戏剧舞台演出使用的脚本，受舞台这一特定条件的限制，具有不同于其他文学样式的艺术特征，主要表现在以下几个方面：

一、强烈的戏剧冲突

剧本要在特定的时间和特定的舞台空间里吸引和调动观众的观赏兴趣，让剧中人物的性格与命运感染、激活观众的情绪，戏剧文学必须具备较强的可读性。这种可读性在相当大的程度上是通过组织强烈、真实的戏剧冲突来实现。因此，戏剧冲突是戏剧艺术最基本的审美特征，正如老舍先生所说："写戏须先找矛盾与冲突，矛盾越尖锐，才越会有戏。"

戏剧冲突是社会生活中的矛盾的反映。人是社会生活的主体与主宰，因而戏剧冲突主要表现在剧中人与人之间的矛盾冲突，以及人物性格自身的内在冲突。戏剧冲突不是生活矛盾的简单照搬，也不是任何生活矛盾都能构成戏剧冲突。戏剧冲突是剧作家对生活中的矛盾进行选择、提炼、集中概括和艺术加工的结果，是最足以展示人物性格、人物关系，反映社会生活本质、高度典型化了的矛盾冲突。它所表现出来的，或是不同性格的人物之间的冲突，或是人物性格自身的内在冲突。戏剧冲突产生的根本动因在于人物的行动和内心活动，在冲突中人物的性格将被淋漓尽致地刻画出来，戏剧的主题也会被深刻地揭露。

在不同的作品中，戏剧冲突有不同的表现：

1. 表现人物与自然力量之间的冲突。如《窦娥冤》中窦娥指斥天地鬼神："地也，你不分好歹何为地！天也，你错勘贤愚枉做天"；她临刑前发下三桩誓愿：血溅白练、六月飞雪、三年亢旱。这三桩誓愿违背自然规律，但体现了窦娥对自己蒙冤受刑的强烈愤怒及为伸张正义、昭示冤屈敢于和自然作斗争的决心。

2. 表现人物与人物之间的冲突。如《雷雨》中周朴园、鲁侍萍、周萍、鲁大海一家见面时，本是夫妻关系、父子关系、母子关系、兄弟关系的一家四口，却成了老爷与老妈子、老爷与仆人、老妈子与少爷、仆人与少爷的关系，罩在家庭亲情关系上温情脉脉的面纱被揭去，取而代之的是赤裸裸的阶级关系，使人心寒，形成了激烈的矛盾冲突。

3. 表现人物与社会力量之间的冲突。如《茶馆》通过一系列人物不同社会和活动的片段，从不同侧面揭示社会的黑暗，反映时代的悲剧。老舍先生以这种若干小故事平行展开的卷轴式结构，来反映一种特殊的戏剧冲突：只有埋葬旧时代，才能彻底铲除腐朽与罪恶。

4. 表现人物内心世界中的两种矛盾力量之间的斗争。如《西厢记》中崔莺莺作为深受封建文化熏染的相府千金小姐，在追求自由爱情的过程中，就存在着情与理的矛盾，这一矛盾突出表现在闹简与赖简上。她本来是写简帖和张生约会，但却当着不识字的红娘说是写回书，要张生“下次休是这般”；明明是她写信邀张生跳墙约会，待张生到后却怒斥他一番。这些恰是她追求自由爱情的过程中复杂内心世界的典型反映。

二、高度集中的事件和场景

受演出形式的限制，戏剧文学具有高度集中性，主要体现在人物及其相互间关系的集中、矛盾冲突的集中、故事情节的集中和人物活动场景的集中等几个方面。

在戏剧文学作品中，人物过多，不仅会分散笔力，影响主要人物的刻画，甚至还会造成舞台的拥挤，导致人物关系的混乱，扰乱观众的注意力。人物的集中，一方面要求人物数量要少，关系要清晰；另一方面要求人物的性格展示要快、要突出。戏剧文学受演出时间的限制，不能像小说那样从容不迫地多方面地展开生活中的矛盾冲突。戏剧文学的矛盾冲突必须集中、激烈，给人以高潮迭起的感觉，在短时间内感受到强烈的心理冲击。

戏剧文学的情节是戏剧冲突的直接体现，一般由开端、发展、高潮、结局等几个基本部分构成。所谓情节的集中，就是一个故事一经开端，就要想方设法引导其发展，尽快进入高潮，继而结束故事。戏剧冲突的具体化和直观性是在一个一个的戏剧场景里实现的。场景的集中指戏剧文学不能超越时空给人物提供自由的活动空间，而必须把人物和事件集中到一个或几个场面中来。戏剧场景是戏剧文学的最小结构单位，戏剧场景可能有几个甚至十几个，它们以戏剧冲突的开端、发展、变化、高潮、结局为线索，像串珠一样连接起来。场景与场景之间的空白将蕴涵场景本身无法表现的内容，场景组合的这种功能可以调动观众的艺术想象，来补充戏剧场景因高度集中、浓缩而安排在幕后的戏剧内容。

三、含义丰富的人物语言（台词）

戏剧文学的人物语言是剧作家塑造艺术形象、揭示人物性格、表现矛盾冲突、反映生活内容的根本手段。因此，戏剧文学的人物语言就比其他文学形式显得更加重要，有着特殊的要求，起着更大作用。

戏剧文学中个性化的语言，就是既要表现出人物特定的思想、感情、年龄、职业、经历、习惯、教养、兴趣和爱好等特点，又要鲜明地表现出人物所处的社会阶层的特征。通过充分个性化的语言，可以刻画人物性格，揭示人物关系。

戏剧文学中富有动作性的语言，可以揭示人物的外部形态和内心活动。戏剧的情节是由人物的一系列行动来显示的，人物的行动是由人物的一系列动作来完成的。人物的动作外部表现为人物的音容笑貌、神态举止等，内在体现为人物的内心活动、感情意向。在戏剧文学中，这两种动作都要通过人物的语言来表现，而不能用叙述人的语言来表现。因此，剧本应该根据人物的性格赋予他富有动作表现力的语言，要力求做到“话中有戏”。动作性语言是人物行动过程中的语言，是内心活动化为语言，也是隐含着未来行动的语言，在语言中包含着情节的行进。在这里，关键在于通过人物的语言表现人物的矛盾冲突，有冲突才能有动作。每个人物只有处于一定的矛盾冲突之中，才能产生一系列的内心活动，才能由内心活动而导致一定的外部动作。

戏剧文学通过潜台词揭示人物活动的目的和实质，反映丰富深刻的生活内容。潜台词是指人物的台词除了表面上的意义外，它还包含有深一层的意义，而这深一层的意义才是人物所要表达的真意和实质。俗话说的"话里有话"、"弦外之音"，就是这个意思。剧本的人物语言为什么要有丰富的潜台词呢？因为在舞台上，人物不可能也没有必要把事情的始末、全部思想活动都说出来，那样会降低甚至取消观众艺术欣赏的能动性，也会降低甚至取消艺术的感染力。有经验的剧作者总是努力选择精炼、富有潜台词的语言，去推动情节的发展和揭示人物丰富复杂的内心世界的。

第三节　如何阅读戏剧文学

阅读戏剧文学，首先要弄清剧本中的矛盾冲突，进而体会矛盾冲突的社会意义；同时，还要在阅读中准确把握戏剧人物的性格特征，品味作品丰富多彩的语言。

一、品评高度集中的戏剧冲突

没有冲突就没有戏剧，戏剧冲突是戏剧的基本要素，是戏剧文学表现人物性格和人物相互间关系的主要手段和途径。每一个主要角色的性格特点、角色与角色间的相互关系都会在戏剧冲突中充分而清晰地表现出来。分析戏剧冲突，可以准确地把握人物的性格、弄清剧中人物相互间的关系，进而理解剧作的主题。因此，品评戏剧冲突是解读戏剧文学文本的关键。

以戏剧冲突为切入点阅读戏剧文学，就要对情节发展进行分析，了解剧本中的矛盾冲突，理解作品所想要表现的深层思想和意义。戏剧的情节要素包括开端、发展、高潮和结局等，戏剧冲突应当贯穿始终。了解戏剧所展示的戏剧冲突，弄明白冲突是怎样造成的、冲突的性质是什么，进而弄清冲突发展的过程，就完整地欣赏了戏剧文学的主要情节。比如《雷雨》，其主要情节一是周朴园的后妻对他的反抗，一是鲁大海、鲁侍萍和矿工们对周家的反抗。这些线索相互交织，造成了周朴园家庭的衰败。而这种衰败的命运就是剧本中矛盾冲突发展的最终结局。

戏剧冲突主要指剧本中所展示的人物之间、人物自身以及人与环境之间的矛盾冲突，其中剧中人物之间的性格冲突，是阅读、欣赏剧作的重点。比如《雷雨》第二幕，最初冲突的双方是周朴园与鲁侍萍，两人又各有自己内心的矛盾斗争；鲁大海上场后，冲突又集中到周朴园与鲁大海之间，进而又有周萍与鲁大海、鲁侍萍与周萍之间的冲突。这些冲突表面看来是家庭内部的冲突，实际上可以将鲁侍萍与周朴园之间的冲突上升为下层劳动人民与地主阶级之间的矛盾冲突，将周朴园与鲁大海之间的冲突上升为资本家与无产阶级之间的矛盾冲突。理解、把握这些矛盾冲突对欣赏剧作显然非常重要。

阅读戏剧文学，还须注意戏剧冲突必然性中的偶然性因素。俗话说："无巧不成书"，这里所说的“巧”，指的就是必然性中的偶然性。戏剧家的创作经常运用偶然性来形成戏剧冲突的集中和紧张，加强戏剧气氛，使情节跌宕曲折、引人入胜。但是，戏剧中的偶然性因素一定要符合生活的真实、人物的性格和事件发展的必然性，既要出人意料之外，又须入于情理之中。否则，不但不能使人相信，而且会失去它应有的教育意义。所谓“出人意料之外”，就是通过一些观众事先预料不到的偶然性的戏剧因素，使剧情的发展让人始料不及。所谓“入于情理之中”，就是无论戏剧冲突多么奇巧，但都是符合生活逻辑的，合情合理。一出好的戏剧，偶然性因素的成功运用，往往可以省略许多枝节，推动剧情的发展，从情绪上紧紧地抓住观众，造成“山穷水复疑无路，柳暗花明又一村”的艺术境界。

总之，戏剧冲突是戏剧文学的生命，阅读剧本时认真地分析和研究戏剧冲突，是我们阅读剧本的首要任务。

二、分析鲜明的人物形象

剧作家创作剧本时，总是将深刻的思想通过人物形象来展示，因而阅读戏剧还须分析剧中的人物形象，但这并非易事。在戏剧文学中，有时人物形象会像谜一样难解。比如哈姆雷特，他是丹麦王子，接受自己喜欢的人文主义教育，有疼爱他的父王母后，有爱他的恋人，有真诚的朋友，亲情、爱情、友情将他包围，可谓是“快乐王子”。后来他发现叔父杀父夺王位娶母，朋友背叛，情人也来试探自己，他觉得自己的理想破灭，陷入抑郁之中，成为“忧郁王子”。强烈的社会责任感使他决心杀叔父报仇，但又顾虑重重，错过时机，成为“延宕王子”。直至叔父设下决斗和毒酒的圈套，母亲死亡、自己受伤将死之际，他才杀死叔父，成为“行动王子”。对于剧作中的人物，到底应该怎么进行分析呢？要在把握剧情的基础上，首先抓住人物的语言，其次观察人物的外部动作与内部动作，深入分析人物形象的典型性及其生活意义。

抓住人物语言，善于体会人物语言，对分析人物形象十分重要。人物语言是戏剧语言的重要内容。戏剧故事情节的发展，人物性格的揭示和剧作者对人物事件的评价，一般都依靠人物语言来完成。根据人物语言的内容，可以了解他的经历、教养、身份、所处环境、与其他人物的关系等信息，由此把握人物思想。比如《哈姆雷特》中，哈姆雷特的大段独白，表达了哈姆雷特对美好人性的追求向往、对现实中被欲望和罪恶玷污的人性的深刻批判，揭示了哈姆雷特人文主义者的核心性格特征，表现了作者对于颠倒混乱的社会现实的深深忧虑，对理性、秩序和新的道德理想、社会理想的深切呼唤。好的人物语言富于动作性，能推动剧情发展，又具有个性表现力，以最少的语言表达最丰富的内容。比如《茶馆》中唐铁嘴所说的“大英帝国的烟，日本的白面儿，两大强国侍候着我”的妙论，反映出他人格的扭曲，这种阿 Q 式的精神麻木中透露的是一种无奈与凄凉。

观察人物的外部动作，在戏剧文学中主要指阅读舞台说明。舞台说明是一种叙述语言，是戏剧文学的辅助手段。它主要用来说明人物的动作、心理、剧情发展的布景、环境、人物之间的关系等，用以解释作者的想法，直接展示人物性格和情节，作为读者阅读作品、导演和演员创造舞台形象的参考。虽然它仅仅是辅助手段，但对于展示人物性格也具有重要作用。剧作家曹禺在剧作中的大量环境描绘式的提示就是很好的例子。比如《雷雨》中周朴园与鲁侍萍交谈时，时而"沉思"，时而"沉吟"，时而"汗涔涔"，时而"苦痛"，直至"严厉"、"冷冷地"，这些提示有助于读者把握人物感情世界的变化，为演员塑造角色提供了心理依据。

人物内部动作，也即特定情境中戏剧人物的内心冲动、冲突以及促使人物行动的某种激情、欲望等。人物的内心动作正是促使人物行动从而产生外部动作的内在根据，是展示人物性格内涵的极其重要的层面。比如《西厢记》中"长亭送别"部分，大量铺叙崔莺莺分别时的思想活动，突出表现了她珍重爱情而鄙视功名利禄的性格特点，正是分析其形象特征的重要依据。

优秀作品中的人物形象往往具有典型性及生活意义。《雷雨》中的周朴园、《牡丹亭》中的杜丽娘、《茶馆》中的王利发等，这些人物既有鲜明的个性，又有时代和阶级的烙印，熔铸了作者创作的一片苦心，也熔铸了作者对时代生活的高度理解，因而具有反映特定历史时期的社会本质的典型意义。它们带有特定时代的某种普遍意义的东西，从而使得作品具有超越时间、超越空间的普遍的、永恒的审美价值。

三、品味丰富多彩的戏剧语言

高尔基说："戏剧是语言的艺术。"戏剧语言是戏剧文学的基础和灵魂，其中人物语言，即台词更为重要。在小说等文学作品中，一般包括两种语言——人物语言和叙述人语言，以叙述人语言为主。小说家可以在任何场合，用自己的语言描写人物、时间和环境。而戏剧文学一般用剧中人物语言来表现创作的内容，对人物的表情、动作只做一些必要的说明性提示。为完成形象塑造、情节构建、主题揭示，戏剧语言必须要求高度的个性化、潜台词和动作性。因此，品味戏剧文学的语言之美，要关注这三个方面。

1. 品味人物语言的个性化。个性化是受人物的年龄、性格、阅历、教养、环境等影响而形成的个性特点，表现在语言中就是那种符合人物身份特征的、在具体情境中源于口出于心的、与众不同的语言，它能准确表达人物的性格特征和思想情感。如《威尼斯商人》中，在围绕是否"照约处罚"的法庭辩争时夏洛克的一张嘴论战几张嘴，他词锋犀利、咄咄逼人，极富逻辑推理的论辩性。这不仅表现了夏洛克眼看胜券在握的洋洋自得、目空一切的狂妄心理，而且把这位贪婪吝啬、奸诈凶狠的高利贷者的性格特征入木三分地刻画了出来。可以说，是听其声则知其人。

2. 品味人物语言里的潜台词。潜台词是戏剧文学中人物语言所包含又未能表达出的言外之意，以最少的语言来表达最丰富的内容。它的使用节约了时间，体现了戏剧文学的高度集中性。好的潜台词总是以少胜多，一句话代替十几句甚至几十句话，让人听到弦外之音，品到话中有话，从而触及人物灵魂深处的隐秘，从有限的台词中获得丰富深刻的底蕴，给人以深广的想象空间，能起到一石多鸟之效。在阅读时，读者要还原人物语言背后的潜台词，体会人物语言的话中之话、言外之意，从而更全面地把握人物形象。比如《雷雨》中周朴园向鲁侍萍打听"自己的亲戚"梅侍萍的坟墓时，鲁侍萍反问"亲戚？"其实是说鲁侍萍根本不是周朴园的亲戚，他说的是骗人的鬼话。注意到了这一点，对于理解鲁侍萍与周朴园的矛盾冲突以及周朴园的形象特征都大有帮助。可见，戏剧语言的潜在意义是最丰富、微妙、复杂的。对于一出戏剧而言，如果我们只是看到剧本语言传达给我们的剧中人物的显性台词，而忽视了或者没有理解人物语言的潜台词，那就不算真正把握了人物的心灵世界。

3. 品味人物语言的动作性。动作性语言也叫情节性语言，是指人物的语言能够起推动或暗示故事情节发展的作用，它是人物性格在情节发展中内在力的体现。台词作为戏剧作品的语言，必须富有强烈的动作性，应该起到对手之间的相互影响和相互作用。因为戏剧语言的任务，不仅要表现人物自身的心理活动，而且要展开冲突、推动剧情的发展。如《雷雨》中周朴园与鲁侍萍相逢的一场戏，周朴园与鲁侍萍各怀心事而进行的一系列对话，把他们一连串紧张的内心冲突生动形象地刻画出来。一开始周朴园看到鲁侍萍有种似曾相识的感觉，便满腹狐疑地问道“你……你贵姓”，鲁侍萍“我姓鲁”那平稳的语调使周朴园舒了口气。紧接着鲁侍萍以平静的口吻诉说自己的悲惨遭遇时，被触痛隐私的周朴园不得不紧张地问道“你贵姓”，然而鲁侍萍尽管怀着沉痛的心情却依旧不卑不亢地回答“我姓鲁，老爷”，于是风浪又归于平静。当周朴园闻及梅侍萍还活着，他不由得万分恐惧，“忽然起立”逼问道“你是谁”，但鲁侍萍仍冷静凛然地回答“我是这儿四凤的妈，老爷”，使周朴园暂时得到了喘息。待鲁侍萍终于说明了自己就是梅侍萍时，周朴园终于撕开伪善的面具，严厉地问道“你来干什么”。在这场戏中，周朴园从最初的试探，到随后的奇怪惊愕，到最后的惶惶不安，他的语言鲜明地揭示了他渐趋紧张的内心活动，以强烈的动作性丰满了周朴园这一伪善者形象，推动了剧情的发展和冲突的展开。

阅读示例

1. 茶馆（节选）

老舍

【题解】

老舍（1899—1966），现代作家，原名舒庆春，字舍予，满族，北京人。出身于城市贫民家庭。1922 年发表第一篇短篇小说《小铃儿》。1924 年赴英国任中文讲师，正式开始创作生涯，陆续发表《老张的哲学》、《赵子曰》和《二马》三部描写市民生活的讽刺长篇小说。1930 年回到祖国，任齐鲁大学文学院副教授，并编辑《齐鲁月刊》。1934 年夏到山东大学任中国文学系教授。1936 年夏辞去教职，专事文学创作。1946 年 3 月应美国国务院邀请赴美讲学一年，后留美写作。1949 年底返回北京，1966 年被“四人帮”迫害致死。

老舍一生勤奋笔耕，小说创作甚丰，著有《骆驼祥子》、《四世同堂》、《正红旗下》等长篇小说，《月牙集》等短篇小说集。这些作品多以城市人民生活为题材，爱憎分明，有强烈的正义感；人物性格鲜明，细节刻画真实；能纯熟地驾驭语言，善于准确地运用北京话表现人物、描写事件，使作品具有浓郁的地方色彩和强烈的生活气息，因而 1951 年北京市人民政府授予他“人民艺术家”的光荣称号。

老舍解放后以戏剧创作为主，从1950年到1966年，他先后写了《方珍珠》、《龙须沟》、《春华秋实》、《茶馆》等剧本，其中《龙须沟》和《茶馆》最有代表性。完成于1957年的《茶馆》是他最成功的剧作，这部剧充分发挥了老舍的创作个性，具有高度的艺术价值和思想意义，不但在国内引起强烈的反响，而且以浓郁的民族特色在国际上赢得了极大声誉。1980年《茶馆》在西德、法国、瑞士等国演出时，轰动了欧洲，人们赞誉它是“带着中国民族风味的艺术”，是远东的戏剧奇迹。

《茶馆》一共三幕，下文节选的是第一幕的前半部分。

人物

王利发——男。最初与我们见面，他才二十多岁。因父亲早死，他很年轻就做了裕泰茶馆的掌柜。精明、有些自私，而心眼不坏。

唐铁嘴——男。三十来岁。相面为生，吸鸦片。

松二爷——男。三十来岁。胆小而爱说话。

常二爷——男。三十来岁。松二爷的好友，都是裕泰的主顾。正直，体格好。

马五爷——男。三十多岁。吃洋教的小恶霸。

刘麻子——男。三十来岁。说媒拉纤，心狠意毒。

康　六——男。四十岁。京郊贫农。

秦仲义——男。王掌柜的房东。在第一幕里二十多岁。阔少，后来成了维新的资本家。

庞太监——男。四十岁。发财之后，想娶老婆。

第一幕

时间　一八九八年（戊戌）初秋，康梁等的维新运动失败了。早半天。

地点　北京，裕泰大茶馆。

人物　王利发 刘麻子 庞太监 唐铁嘴 康六 小牛儿 松二爷 黄胖子 宋恩子 常四爷 秦仲义 吴祥子 李三 老人 康顺子 二德子 乡妇 茶客甲、乙、丙、丁 马五爷 小妞 茶房一二人

[幕启：这种大茶馆现在已经不见了。在几十年前，每城都起码有一处。这里卖茶，也卖简单的点心与饭菜。玩鸟的人们，每天在遛够了画眉、黄鸟等之后，要到这里歇歇腿，喝喝茶，并使鸟儿表演歌唱。商议事情的，说媒拉纤的，也到这里来。那年月，时常有打群架的，但是总会有朋友出头给双方调解；三五十口子打手，经调人东说西说，便都喝碗茶，吃碗烂肉面（大茶馆特殊的食品，价钱便宜，做起来快当），就可以化干戈为玉帛了。总之，这是当日非常重要的地方，有事无事都可以来坐半天。

[在这里，可以听到最荒唐的新闻，如某处的大蜘蛛怎么成了精，受到雷击。奇怪的意见也在这里可以听到，像把海边上都修上大墙，就足以挡住洋兵上岸。这里还可以听到某京戏演员新近创造了什么腔儿，和煎熬鸦片烟的最好的方法。这里也可以看到某人新得到的奇珍——一个出土的玉扇坠儿，或三彩的鼻烟壶。这真是个重要的地方，简直可以算

作文化交流的所在。

［我们现在就要看见这样的一座茶馆。

［一进门是柜台与炉灶——为省点事，我们的舞台上可以不要炉灶；后面有些锅勺的响声也就够了。屋子非常高大，摆着长桌与方桌，长凳与小凳，都是茶座儿。隔窗可见后院，高搭着凉棚，棚下也有茶座儿。屋里和凉棚下都有挂鸟笼的地方。各处都贴着"莫谈国事"的纸条。

［有两位茶客，不知姓名，正眯着眼，摇着头，拍板低唱。有两三位茶客，也不知姓名，正入神地欣赏瓦罐里的蟋蟀。两位穿灰色大衫的——宋恩子与吴祥子，正低声地谈话，看样子他们是北衙门的办案的（侦缉）。

［今天又有一起打群架的，据说是为了争一只家鸽，惹起非用武力解决不可的纠纷。假若真打起来，非出人命不可，因为被约的打手中包括着善扑营的哥儿们和库兵，身手都十分厉害。好在，不能真打起来，因为在双方还没把打手约齐，已有人出面调停了——现在双方在这里会面。三三两两的打手，都横眉立目，短打扮，随时进来，往后院去。

［马五爷在不惹人注意的角落，独自坐着喝茶。

［王利发高高地坐在柜台里。

［唐铁嘴趿拉着鞋，身穿一件极长极脏的大布衫，耳上夹着几张小纸片，进来。

王利发：唐先生，你外边遛遛吧！

唐铁嘴：（惨笑）王掌柜，捧捧唐铁嘴吧！送给我碗茶喝，我就先给您相相面吧！手相奉送，不取分文！（不容分说，拉过王利发的手来）今年是光绪二十四年，戊戌。您贵庚是……

王利发：（夺回手去）算了吧，我送你一碗茶喝，你就甭卖那套生意口啦！用不着相面，咱们既在江湖内，都是苦命人！（由柜台内走出，让唐铁嘴坐下）坐下！我告诉你，你要是不戒了大烟，就永远交不了好运！这是我的相法，比你的更灵验！

［松二爷和常四爷都提着鸟笼进来，王利发向他们打招呼。他们先把鸟笼子挂好，找地方坐下。松二爷文诌诌的，提着小黄鸟笼；常四爷雄赳赳的，提着大而高的画眉笼。茶房李三赶紧过来，沏上盖碗茶。他们自带茶叶。茶沏好，松二爷、常四爷向临近的茶座让了让。

松二爷
常四爷：您喝这个！（然后，往后院看了看）

松二爷：好像又有事儿？

常四爷：反正打不起来！要真打的话，早到城外头去啦；到茶馆来干吗？

［二德子，一位打手，恰好进来，听见了常四爷的话。

二德子：（凑过去）你这是对谁甩闲话呢？

常四爷：（不肯示弱）你问我哪？花钱喝茶，难道还教谁管着吗？

松二爷：（打量了二德子一番）我说这位爷，您是营里当差的吧？来，坐下喝一碗，我们也都是外场人。

二德子：你管我当差不当差呢！

常四爷： 要抖威风，跟洋人干去，洋人厉害！英法联军烧了圆明园，尊家吃着官饷，可没见您去冲锋打仗！

二德子： 甭说打洋人不打，我先管教管教你！（要动手）

[别的茶客依旧进行他们自己的事。王利发急忙跑过来。

王利发： 哥儿们，都是街面上的朋友，有话好说。德爷，您后边坐！

[二德子不听王利发的话，一下子把一个盖碗搂下桌去，摔碎。翻手要抓常四爷的脖领。

常四爷：（闪过）你要怎么着？

二德子： 怎么着？我碰不了洋人，还碰不了你吗？

马五爷：（并未立起）二德子，你威风啊！

二德子：（四下扫视，看到马五爷）喝，马五爷，你在这儿哪？我可眼拙，没看见您！（过去请安）

马五爷： 有什么事好好地说，干吗动不动地就讲打？

二德子： 嗻！您说得对！我到后头坐坐去。李三，这儿的茶钱我候啦！（往后面走去）

常四爷：（凑过来，要对马五爷发牢骚）这位爷，您圣明，您给评评理！

马五爷：（立起来）我还有事，再见！（走出去）

常四爷：（对王利发）邪！这倒是个怪人！

王利发： 您不知道这是马五爷呀！怪不得你也得罪了他！

常四爷： 我也得罪了他？我今天出门没挑好日子！

王利发：（低声地）刚才您说洋人怎样，他就是吃洋饭的。信洋教，说洋话，有事情可以一直地找宛平县的县太爷去，要不怎么连官面上都不惹他呢！

常四爷：（往原处走）哼，我就不佩服吃洋饭的！

王利发：（向宋恩子、吴祥子那边稍一歪头，低声地）说话请留点神！（大声地）李三，再给这儿沏一碗来！（拾起地上的碎瓷片）

松二爷： 盖碗多少钱？我赔！外场人不作老娘们事！

王利发： 不忙，待会儿再算吧！（走开）

[纤手刘麻子领着康六进来。刘麻子先向松二爷、常四爷打招呼。

刘麻子： 您二位真早班儿！（掏出鼻烟壶，倒烟）您试试这个！刚装来的，地道英国造，又细又纯！

常四爷： 唉！连鼻烟也得从外洋来！这得往外流多少银子啊！

刘麻子： 咱们大清国有的是金山银山，永远花不完！您坐着，我办点小事！（领康六找了个座儿）

[李三拿过一碗茶来。

刘麻子： 说说吧，十两银子行不行？你说干脆的！我忙，没工夫专伺候你！

康六： 刘爷！十五岁的大姑娘，就值十两银子吗？

刘麻子： 卖到窑子去，也许多拿一两八钱的，可是你又不肯！

康六： 那是我的亲女儿！我能够……

刘麻子： 有女儿，你可养活不起，这怪谁呢？

康六： 那不是因为乡下种地的都没法子混了吗？一家大小要是一天能吃上一顿粥，我要还想卖女儿，我就不是人！

刘麻子：那是你们乡下的事，我管不着。我受你之托，教你不吃亏，又教你女儿有个吃饱饭的地方，这还不好吗？

康六：到底给谁呢？

刘麻子：我一说，你必定从心眼里乐意！一位在宫里当差的！

康六：宫里当差的谁要个乡下丫头呢？

刘麻子：那不是你女儿的命好吗？

康六：谁呢？

刘麻子：庞总管！你也听说过庞总管吧？侍候着太后，红得不得了，连家里打醋的瓶子都是玛瑙做的！

康六：刘大爷，把女儿给太监作老婆，我怎么对得起人呢？

刘麻子：卖女儿，无论怎么卖，也对不起女儿！你胡涂！你看，姑娘一过门，吃的是珍馐美味，穿的是绫罗绸缎，这不是造化吗？怎样，摇头不算点头算，来个干脆的！

康六：自古以来，哪有……他就给十两银子？

刘麻子：遍了你们全村儿，找得出十两银子找不出？在乡下，五斤白面就换个孩子，你不是不知道！

康六：我，唉！我得跟姑娘商量一下！

刘麻子：告诉你，过了这个村可没有这个店，耽误了事可别怨我！快去快来！

康六：唉！我一会儿就回来！

刘麻子：我在这儿等着你！

康六：（慢慢地走出去）

【简析】

《茶馆》一共三幕，三幕刻画了三个可诅咒的时代。第一幕的时间是1898年，即戊戌变法失败后的晚清末年；第二幕写的是军阀混战的民国初年；第三幕写的是抗战胜利后解放战争爆发前夕的国民党反动统治时期。三幕戏犹如三帧风俗画卷，描绘了半封建半殖民地旧中国三个黑暗、病态、荒诞的社会发展片段，从历史的纵向和横向概括了50年社会历史发展过程和种种人物命运的变迁。它深刻地揭示出，在半封建半殖民地的旧中国，一切所谓的改良主义、个人奋斗、“实业救国”的道路都是行不通的。在《茶馆》的背后，一场光明与黑暗、正义与邪恶、新生与腐朽，正在进行着反复的较量，新的时代正在旧时代的没落中孕育着、发展着。

《茶馆》第一幕被曹禺称誉为“古今中外罕见的第一幕”，主要在于作者以“大茶馆小社会”的构思，创造了两个在世界戏剧史上罕见的情形：一是人物众多，在《茶馆》第一幕里光是有台词的人物就有22个；二是人物杂陈，在《茶馆》第一幕里，社会身分殊异的人物——上至在宫廷内当太监总管的权力人物、吃洋教的小恶霸，下至卖耳挖勺的老人、卖亲生女儿的穷人——同处一个舞台空间。而更不同凡响的是，所有这些人物都被剧作者描写得面目分明，让人难忘，从整体上呈现出了一幅时代的色彩斑驳的图案。

人物如此众多，又该如何驾驭作品结构的呢？老舍采取了“招之即来，挥之即去”的编剧手法。比如在节选部分里，有好几个仅仅出现在第一幕而又分量不小的戏剧人物，老舍需要他们出场，是因为通过他们的舞台亮相，可以鲜明地反映出剧本所表现的当时中国社会的本质特征。后面的舞台不需要这些人物了，就“挥之即去”。然而，尽管像马五爷、庞太监这样“招之即来，挥之即去”的人物，却都能给观众与读者留下深刻印象，这主要是因为老舍善于以一当十地选择让人物亮相的情节。第一幕的时代背景是戊戌变法失败，顽固派取得了“胜利”。怎么来表现这个腐朽的“胜利”呢？老舍选择了“太监娶媳妇”这个情节。反动派的腐朽与荒唐通过庞太监的腐朽与荒唐得到了充分的揭示。另一个重要原因是，老舍非常善于用语言（角色的台词）来塑造人物。老舍的台词是性格化的台词，是有行动性的台词。经典性的例子，便是第一幕马五爷的三句台词——“二德子，你威风啊！”、“有什么事好好地说，干吗动不动地就讲打？”、“我还有事，再见！”在剧本的人物表里，马五爷是“吃洋教的小恶霸”。这号人物有多大的能量呢？正在欺侮常四爷的“善扑营当差”的地痞流氓，一听到“二德子，你威风啊！”这话，连忙过去请安，低声下气地说：“马五爷，您在这儿哪？我可眼拙，没看见您！”老舍先生让马五爷只说短短的三句话，就把这个吃洋教的小恶霸的气焰表现了出来，也把压在中国人民头上的帝国主义这座大山强调了出来。

这种人像展览式的戏剧结构，以茶馆为舞台，在三个历史断面上对社会世态进行展览式的描绘。全剧不是以一人一事为主要线索构成贯穿始终的情节，而是以人物带动故事，把众多人物的生活片段巧妙地同作品的主题罗织在一起，组成若干幅时代的剪影，从更广阔的背景上反映了纷纭复杂的阶级关系和社会风貌，表现了鲜明的时代特征和社会心理。全剧的整体冲突是人民与旧时代的矛盾，因此剧情发展的动力不在舞台上的戏剧冲突，而在茶馆外大社会的风云变幻。剧中的每个人物都成为独立的故事线。主要人物王利发、常四爷、秦仲义等从青年写到老年，次要人物刘麻子、唐铁嘴、吴祥子等则采用两代相承的写法，每个人都说自己的话、做自己的事，又都与时代发生深刻的联系。所以，以刻画人物取胜是《茶馆》艺术结构的生命所在。

2. 哈姆雷特（节选）

[英国] 莎士比亚

【题解】

威廉·莎士比亚（1564—1616），文艺复兴时期英国剧作家、诗人，欧洲人文主义文学的集大成者。

莎士比亚生于英国中部一个富裕的杂货商之家。父亲破产后，他不得不离开学校，走上谋生之路。他帮父亲做过生意，当过肉店学徒，也曾在乡村学校教过书，还干过其他各种职业，这大大丰富了他的社会阅历。1586 年，莎士比亚来到了伦敦。他先在剧院当马夫、杂役，后来加入剧团，做过演员、导演、编剧，并最终成为剧院股东。从1594年起，他所属的剧团受到王宫大臣的庇护，称为“宫内大臣剧团”。从此，剧团除了巡回演出外，也常常在宫廷中演出，于是莎士比亚的剧本蜚声社会各界。

莎士比亚一生共写了三十七部戏剧、两部叙事长诗、一百五十四首十四行诗。代表剧作有四大悲剧：《哈姆雷特》、《奥赛罗》、《麦克白》、《李尔王》；四大喜剧：《威尼斯商人》、《仲夏夜之梦》、《皆大欢喜》、《第十二夜》；历史剧：《亨利四世》、《亨利五世》、《亨利六世》、《亨利八世》、《约翰王》、《里查二世》、《里查三世》。此外，还有《无事生非》、《罗密欧与朱丽叶》、《驯悍记》、《温莎的风流娘们》、《爱的徒劳》、《冬天的故事》等。这些剧作多取材于历史记载、小说、民间传说等已有材料，反映了英国从封建社会向资本主义社会过渡时期的历史现实，宣扬了新兴资产阶级的人道主义思想和人性论观点，塑造了众多栩栩如生的人物形象，描绘了广阔的、五光十色的社会生活图景，作品富有诗意和想象力，具有深刻的人生哲理和批判精神。

《哈姆雷特》是莎士比亚的代表剧作，创作于1601年，一共五幕。本书节选自第一幕第一、二场。

人物

克劳狄斯	丹麦国王
哈姆雷特	前王之子，今王之侄
霍拉旭	哈姆雷特之友
波洛涅斯	御前大臣
雷欧提斯	波洛涅斯之子
马西勒斯	军官
勃那多	军官
二小丑	掘坟墓者
葛特露	丹麦王后，哈姆雷特之母
奥菲利娅	波洛涅斯之女
哈姆雷特父亲的鬼魂	

第一幕

第一场 厄耳锡诺。城堡前的露台

弗兰西斯科立台上守望。勃那多自对面上。

勃那多： 那边是谁？

弗兰西斯科： 不，你先回答我；站住，告诉我你是什么人。

勃那多： 国王万岁！

弗兰西斯科： 勃那多吗？

勃那多： 正是。

弗兰西斯科： 你来得很准时。

勃那多：　现在已经打过十二点钟；你去睡吧，弗兰西斯科。
弗兰西斯科：　谢谢你来替我；天冷得厉害，我心里也老大不舒服。
勃那多：　你守在这儿，一切都很安静吗？
弗兰西斯科：　一只小老鼠也不见走动。
勃那多：　好，晚安！要是你碰见霍拉旭和马西勒斯，我的守夜的伙伴们，就叫他们赶紧来。
弗兰西斯科：　我想我听见了他们的声音。喂，站住！你是谁？

霍拉旭及马西勒斯上。

霍拉旭：　都是自己人。
马西勒斯：　丹麦王的臣民。
弗兰西斯科：　祝你们晚安！
马西勒斯：　啊！再会，正直的军人！谁替了你？
弗兰西斯科：　勃那多接我的班。祝你们晚安！（下）
马西勒斯：　喂！勃那多！
勃那多：　喂——啊！霍拉旭也来了吗？
霍拉旭：　有这么一个他。
勃那多：　欢迎，霍拉旭！欢迎，好马西勒斯！
马西勒斯：　什么！这东西今晚又出现过了吗？
勃那多：　我还没瞧见什么。
马西勒斯：　霍拉旭说那不过是我们的幻象。我告诉他我们已经两次看见这一可怕的怪象，他总是不肯相信；所以我请他今晚也来陪我们守一夜，要是这鬼魂再出来，就可以证明我们并没有看错，还可以叫他和它说几句话。
霍拉旭：　嘿，嘿，它不会出现的。
勃那多：　先请坐下；虽然你一定不肯相信我们的故事，我们还是要把我们这两夜来所看见的情形再向你絮叨一遍。
霍拉旭：　好，我们坐下来，听听勃那多怎么说。
勃那多：　昨天晚上，北极星西的那颗星已经移到了它现在的地方，时钟刚敲了一点，马西勒斯和我两个人——
马西勒斯：　住声！不要说下去；瞧，它又来了！

鬼魂上。

勃那多：　正像已故的国王的模样。
马西勒斯：　你是有学问的人，去和它说话，霍拉旭。
勃那多：　它的样子不像已故的国王吗？看，霍拉旭。
霍拉旭：　像得很；它使我心里充满了恐怖和惊奇。

勃那多：　它希望我们对它说话。

马西勒斯：　你去问它，霍拉旭。

霍拉旭：　你是什么鬼怪，胆敢僭窃丹麦先王出征时的神武的雄姿，在这样深夜的时分出现？凭着上天的名义，我命令你说话！

马西勒斯：它生气了。

勃那多：　瞧，它昂然不顾地走了！

霍拉旭：　不要走！说呀，说呀！我命令你，快说。（鬼魂下）

马西勒斯：　它走了，不愿回答我们。

勃那多：　怎么，霍拉旭！你在发抖，你的脸色这样惨白。这不是幻象吧？你有什么高见？

霍拉旭：　对着上帝起誓，倘不是我自己的眼睛向我证明，我再也不会相信这样的怪事。

马西勒斯：　它不像我们的国王吗？

霍拉旭：　正像你是你自己一样。它身上的那副铠甲，正是他讨伐野心的挪威王的时候所穿的；它脸上的那副怒容，活像他有一次在谈判决裂以后把那些乘雪车的波兰人击溃在冰上的时候的神气。怪事怪事！

马西勒斯：　前两次他也是这样不先不后地出现在这个静寂的时辰，用军人的步态从我们的眼前走过。

霍拉旭：　我不知道究竟应该怎样想；可是大概推测起来，这预兆着我们国内将要有一番非常的变故。

马西勒斯：　好吧，坐下来。谁要是知道的，请告诉我，为什么我们要有这样森严的戒备，使全国的军民每夜不得安息；为什么每天都在制造铜炮，还要向国外购买战具；为什么赶造大批船只，连星期日也不停止工作；这样夜以继日地辛苦忙碌，究竟为了什么？谁能告诉我？

霍拉旭：　我可以告诉你；至少一般人都这样传说。他的形象还像刚才出现的我们那位已故的王上，你们知道，他曾经接受骄矜好胜的挪威的福丁布拉斯的挑战。在那一次决斗中间，我们的勇武的哈姆雷特——他的英名是举世称颂的——把福丁布拉斯杀死了。按照双方根据法律和骑士精神所订立的协定，福丁布拉斯要是战败了，除了他自己的生命以外，必须把他所有的一切土地拨归胜利的一方；同时我们的王上也提出相当的土地作为赌注，要是福丁布拉斯得胜了，那土地也就归他所有，正像在同一协定上所规定的，他失败了，哈姆雷特可以把他的土地没收一样。现在要说起那位福丁布拉斯的儿子，他生得一副未经锻炼的烈火也似的性格，已经在挪威四境召集了一群无赖之徒，供给他们衣食，驱策他们去干冒险的勾当。他的惟一的目的，我们的当局看得很清楚，无非是要用武力和强迫性的条件，夺回他父亲所丧失的土地。照我所知道的，这就是我们种种准备的主要动机，我们这样戒备的唯一原因，也是全国所以这样慌忙骚乱的缘故。

勃那多：　我想正是为了这个缘故。我们那位王上在过去和目前的战乱中间，都是一个主要的角色，所以无怪他的武装的形象要出现向我们示警了。

霍拉旭：　那是扰乱我们心灵之眼的一点微尘。从前在富强繁盛的罗马，在那雄才大略的裘力斯·凯撒遇害以前不久，披着殓衾的死人都从坟墓里出来，在街道上啾啾鬼语，星辰拖着火星，露水带血，太阳变色，支配潮汐的月亮被吞蚀得像一个没有起色的病人；这一类预报重大变故的征兆，在我们国内也已经屡次出现了。可是不要响！瞧！瞧！它又来了！

鬼魂重上。

霍拉旭：　我要挡住它的去路，即使它会害我。不要走，鬼魂！要是你能出声，会开口，对我说话吧；要是我有可以为你效劳之处，使你的灵魂得到安息，那么对我说话吧；要是你预知祖国的命运，靠着你的指示，也许可以及时避免未来的灾祸，那么对我说话吧；或者你在生前曾经把你搜括得来的财宝埋藏在地下，听见人家说，鬼魂往往在他们藏金的地方徘徊不散，（鸡啼）要是有这样的事，你也对我说吧；不要走，说呀！拦住它，马西勒斯。

马西勒斯：　要不要用我的戟刺它？

霍拉旭：　好的，要是它不肯站定。

勃那多：　它在这儿！

霍拉旭：　它在这儿！（鬼魂下）

马西勒斯：　它走了！我们不该用暴力对待这样一个尊严的亡魂；因为它是像空气一样不可侵害的，我们无益的打击不过是恶意的徒劳。

勃那多：　它正要说话的时候，鸡就啼了。

霍拉旭：　于是它就像一个罪犯听到了可怕的召唤似的惊跳起来。我听人家说，报晓的雄鸡用它高锐的啼声，唤醒白昼之神，一听到它的警告，那些在海里、火里、地下、空中到处浪游的有罪的灵魂，就一个个钻回自己的巢穴里去；这句话现在已经证实了。

马西勒斯：　他正是在鸡鸣的时候隐去的。有人说，在我们每次欢庆圣诞之前不久，这报晓的鸟儿总会彻夜长鸣；那时候，他们说，没有一个鬼魂可以出外行走，夜间的空气非常清净，没有一颗星用毒光射人，没有一个神仙用法术迷人，妖巫的符咒也失去了力量，一切都是圣洁而美好的。

霍拉旭：　我也听人家这样说过，倒有几分相信。可是瞧，清晨披着赤褐色的外衣，已经踏着那边东方高山上的露水走过来了。我们也可以下班了。照我的意思，我们应该把我们今夜看见的事情告诉年轻的哈姆雷特；因为凭着我的生命起誓，这一个鬼魂虽然对我们不发一言，见了他一定有话要说。你们以为按着我们的交情和责任说起来，是不是应当让他知道这件事情？

马西勒斯：　很好，我们决定去告诉他吧；我知道今天在什么地方最容易找到他。（同下）

第二场 城堡中的大厅

国王、王后、哈姆雷特、波洛涅斯、雷欧提斯、伏底曼德、考尼律斯、群臣、侍从等上。

国王：虽然我们亲爱的王兄哈姆莱特新丧未久，我们的心里应当充满了悲痛，我们全国都应当表示一致的哀悼，可是我们凛于后死者责任的重大，不能不违情逆性，一方面固然要用适度的悲哀纪念他，一方面也要为自身的利害着想；所以，在一种悲喜交集的情绪之下，让幸福和忧郁分据了我的两眼，殡葬的挽歌和结婚的笙乐同时并奏，用盛大的喜乐抵消沉重的不幸，我已经和我旧日的长嫂，当今的王后，这一个多事之国的共同的统治者，结为夫妇；这一次婚姻事先曾经征求过各位的意见，多承你们诚意的赞助，这是我必须向大家致谢的。现在我要告诉你们知道，年轻的福丁布拉斯看轻了我们的实力，也许他以为自从我们亲爱的王兄驾崩以后，我们的国家已经瓦解，所以挟着他的从中取利的梦想，不断向我们书面要求把他的父亲依法割让给我们英勇的王兄的土地归还。这是他一方面的话。现在要讲到我们的态度和今天召集各位来此的目的。我们的对策是这样的：我这儿已经写好了一封信给挪威国王，年轻的福丁布拉斯的叔父——他因为卧病在床，不曾与闻他侄子的企图——在信里我请他注意他的侄子擅自在国内征募壮丁，训练士卒，积极进行各种准备的事实，要求他从速制止他的进一步的行动；现在我就派遣你，考尼律斯，还有你，伏底曼德，替我把这封信送给挪威老王，除了训令上所规定的条件以外，你们不得僭用你们的权利和挪威成立逾越范围的妥协。你们赶紧去吧，再会！

考尼律斯
伏底曼德：我们敢不尽力执行陛下的旨意。

国王：我相信你们的忠心；再会！（伏底曼德、考尼律斯同下）现在，雷欧提斯，你有什么话说？你对我说你有一个请求；是什么请求，雷欧提斯？只要是合理的事情，你向丹麦王说了，他总不会不答应你。你有什么要求，雷欧提斯，不是你未开口我就自动许给了你？丹麦王室和你父亲的关系，正像头脑之于心灵一样密切；丹麦国王乐意为你父亲效劳，正像双手乐于为嘴效劳一样。你要些什么，雷欧提斯？

雷欧提斯：陛下，我要请求您允许我回到法国去。这一次我回国参加陛下加冕的盛典，略尽臣子的微忱，实在是莫大的荣幸；可是现在我的任务已尽，我的心愿又向法国飞驰，但求陛下开恩允准。

国王：你父亲已经答应你了吗？波洛涅斯怎么说？

波洛涅斯：陛下，我却不过他几次三番的恳求，已经勉强答应他了；请陛下放他去吧。

国王：好好利用你的时间，雷欧提斯，尽情发挥你的才能吧！可是，来，我的侄儿哈姆雷特，我的孩子——

哈姆雷特：（旁白）超乎寻常的亲族，漠不相干的路人。

国王：为什么愁云依旧笼罩在你的身上？

哈姆雷特：不，陛下，我已经在太阳里晒得太久了。

王后：好哈姆雷特，脱下你的黑衣，对国王应该和颜悦色一点；不要老是垂下了眼皮，在泥土之中找寻你的高贵的父亲。你知道这是一件很普通的事情，活着的人谁都要死去，从生存的空间踏进了永久的宁静。

哈姆雷特：嗯，母亲，这是一件很普通的事情。

王后：既然是很普通的，那么你为什么瞧上去好像老是这样郁郁于心呢？

哈姆雷特：好像，母亲！不，是这样就是这样，我不知道什么"好像"不"好像"。好妈妈，我的墨黑的外套、礼俗上规定的丧服、难以吐出来的叹气、像滚滚江流一样的眼泪、悲苦沮丧的脸色，以及一切仪式、外表和忧伤的流露，都不能表示出我的真实的情绪。这些才真是给人瞧的，因为谁都可以做作成这种样子。它们不过是悲哀的装饰和衣服；可是我的郁结的心事却是无法表现出来的。

国王：哈姆雷特，你这样孝思不匮，原是你天性中纯笃过人之处；可是你要知道，你的父亲也曾失去过一个父亲，那失去的父亲自己也失去过父亲；那后死的儿子为了尽他的孝道，必须有一个时期服丧守制，然而固执不变的哀伤，却是一种逆天悖理的愚行，不是堂堂男子所应有的举动；它表现出一个不肯安于天命的意志，一个经不起艰难痛苦的心，一个缺少忍耐的头脑和一个简单愚昧的理性。既然我们知道那是无可避免的事，无论谁都要遭遇到同样的经验，那么我们为什么要这样固执地把它介介于怀呢？嘿！那是对上天的罪戾，对死者的罪戾，也是违反人情的罪戾；在理智上它是完全荒谬的，因为从第一个死了的父亲起，直到今天死去的最后一个父亲为止，理智永远在呼喊："这是无可避免的。"我请你抛弃了这种无益的悲伤，把我当作你的父亲；因为我要让全世界知道，你是王位的直接的继承者，我要给你的尊荣和恩宠，不亚于一个最慈爱的父亲之于他的儿子。至于你要回到威登堡去继续求学的意思，那是完全违反我们的愿望的；请你听从我的劝告，不要离开这里，在朝廷上领袖群臣，做我们最亲近的国亲和王子，使我们因为每天能够看见你而感到快乐。

王后：不要让你母亲的祈求全归无用，哈姆雷特；请你不要离开我们，不要到威登堡去。

哈姆雷特：我将要勉力服从您的意志，母亲。

国王：啊，那才是一句有孝心的答复；你将在丹麦享有和我同等的尊荣。御妻，来。哈姆雷特这一种自动的顺从使我非常高兴；为了表示庆祝，今天丹麦王每一次举杯祝饮的时候，都要放响高入云霄的祝炮，让上天应和着地上的雷鸣，发出欢乐的回声。来。（除哈姆雷特外均下）

哈姆雷特：啊，但愿这一个太坚实的肉体会融解、消散，化成一堆露水！或者那永生的真神未曾制定禁止自杀的律法！上帝啊！上帝啊！人世间的一切在我看来是多么讨厌、陈腐、乏味而无聊！哼！哼！那是一个荒芜不治的花园，长满了恶毒的莠草。想不到居然会有这种事情！刚死了两个月！不，两个月还不满！这样好的一个国王，比起当前这个来，简直是天神和丑怪；这样爱我的母亲，甚至于不愿让天风吹痛了她的脸。天地啊！我必须记着吗？嘿，她会偎依在他的身旁，好像吃了美味的食物，格外促进了食欲一般；可是，只有一个月的时间，我不能再想下去了！脆弱啊，你的名字就是女人！短短一个月以前，她哭得像个泪人儿似的，送我那可怜的父亲下葬；她在送葬的时候所穿的那双鞋子现在还没有破旧，她就，她就——上帝啊！一头没有理性的畜生也要悲伤得长久一些——她就嫁给了我的叔父，我的父亲的弟弟，可是他一点不像我的父亲，正像我一点不像赫剌克勒斯一样。只有一个月的时间，她那流着虚伪之泪的眼睛还没有消去红肿，她就嫁了人了。啊，罪恶的匆促，这样迫不及待地钻进了乱伦的衾被！那不是好事，也不会有好结果；可是碎了吧，我的心，因为我必须噤住我的嘴！

……

【简析】

《哈姆雷特》既是莎士比亚戏剧艺术成熟的标志，也是莎士比亚人文主义思想的集中体现。"一千个人就有一千个哈姆雷特"，作品在吸引人们阅读的同时，也带给人们非同一般的艺术享受。

剧作描述了丹麦王子哈姆雷特对谋杀他的父亲、骗娶他的母亲并篡夺了王位的叔父进行复仇的故事。哈姆雷特这一典型形象体现了作者的人文主义理想，剧作家通过描写他与现实之间的不可调和的矛盾，他在复仇过程中的犹豫彷徨、忧伤苦闷，及其惨遭失败的悲剧结局，深刻地反映了人文主义者要求冲破封建势力束缚的强烈愿望，揭示出英国早期资产阶级的局限性。而正是哈姆雷特的这种人文主义理想与现实的不可调和的矛盾，导致了他人生悲剧的必然。

《哈姆雷特》一剧广泛而深刻地反映了16至17世纪之间的社会生活，从宫廷到家庭、从军士守卫到人民造反、从深闺到墓地、从剧场到比武场，这么广阔的社会背景，构成主人公的典型环境。这一以反映封建社会解体、资产阶级方兴未艾时代的英国平民社会的五光十色为背景的典型环境，很能衬托出主人公性格的形成及其变化。

情节的生动性和丰富性是莎士比亚戏剧的一大特色，他的戏剧常常包含几条平行的或者交错的情节。《哈姆雷特》一剧中有三条复仇的情节交织在一起，而以哈姆雷特为父复仇为主线，以雷欧提斯和福丁布拉斯为副线的三条线相互联系，又彼此衬托。在复仇情节之外，剧中写了哈姆雷特和奥菲利娅之间的不幸的爱情；写了哈姆雷特和霍拉旭之间的真诚的友谊以及罗森格兰兹、吉尔登斯吞对哈姆莱特的友谊的背叛；还写了御前大臣波洛涅斯一家父子兄妹之间的关系。所有这些又都起着充实、推动主要情节的作用。

人物的个性化塑造是莎士比亚有划时代意义的艺术成就。在他以前的古代、中世纪的戏剧，人物多是类型化的。本剧中尽管人物众多，但各具性格特点。哈姆雷特和克劳狄斯不仅在政治上和思想上是对立的，性格也适成对比，一个是内向性的，一个是外向性的；

哈姆雷特和奥菲利娅也成对比，一个佯狂，一个真疯。哈姆雷特、雷欧提斯和福丁布拉斯三个贵族青年都有为父复仇的心事，而性格各异，做法各不相同。雷欧提斯为报私仇，利用民众对王室的不满，他只问目的，不择手段，也不顾后果，只有个人的恩怨。同哈姆雷特相比，就显得简单鲁莽。哈姆雷特性格的特点是忧郁，但不是一成不变。他起初本是无忧无虑、抱负非凡的时代新青年，遭到惨变之后便陷入忧郁，最后从忧郁中解脱出来，成了决断决行的豪爽性格。因此，他在不同时期有不同的个性。总之，莎士比亚创造的人物很多，都有其独特的个性，其中有不少在世界文学中传为不朽的典型。

语言丰富有力也是莎剧动人的力量所在。《哈姆雷特》一剧主要用无韵诗体写成，又结合了散文、有韵诗句和抒情歌谣等，不同的文体在剧中起着不同的作用。莎士比亚按照人物的身份与处境的不同而使用不同的语言，文雅或粗俗，哲理或抒情，目的都是为了更有助于表现人物。人物不同，所用的语言都各如其人。同是一个哈姆雷特，装疯时的语言与平时的也各不同。丰富的语言无疑增强了作品的魅力。

思考与练习

1. 你怎么认识戏剧创作的“三一律”？结合《茶馆》谈谈作家在遵守“三一律”的前提下，在创作中可以作哪些方面的创新？

2.《哈姆雷特》中，作家从哪些方面来刻画哈姆雷特人文主义者的形象特征的？

第六章　影视文学的阅读

第一节　认识影视文学

影视艺术是一种综合艺术，它综合运用文学、绘画、音乐、舞蹈、建筑、雕塑、戏剧等各种艺术形式，用运动着的画面和声音讲述已作了专门安排的故事。

影视文学指作者创作的供影视拍摄用的文学剧本。影视文学作者将日常生活中一些可视、可听的场景，进行提炼、加工、剪裁，组接成一个个生动精彩的生活段落，用简洁流畅的文字做出叙述和说明，既能给导演、演员、美术、剪辑、服装、化装、道具、照明等影视制作人员做蓝本，又能供广大影视爱好者阅读。它的创作有的是从生活中直接取材编写，有的则是对其他文艺作品的改编。

影视艺术是现代科学技术和现代生活方式发展到一定阶段的综合艺术。20 世纪以来，影视从无声到有声、从黑白到彩色、从平面到立体、从宽银幕到全息、从模拟化到数字化，它伴随着物理学、化学、光学、电子学等科学技术的最新成就而进步，成为了一种改变人类的生活方式和审美方式，对当今世界影响最大、受众最多的一种艺术门类。影视文学也随之日益繁荣。

根据不同的标准，可以对影视文学做出不同的分类。

根据剧本主要内容的不同，可以将影视文学分为喜剧、武打剧、间谍剧、灾难剧、战争剧、侦探剧、音乐舞蹈剧等。

喜剧以笑激发观众爱憎，鞭笞社会中的丑恶落后现象，歌颂美好生活和进步事物，常见的有歌颂性喜剧和讽刺性喜剧，如《花好月圆》、《刘老根》等。

武打剧主要表现中国传统武术的博大精深，把中国式的各种流派的拳术、杂技、京剧武打以及滑稽戏等融合起来，形成了自己独特的风格。我国拍摄的武打剧有《少林寺》、《武林志》、《卧虎藏龙》、《十面埋伏》等。

间谍剧是以刺探和攫取政治、经济、军事、科技情报的间谍活动为题材的影片。多数间谍剧与军事斗争有密切关系，突出渲染间谍和反间谍人员机智勇敢、克敌制胜的英雄主义精神，最有代表性的间谍剧是《007》系列。

灾难剧反映人类巨大灾难，比如《泰坦尼克号》、《天崩地裂》。

战争剧以战争为主要内容。常见的战争剧有两类，一种以塑造人物形象为主，通过战争来刻画人物的思想性格，如美国影片《巴顿将军》；另一种主要通过情节形象地表现重大军事历史，比如反映解放战争的影片《辽沈战役》、《淮海战役》和《平津战役》。

侦探剧以侦探为中心人物，以刑事案件的发生、侦破为故事线索，大多描写侦探如何运用智慧、胆略和侦查技巧。一般都具有离奇曲折的情节和强烈的悬念。侦探片的兴起与19世纪末欧美盛行的侦探小说有密切的关系。侦探剧是电影史上较早出现的剧本种类。

音乐舞蹈剧以音乐生活为题材，或音乐在作品中占有很大比重。它一般以音乐家、歌唱家或舞蹈家的事迹为对象，比如《出水芙蓉》、《阿诗玛》等。

根据篇幅的不同，电视剧本可分为电视短剧（亦称电视小品）、电视连续剧（一般为2～10集）、长篇电视连续剧（一般为10集以上，如《红楼梦》）。电影剧本可分为单本剧、系列剧。电影剧本大多为单本剧，系列剧有《007》、《远东特谴队》等。

根据形式与功能的不同，影视文学有文学剧本与分镜头剧本之分，二者形式不同、功能不同。文学剧本是供拍摄影视作品用的脚本，文字简练，富有形象性。然而，要拍摄电影．还必须把文学剧本改编成分镜头剧本，把文学剧本的内容分为一个个要拍摄的镜头，以便着手进行拍摄。

第二节　影视文学的艺术特征

影视艺术的独特形式，决定了影视文学具有综合性、运动性等艺术特征。

一、综合性

影视文学虽然是作者在平面上的写作，但在构建它的内容时是综合、立体的，声音、光线、道具等影视因素都统一纳入剧本之中。

剧本中所涉及的声音要素除了现实环境中的一切音响外，还包括对白、旁白或独白、音乐（包括电影所不可缺少的主题曲）等，这些声音要素无疑是渲染和烘托气氛的重要手段，能够成为影片的节奏基础，或者升华和强化影片的主题情感。有时候，银幕上的“无声”或“静音”的状态也能起到强化造型的作用，达到“此处无声胜有声”的效果。比如《钢铁是怎样炼成的》中表现保尔·柯察金在陷入生存危机，自杀未成，面临重大的人生抉择时的一个镜头：保尔寻访旧地，渐渐地恢复了生活的信心。此时，他推开一道门，黑暗中门轰然倒地，光明与黑暗形成强烈的对峙。长时间的“无声”状态恰到好处地表现了保尔所经受的艰难人生抉择和痛苦的思想斗争。

一个剧本是否成功的一个重要衡量标准是声音和画面是否得到了很好的结合，听觉因素与视觉因素是否融合成为一个有机的整体。除此之外，光线的使用、道具的布置等影视因素都会影响影视作品的艺术效果。

二、运动性

影视作品的最小结构单位是影视镜头。影视镜头是摄影机或摄像机从开拍到停止所拍下的全部影像。一部影视作品一般由几百个到几千个影视镜头组合、剪辑而成。美国经典影片《魂断蓝桥》有59个镜头，国产影片《天云山传奇》有951个镜头。

影视镜头的内容是一个活动的画面。在镜头中，拍摄对象在运动，摄影(像)机自身也在运动。拍摄对象的运动，使影视表现对象能呈现直观的形象和变化的过程。摄影(像)机的运动，能使摄影(像)机迫近人物，利用特写、近景镜头，把演员的言行和神态做放大处理，把演员微妙细致的情绪和动作生动、直观地演示出来。影视镜头的这种运动性产生了强大的视觉形象感染力，使影视文学具有独特的艺术魅力。

影视镜头的活动画面同时结合着声音，这是构成影视镜头艺术表现力和反映生活的逼真性的特殊手段。活动画面的声音有三种：对话(包括旁白)、音乐(包括歌曲)和音响效果。这种声音可以和画面上的内容同步对位，也可以和画面内容相互分离。同步对位使人物言行更完整、清晰地展示出来；而画面与声音的相互分离将增大镜头画面的信息含量，产生特殊的艺术审美效果，给人一种言已尽、意无穷的体验。

三、蒙太奇

蒙太奇是音译外来词，其法语来源词的本义是构成、装配，在影视语言中指剪辑和组合，也就是狭义上所指的画面、声音、色彩等诸多元素的编排组合。影视作者写出完整的影视文学剧本，导演或编剧据此写出分镜头剧本，一个个的、长短不一的镜头按照原来的创作构思有机组合起来，镜头与镜头之间产生连贯、呼应、悬念、对比、暗示等作用，形成各有组织的片段、情节直至一部完整作品，这就是影视制作中的蒙太奇方式。蒙太奇是影视艺术得以生存、发展的特殊、神奇的艺术方式，是影视艺术独特的艺术特征。

在使用蒙太奇之前，每个镜头都有自身的涵义，当两个镜头组合到一起后，将产生第三种涵义。如有两个这样的镜头：①一列火车上一个女人被捆绑着；②一个强壮的青年骑着一匹马在飞奔。当①与②组合在一起就不只有一个被抓、一个在骑马的涵义，而是产生了爱森斯坦所说的“新质的意象”——它使人联想到被捆的女人与骑马的男子之间有某种因果联系——青年男子正奋不顾身来抢救被捆女子。两个镜头组接在一起时所表达的涵义要超过两个镜头本身之和的原因，在于两个镜头联结在一起时对观众的心理造成冲击并诱发联想。当观众看到第一个镜头的内容时，他不仅在视觉上留下了印象，而且在大脑里也记住了已经发生的事情。当第二个镜头出现时，他大脑里记住的第一个镜头的事情在心理联想的瞬间作用下，被联系起来进行思维运动而产生新的心理意象。

四、视像性

影视的主要表现形式是视听，观众主要就是通过观看影视的画面来了解影视内容的。画面是影视语言的基本元素，它是影视文学的原材料，它决定了视像性成为影视文学的基本特征。在影视剧本中，必须尽量使抽象的文字信息，转化为具象的图像信息，使文本具有很强的视觉效果和画面感。视像性要求作品的形象具有明确、具体、富于造型的表现力等特点。无论是情节发展、人物塑造和环境展示，在影视文学之中都应避免使用冗长的对话和说明性语言，剧本的主要着力点在于创造能给人以鲜明视觉感的形象。只有这样，影视文学才能顺利地转化为银幕、屏幕形象。

影视应当最大限度地用画面来表达效果，虽然影视中的人物对话是叙述故事的重要依据，但有时银幕虽然只有人物，没有对话，可是在加上情景交融的画面，配上强烈的音响之后，反而能收到此处无声胜有声的效果。这种无言的艺术意境，就是影视文学所特有的语言。比如电影《焦裕禄》中有这样一个镜头：焦裕禄初到兰考，在第一次县委会上，他带领全县主要领导到车站开现场会，看见成百上千的老乡顶着大雪坐在地上就要离乡背井的情景，雪花飘飞，没有一个人说话，有的只是悲伤、眷念而又不得不强压乡愁的冷漠的张张瘦脸。那场面，怎能不让人深深感到20世纪60年代初期，兰考这个地方是多么的贫穷啊！落在干部们身上的担子又是多么的沉重啊！影视语言独具的艺术表现力由此可见。

一部影视片是否成功，影视语言是否丰富是其重要标志。比如英雄壮烈牺牲的镜头，许多片子就用的是没有人物活动的空镜头，用大海狂涛、青松挺立等富有喻意的事物来加强表达效果，而不是让人物临死前还来一通交待似的对话描写。这就是影视语言视像性特征所要求必须遵循的一条重要准则：注重画面，尽量做到减少对话。

第三节　如何阅读影视文学

影视文学阅读不是一个简单的阅读过程，而是伴随着复杂心理活动和情感活动的审美再创造过程，它是读者与作品之间的情感对话。

影视文学的阅读过程与作品的层次相对应，是一个由浅入深、由表及里的过程。一般来说，读者需要从以下几个方面来进行操作实践：

一、根据作品类型阅读

影视文学作品类型不同，对其进行阅读的操作原则也就不同。

对写实主义影视文学作品的阅读，基本的操作原则和程序是：检验作品中的一切构成要素，至少是主要和重要的方面，看是否符合生活的真实；对于作品中人物的性格、行为、思想表现，要看其是否符合现实生活中人们的原生态真相；考察作品的环境与时代背景是否有现实的具体性和准确性，是否足以成为人物表现的客观现实依据；从作品的情节和场面分析其所蕴涵的思想内涵，结合自身的生活经验与认识加以印证、辨识、评判。

浪漫主义影视文学作品多带有游戏或幻想的性质，阅读时则不应使用生活真实的标准去要求它，不能“坐实”；作品的思想倾向往往带有传统的印记，所以也不必要求它有“现代观念”；作品本身是封闭的、单一实体的，也不必刻意从其影像或影视形象的具体表现中去附会抽象的内涵。

表现主义影视文学作品有其鲜明的艺术特征，比如重主观轻客观、重理性轻感性、重本质轻现象、重精神轻表象、重抽象轻具体、重整体轻局部、重宏观轻微观、重形式轻内容等，在阅读时要清醒地意识到它的这些特征，并作为自己鉴赏时的重要参照依据。还要注意从作品本身的创作原则出发，不用单纯的生活真实和艺术真实观念作为基本标准来衡量这类作品，不要求作品具有具体的、符合逻辑的、存在因果链条的真实性。应当肯定作品在思想观念和艺术表现上的创新性与进步性，接受作品对生活与艺术现实的适度超越，看到或预见到作品的实践与探索对社会生活和艺术发展的深远影响。

二、深入领会作品主题

影视文学作品的价值取决于它的主题，所以阅读时深入作品、领会作品的主题是非常重要的环节。

影视文学作品的主题一般在剧情高潮或结尾处出现，且一般采用蒙太奇中的隐喻性手法或对比性手法。如日本影片《望乡》的结尾，当女记者来到被日本政府榨干血肉、老死异国的“南洋姐”们的坟地时，剧本中设置了一个个阴惨惨的坟墓碑都“背乡”而立的场景。她们充当国妓卖身异地，苦苦思乡又自觉无颜回乡，甚至死后也无颜“望乡”！这个蒙太奇手法寄寓了作品强烈而冷峻的主题，揭露了日本军国主义给人们带来的巨大创痛，让人死不得息！再如在电影文学剧本《鸦片战争》的结尾，以备受屈辱签订割让租借香港条约的画面与一百五十多年后中国政府恢复对香港行使主权画面作对比，表现出巨大的历史跨度和深刻的历史内涵。

有一些作品突出主题的地方不出现在剧情结尾或高潮处，而是有机地穿插在一些抒情色彩浓郁的画面里，以特定的音响、光线、色彩来寄托、表现某种主题。前苏联电影文学作品《这里的黎明静悄悄》中作者所设计的战争场面全是用黑白画面来表现的，而对战前幸福和平生活的回忆，全都是用彩色的无声画面，显得特别朦胧、绚丽、恬静。在黑白与彩色的对比、有声与无声的对比中，强烈地渲染、烘托了该作品热爱和平、反对法西斯战争的深刻主题。

三、鉴赏作品中的主要人物

人物是影视文学艺术创作的核心，也是作品主题的艺术载体。一部优秀的影视文学作品，必定有一个或几个血肉饱满的人物形象，这是读者阅读、鉴赏作品时的重点内容。一般来说，鉴赏影视文学中的人物形象从人物出场和人物言行两方面入手。

影视文学中主要人物的登场亮相非常重要。影视文学中的人物出场可分为“冲突型”、“铺垫型”、“烘托型”等几种类型。“冲突型”亮相，可以迅速展开性格冲突，吸引读者的注意力，创造强烈而令人震撼的艺术魅力。如电视剧本《水浒传》中的武松景阳冈打虎，一开始就设计了武松与店家喝酒、上岗等一系列冲突，激发了读者对武松这个人物的兴趣，吸引读者继续读下去，了解情节的发展与人物命运的起伏变化情况。“铺垫型”亮相一般精心设计层次与过程，层层点染，造足声势，让读者“未见其人，先闻其声”，一闻其声，想见其人。比如电视剧本《红楼梦》中的王熙凤出场，先是笑语让林黛玉惊讶于其放诞无礼，接着是王熙凤浓妆艳抹的形象描绘，然后是贾母的介绍，但最精彩的是王熙凤自己的种种“表演”，经过一层一层地点染之后，一个活生生的人物跃然纸上。“烘托型”也称“对比型”，指人物出现时，虽无冲突，但有性格、角色的对比烘托，如电视剧本《水浒传》中的林冲与鲁智深，一个儒雅而勇武内敛，一个粗豪而勇力外现，两个人先后亮相，因鲁智深在野猪林救助林冲而命运交错在一起。这样的内容能够立即抓住读者的心理，让读者既欣赏他们的义气与友情，又为他们的命运担忧。

影视文学中人物的语言具有个性化、动作化的特征。阅读、品味作品通过特定情境表现出来的人物语言，读者不但可以领略到作品塑造人物性格的艺术美，欣赏人物内心活动，甚至可以把握剧情发展的节奏。至于人物动作的阅读与欣赏，可以从人物外部动作和心理动作两方面入手。如电视剧本《水浒传》中鲁智深力拔垂杨柳一场戏，人物豪气冲天的心理状态与“力拔山兮气盖世”的外部勇力达到了一致，人物性格非常鲜明，给人的印象特别深刻。

四、熟悉影视语言，了解蒙太奇手法的运用

蒙太奇作为影视艺术的特殊语言，是影视艺术区别于其他艺术形式的最主要手段，是影视艺术存在的基础。蒙太奇手法的运用，就是将一个个小的镜头组成一个片段；然后再把一个个片段连接起来，形成大的段落部分；最后再将这些段落部分组合，形成一部影视文学作品。它顺应读者生活及其视觉上的逻辑，还符合读者感性和理性的逻辑，让影视文学作品读起来充满节奏感，让读者感到新奇而合理。了解蒙太奇手法的特点与运用方法，阅读影视文学作品时可以更好地了解作品所创造的艺术内容。

蒙太奇显示时空的跳接，时间是点和点的衔接，不同于镜头从 A 到 B 进行线性移动，蒙太奇所呈现的时间是导演严格摘取的一个个点。比如先有一个镜头出现两个人面对面的画面，紧接一个镜头是其中一个人的表情特写，读者藉由这个人的表情，可以知道另一个人的动作，虽然那个人并未出现于画面。其次，蒙太奇强调的是一件事发展后的结果，比如一个女人在酒廊与别人争吵，紧接一个镜头是她已死在卧室，镜头强调的是争吵后的下场，作者对结局的考虑超过她被谋杀的过程。在此蒙太奇手法凸显了事件结果所带来的视觉冲击，先使读者瞬间知道死的结局，再让读者看到客厅内凌乱的场面，由此倒溯缘由和场景。此外，在阅读时还要思考作者使用蒙太奇手法的意图。科波拉的《吸血鬼》中有一个情节，先是吸血鬼的头被砍了之后飞了出去的镜头，镜头跟拍到头要落下时剪接上晚餐时盘子上的一大块肥肉，给读者一种头落到盘子上变成一块食物的感觉，作者通过这些镜头的组合所要表达的是弱肉强食的隐喻。

五、品味作品中的景物、道具

景物与道具直接或间接为刻画人物性格服务，在影视文学作品中常常发挥着无可替代的作用，可谓是不会说话的演员。

品味作品中出现的景物，要注意它们在表达影视文学作品的时间、地点、时代、风俗、人物、氛围方面的独特艺术价值。具体来说，可以利用景物的状态变化来预示事件的发展方向，比如影片《辽沈战役》的开头，大碾子滚动、玉米被碾成粉，预示着人民大军将以不可阻挡的趋势消灭蒋介石反动派；春天来临，冰河解冻，寓意蒋介石反动政权这块厚冰将在人民的力量下彻底瓦解。可以利用景物来引发回忆，比如在《焦裕禄》的开头画面中出现了一张有破洞的藤椅，引发读者的好奇与疑问，为什么这张藤椅有个破洞？是谁坐过的？作品由此展开回忆，开始叙述焦裕禄在兰考的所作所为。可以利用景物来表现人物当时的心理状态、烘托气氛，比如人物的内心不平静，思绪翻滚，常常用海浪翻滚来反映；用飘动的落叶表现萧条的严冬，烘托人物的落魄与无助。也可以利用景物来反映世事的艰辛与不平，比如地主、恶霸欺凌妇女时，作品中常常借助雷鸣电闪来表示天公也震

怒，增强作品的感染力。

恰当地把影视内容用道具来连接和体现，是影视文学具体化、直观化的一个重要手段。在阅读影视文学作品时，还要注意作品中所使用的道具，分析其时代特征、地域特征与鲜明的个性特征。一个好的美术设计者既要把道具的外形设计精美准确，又要通过道具反映出剧情发生的社会背景、历史文化、风土人情以及人物的基本情况与当前处境等，比如刀枪、战车、宫殿、文房四宝等道具能够反映作品所叙述事件的时代背景与地域范围；一个烟斗、一把扇子、一条手帕，能够准确地揭示人物的处境、身份、职业、性格。有些贯穿全剧的中心道具还起着结构全局、抒情点题的重要作用。比如《红色娘子军》中的四枚银毫子，从洪常青的手交到吴琼花的手（作路费），又从吴琼花的手交到洪常青的手（作党费），细致地连接了吴琼花的成长经历。

阅读示例

1. 卧虎藏龙（节选）

王蕙玲、詹姆斯等

【题解】

2001年，李安执导的电影《卧虎藏龙》一举夺得了第73届奥斯卡“最佳外语片”、“最佳摄影”、“最佳美术指导”和“最佳电影音乐”四项大奖，并创造了非英语片在欧美票房过亿元的空前纪录，标志着中国的武侠电影在八十多年的发展之后终于获得了世界性的成功。

《卧虎藏龙》改编自中国现代作家王度庐的同名小说，但对原著进行了再创作。首先，电影融进了王度庐另一部悲情武侠《宝剑金钗记》的内容，大大增加了李慕白和俞秀莲的戏份。小说《卧虎藏龙》是一部以玉娇龙为主角的作品，描写的是玉娇龙对于爱和自由的追求，李慕白和俞秀莲都是戏份很少的角色；小说《宝剑金钗记》叙述的则是李慕白和俞秀莲为“义”而压抑欲望的爱情悲剧，两部作品在内涵、观念和主题上构成了一种反差。而电影则融合了这两个故事，通过那把青冥剑将两对情侣联结起来，并列在一段时空中去表现。其次，小说和电影的结尾，玉娇龙都是纵身跳下了悬崖，但在小说中玉娇龙名义上是为尽孝道而舍身跳崖，实际上却是切断家庭羁绊，以达到与罗小虎双宿双栖理想的妙计；在电影中玉娇龙任性妄为直接导致了李慕白的死亡，跳崖对她来说反倒成了一种解脱和圆满。再次，原著中篇幅甚多、十分传神有趣的小人物刘泰保因为影片容量的限制，退居为很次要的人物。

全剧共130个镜头，下文节选的是第110~115镜头，是全剧的高潮部分。

110　内　场景：雄远镖局二厅供　人物：玉娇龙，俞秀莲　时间：日

俞秀莲给孟思昭的牌位上香，心情有点愧疚。突然听到一点儿动静，她转身，玉娇龙一身狼狈地出现在她面前。俞秀莲见到她心里高兴，同时松下一口气。

111　内　场景：雄远镖局俞秀莲房　人物：玉娇龙，俞秀莲　时间：日

俞秀莲为玉娇龙换衣服。

玉娇龙：姐姐！

俞秀莲打开巷笼翻找衣服。

玉娇龙已经梳洗过，穿着白布衫子，坐在俞秀莲床上。俞秀莲拿衣服过来在她身边坐下。

俞秀莲：（软中带硬）既然是找我，就得有个样子。

玉娇龙：（倔着）我不过是求个干净衣裳，又不是来做客。

俞秀莲：你的本事挺大的，不必我给你吧！

玉娇龙看她，显然俞秀莲已经耳闻她在外面闯下的祸事。

玉娇龙：——我也只是路过——想看看你，你——

玉娇龙赌气看着俞秀莲，突然眼一红抱着她便大哭。

玉娇龙：（呜咽）姐姐！

俞秀莲：好了！祸也闯了，也知道道儿上是怎么回事了。（注视玉娇龙的双眼）你来，就是心里真有我这个姐姐，既这样，道理得说清楚。可以不嫁，父母不能丢下。

玉娇龙：就是他们叫我嫁人的呀！

俞秀莲：先让爹娘放心，你与小虎的事，你看着办！

玉娇龙一听惊起。

玉娇龙：你知道罗小虎——

俞秀莲：（点头）他是一片真心，你们俩的事还有商量。歇一下，跟我回北京，没有商量不成的事。

玉娇龙慌乱中几乎被俞秀莲说服。

玉娇龙：他在哪里？

俞秀莲：李慕白已经安排了。

玉娇龙：（吃惊地）李慕白？

俞秀莲：李慕白让他去武当山了。

玉娇龙：你们都是一起的。给我下套儿。我走！

俞秀莲：娇龙！你再任性，我就帮不了你了！我早就看出是你拿了青冥剑，替你瞒着，怕毁了你。结果，你毁了所有人，还在任性！

玉娇龙：你才任性！我瞧你非成了老姑娘！

俞秀莲：老姑娘又怎么样？

玉娇龙和俞秀莲在房里就打起来。玉娇龙并不想真打，于是窜窗出去，脚上连鞋也没穿。俞秀莲一念犹豫没有拿刀，徒手追出去。

112 外 场景：雄远镖局 人物：玉娇龙，俞秀莲，李慕白，刘泰保，众镖师 时间：日

玉娇龙使轻功纵身到大院，镖师一惊都拿起武器。

俞秀莲： 娇龙——

玉娇龙一急就拔出青冥剑挥过去。

俞秀莲： 好！说翻脸就翻脸！

俞秀莲就地从架子上拿起兵器，玉娇龙和俞秀莲打起来。

玉娇龙发怒地挥着青冥剑，俞秀莲招架时兵器皆折损。武馆院子里所有的兵器都派上了用场，展现了俞秀莲深厚的江湖功底。

俞秀莲使鞭缠她的手。玉娇龙被鞭了几下，更怒，使出威猛的剑招。俞秀莲居下风，几支兵器相继被打断。

玉娇龙： 今天教你看看是李慕白行，还是我行！——杨枝滴露，腕底翻云，三环套月，苍龙入海！

玉娇龙一开杀便不能控制劲道，一剑劈向俞秀莲。俞秀莲闪躲不及，手臂被兵器划伤，幸亏李慕白一剑挡过来，站在俞秀莲身前。李慕白见俞秀莲受伤，愤怒。

李慕白： 你不配用这把剑！——

玉娇龙看到李慕白有点愣住，这是她第一次正面带剑与他相会。

玉娇龙： 又来个教训人的，看剑！

玉娇龙和李慕白开战。两人剑光来去，所有的人都目瞪口呆。

李慕白： 到此为止吧！

玉娇龙： 从今后我认剑不认人！

玉娇龙伤心愤怒说不清，只想尽快逃出这纷乱的场面。她施展轻功，李慕白立刻以轻功跟随。现场没有人能以这样的轻功跟去。

院子里刘泰保和镖师扶受伤的俞秀莲。

113 外 场景：竹林 人物：玉娇龙，李慕白 时间：日

玉娇龙落地跑了一段，眼前是一片竹海，自己还是一身白衫，染了泥脏污不堪，此时连飞鸟振翅都让她心惊抬头。李慕白没有追来，但耳边却是沙沙的风吹竹叶声，此时云低天正起风。

突然李慕白以声东击西的极快手法从上方飞下来，玉娇龙出手不及，青冥剑让李慕白拿到手。玉娇龙几乎要急哭了。

玉娇龙： 我跟你拼了！

李慕白把剑插在背后，转身就使轻功飞。飞身站在竹梢上。玉娇龙也提气以轻功站到另一根竹梢上。

李慕白： 好！

玉娇龙发现她为了保持平衡不能乱动，眼前李慕白则是笔直地站着。

李慕白：当日古寺留一步给你，是要见你的本心！

玉娇龙：你们这些老酱油，怎么见得到本心。要见本心，拿青冥剑来换！

李慕白：（笑着摇头）要青冥剑？来拿就是了。

两人在竹海上飞，最后玉娇龙飞到李慕白站的同一根竹子上，此时此刻两人一举一动都息息相关。稍一挪动都有坠落的可能。

李慕白站在竹梢上，玉娇龙企图移动使他坠落，但竹子再弯李慕白还是能找到一个平衡点。

李慕白：道生两极，两极成道，道法自然。

玉娇龙向下移动竹子几乎把李慕白举起，李慕白仍在平衡之中。

李慕白：欲速则不达。

李慕白一提气离开竹子，竹子打直，玉娇龙摔倒地上。她奋而起身追赶李慕白，两人在竹林间对打。

玉娇龙：把剑给我！

李慕白：今天阴阳两气相激，倒让我心有所得。不过你输了，剑是拿不到了。

玉娇龙：高兴，陪你玩玩，不高兴，你得陪我玩！

114 外 场景：激流溪谷 人物：玉娇龙，李慕白 时间：日

玉娇龙追到揣急的激流里才发现李慕白站在一块方圆不过几尺的大石头上。。玉娇龙也飞身到大石上。

两人对打，玉娇龙突然一仰身差点儿摔到激流里。

李慕白：稳住。

李慕白伸手一拉，玉娇龙借力转到他身后夺到青冥剑，把剑挂在李慕白颈边！

玉娇龙：服不服气？嗯？

李慕白：（笑着）还是那句话，我来教你心诀！

玉娇龙：现在是我教你吧！

李慕白：那你就教我离开这块石头。

玉娇龙要使轻功，却不知李慕白早已过气入地，地气作用使得玉娇龙竟连纵身跳都很难跳起来。

李慕白：我已逼气入地，要离开，除非断我这口气！

玉娇龙：断就断！

玉娇龙的剑就架在李慕白的脖子上。李慕白看着她，玉娇龙不能下手。

李慕白：瞧！杀人不过一眨眼——难的是——剑下留情！

李慕白只是一根手指就轻轻地便把剑挪开了。玉娇龙觉得自己像是被催眠了一样，不能有自主的能力。

李慕白：你的气只练到“玄机穴”就上不去了。你心里清楚，你迷路了。我会为你解开玄机。

玉娇龙：原来心诀也藏私！

李慕白：不是藏私。男女的练法不一样，心诀讲的是男人的练法。
玉娇龙：那你凭什么做女人的师父？
李慕白：剑法有阴阳相成，阴可以是女人。
玉娇龙：为什么阴非是我？

竹海风声，李慕白答以很长的沉默。

玉娇龙：好吧，三招之内你能把青冥剑拿回，我就跟你走！
李慕白：（大笑）怕是想先离了这石头吧！

李慕白动手。他一但决定攻击目标，身手便是快狠准！瞬间，青冥剑又回到他的手上。

李慕白：嗯？
玉娇龙：（气急败坏）剑还我！
李慕白：拜师！
玉娇龙：你做梦！
李慕白：那剑就没用了。

115　外　场景：激流溪谷　人物：玉娇龙，李慕白，碧眼狐狸　时间：日

李慕白以狠逼狠，一横心把青冥剑丢到激流里。玉娇龙万万没想到，她焦急地看着剑，竟然不要命地飞身到激流里去找剑。李慕白也愣住。他飞跃大石，玉娇龙拿到剑，人却被激流卷得欲浮欲沉。李慕白以轻功在水上跑。碧眼狐狸突然出现，以铁爪勾住树干，荡入河谷，拦腰抱起昏厥的玉娇龙。

碧眼狐狸：娇龙！

李慕白眼睁睁看着正邪交战中的玉娇龙被碧眼狐狸带走。激流上开始飘起雨来，李慕白纵身追赶。

【简析】

《卧虎藏龙》是一部内涵丰富的影片，李安娴熟地运用着各种电影语言，使影片在商业性和艺术性上有着较完美的统一。

李安通过这部影片展示了他想象中的江湖世界。和大多数人的想象一样，这个世界里卧虎藏龙，有武功高强、道德高尚的侠士，有心肠毒辣、出手歹毒的恶人，也有初出江湖、不懂江湖规矩的年轻人，侠士和恶人要展开殊死的较量，而年轻人的参与使得事情变得一团糟……但是，这个江湖世界更是李安自己的，它夸张而又有节制，更重要的是它是古典中国的江湖世界。这个世界里没有刺激和冒险，只有“洗不上澡，虱子跳蚤咬得睡不着觉”的艰辛和无奈；李慕白和俞秀莲这样的侠士，不是我们传统认知中剑胆琴心、义薄云天的好汉，而是两个被感情困扰、为道德压抑的忧郁的侠客；对于武功的想象，除了轻功有些神奇之外，其他的功夫都是平实的，并没有现代武侠电影那种神乎其神的盖世武功，一招一式、刀来剑往，更像是中国功夫的展示。这个世界组合了诸多的表现古典中国的元素：李慕白压抑自己情感和欲望的东方式的伦理道德；文房四宝、丹青书画所表现的

古典文化；青绿色背景中的青砖瓦房、楼台殿宇；数码科技制作的古代北京繁盛的图景；小桥流水、翠竹茂盛的江南水乡……这些都造成对外国观众的视觉冲击，令他们神往。

李安曾说："一般武侠小说总以男人为主角，比较阳刚。《卧虎藏龙》的重心则是女主角玉娇龙，心理层次诡谲复杂，白天是千金大小姐，晚上开打、谈情说爱，是个对江湖儿女情有所幻想的不驯少女，也是个中国戏剧少见的角色。"由此引出影片第二个层次的内涵：放心与修心。在影片中李慕白多次提到"心"，比如"江湖卧虎藏龙，人心里何尝不是？"、"李慕白就是虚名，宗派是虚名，剑法也是虚名，这把青冥剑还是虚名，一切都是人心的作用"、"当日古寺留你一步，是要见你的本心"。这些句子都表明《卧虎藏龙》是一部以心为主旨的影片，在玉娇龙由放纵心性到获得圆满的过程中，作品表达了对心以及对修心的认知。

影片中的两对情侣：李慕白和俞秀莲、玉娇龙和罗小虎，分别代表着两种对爱情的选择方式。李慕白和俞秀莲恪守着中国传统的道德准则，虽然彼此相爱多年，却因为俞秀莲的未婚夫为救李慕白而死，他们一直没有向对方表达自己的情感。"克制"是他们的行为方式，内敛和压抑是他们最突出的生命状态，这体现了他们作为"侠"对武与德的至善追求。而玉娇龙则不同，她年轻气盛，对传统的道德规范毫不在意，她渴望实现"一个江湖的梦"，"过自己想过的生活"，"选择自己心爱的人，用自己的方式去爱"，为此，父母亲情、同性友谊、江湖规矩、师徒情谊均可置之不顾。在她的身上，体现了作为"人"对于青春爱情和自由生命状态的追求。最终，李慕白在生命的最后一刻冲破伦理道德的限制，向俞秀莲表达了埋藏已久的情感。玉娇龙任性妄为而伤害了真正关心自己的人，直接导致了李慕白的死亡，唯有选择投崖表示自己的忏悔。作为两种不同人生态度代表的人物，最后都放弃了自己的行为方式。影片似乎表明李安保持着一种中庸的态度：偏执于任何一方面都不妥当。

节选部分"竹林打斗"一节是作品最为称道的经典场景。李安借助高科技电影技术，将玉娇龙和李慕白置于竹林的顶端，"所有的招式都是借助竹子本身的柔韧与弹性衍生，使得运动成为一种优雅的弧线"，人物显得飘逸灵动。而李慕白几乎不用出招，只需凭借竹子的特性就可让玉娇龙立足不稳，这又传达出李安对于武当武术精髓的认识：以柔克刚，道法自然。在镜头上，李安大量运用了大远景和远景来表现打斗场面，意在强调两位打斗者与环境的关系，重在写意抒情而非叙述打斗本身，青绿柔韧的竹子和绵绵不绝的绿色背景淡化了主体拼杀的暴力性，营造出一种天人合一的中国哲学意境。在声音的配合上，突出了风声以及竹叶的刷刷声，再伴以低缓深沉的音乐，使人似乎能够感受到玉娇龙草木皆兵的慌乱心理。竹林的造型美感，其中蕴藏的哲理，使得本场竹林打斗被人称之为经典。

2. 阿甘正传（节选）

[美国] 埃·罗斯

【题解】

电影《阿甘正传》，原名《Forrest Gump》，根据美国作家温斯顿·格鲁姆的小说改编而成。本片由罗伯特·泽米基斯导演，1994年出品，名列当年全美10大票房影片榜首，1995年获得第67届奥斯卡金像奖最佳影片、最佳男主角、最佳导演、最佳改编剧本、最佳剪辑、最佳视觉效果六项金奖。剧本由美国剧作家埃·罗斯编剧，在好莱坞编剧协会评出的101部最佳电影剧本中排名第89位，埃·罗斯本人也荣获美国编剧工会终身成就奖。

影片的背景是二战后的美国，此时它的政治经济发展不平衡，就像腿脚蹒跚的阿甘，走得磕磕碰碰。曾经震惊美国人的一系列重大政治、文化事件都发生在这一段时间中，从种族歧视到反种族隔离，从摇滚音乐到特立独行的嬉皮士，从追求爱与和平到吸毒和性解放，从几任总统被刺杀到水门事件的政府丑闻，从越南战争到反战运动、民权运动，中美建交，人类登月，妇女解放，等等。这是美国在第二次世界大战以来最为深刻严肃的历史时期，也是最特别的一个时期。在这种背景下，每个人都在追寻，就像影片开头和结尾出现的那片羽毛，尽管轻，尽管有点儿身不由己，却都有自己的轨迹。

本书选择由石语翻译的中文版本，节选了作品开头与结尾描述阿甘奔跑的内容。

内景，汽车，早上，1954年

小福雷斯特还站在汽车的过道上——

福雷斯特：(画外)……最美妙的声音。

女孩：　如果你愿意，坐在这儿吧。

福雷斯特回头看着詹妮·柯伦，一个与福雷斯特年龄相仿的小女孩。

福雷斯特：(画外)她是我生平见过的最美的东西，就像一个天使。

詹妮：　噢，你想不想坐？

福雷斯特坐在了詹妮旁边。

詹妮：　你的腿怎么了？

福雷斯特：嗯，没什么，谢谢。我的腿很好，好极了。

福雷斯特：(画外)我坐在她旁边一直到学校，跟她聊了一路。

詹妮：　那你为什么穿这样的鞋。

福雷斯特：妈妈说我的背弯得像个问号。它们能把我变得像箭一样直。这是我的魔鞋。

福雷斯特：(画外)除了妈妈，从来没人和我说话，问我问题。

詹妮：　你是不是有点蠢，还是怎么的？

福雷斯特：妈妈说做蠢事的才是蠢人。

詹妮向福雷斯特伸出手，福雷斯特也伸出手同她握了手。

詹妮：　　我叫詹妮。

福雷斯特：我叫福雷斯特，福雷斯特·甘。

福雷斯特：(画外)从那天起，詹妮和我总在一起，我们形影不离。

外景，大橡树，白天

小詹妮和福雷斯特向一棵大橡树跑去。

福雷斯特：(画外)她教我怎么爬树……

詹妮坐在一根粗壮的树干上，叫树下的福雷斯特——

詹妮：　　上来，福雷斯特，你能行。

福雷斯特在树干上悬荡着。

福雷斯特：(画外)……我教她怎么在树杈上悠荡。

詹妮和福雷斯特坐在树杈上看书——

福雷斯特："一只可爱的小猴子和……"

福雷斯特：(画外)她教我读书。

福雷斯特用腿架挂在树上，身体倒挂下来，前后摆动。

福雷斯特：(画外)我教她倒挂……

夜，大橡树，詹妮和福雷斯特坐在树上的剪影

福雷斯特：(画外)有时我们只是坐在那儿，等着看星星。

福雷斯特：妈妈可能会担心的。

詹妮把手放在福雷斯特的手上——

詹妮：　　再呆一会儿。

福雷斯特：(画外)不知为什么，詹妮总是不愿回家。

福雷斯特：好吧，詹妮。我不走。

福雷斯特：(画外)她是我最特别的朋友。

外景，萨凡纳，汽车站，白天

福雷斯特一边回忆，一边点头——

福雷斯特：我唯一的朋友。

福雷斯特继续给那位黑人护士讲着。她看着杂志，好像并没有在听。

接着她抬起头，不再看杂志。

福雷斯特：嗯，妈妈总说每天都有奇迹发生。有人不信，不过确有其事。

外景，橡树小巷，1954年的一天

詹妮和福雷斯特一起走着。一个土块打在福雷斯特的后脑勺上。福雷斯特摸了摸脑

袋，詹妮看过去，三个小男孩下了自行车，正在拣更多的土块。

男孩甲：　嗨……蠢货！

福雷斯特的眼睛被另一块土块击中，摔倒在地，那些男孩盯着他。

男孩乙：　你是迟钝，还是傻子？

福雷斯特：我是福雷斯特·甘。

詹妮把福雷斯特扶起来，男孩甲和男孩乙继续向福雷斯特扔土块。

詹妮：　快跑，福雷斯特。

又一块土块打中了福雷斯特的胳臂。

詹妮：　跑，福雷斯特！

福雷斯特想跑起来，但他的腿架限制没法跑动。他摇摇晃晃地往前移动着，詹妮在他背后大声喊——

詹妮：　快跑，快！

男孩甲和男孩乙向自己的自行车跑去。

男孩乙：　上车！

男孩丙：　快！

男孩们骑上自行车，猛追福雷斯特。

男孩丙：　抓住他，快点儿！

男孩乙：　当心，蠢货，我们来了！

男孩们继续追赶福雷斯特。詹妮站在那儿看着这一切。

男孩乙：　我们就要抓住你了！

詹妮：　跑，福雷斯特！快跑！

福雷斯特在土路上摇摇晃晃地"跑"着。

詹妮：　快跑，福雷斯特！

福雷斯特回头看了一眼，三个男孩骑着自行车使劲追。

男孩甲：　过来，你！

虽然带着腿架，可是福雷斯特跑得更快了。他不停地跑，那些男孩不停地追。他头上的伤口滴出血来。骑车的男孩们离福雷斯特越来越近了。他仍然有些摇摆，但是速度越来越快。

詹妮：　跑，福雷斯特！快跑！

慢镜头——他害怕地回头看了一眼。骑车的男孩越蹬越快，十分接近福雷斯特。福雷斯特尽力要跑得更快，不想让他们抓住。突然间，他的腿架裂开了，钢架和塑料四处飞散。福雷斯特边跑边低头看着自己的腿，他非常惊讶。支架和铁皮从他的腿上脱落，他继续跑着。福雷斯特彻底挣脱了腿架的束缚，开始加速。追赶福雷斯特的男孩们从脱落下来的碎片上骑过去。

福雷斯特：(画外)嗯，我说了可能你也不信。

外景，萨凡纳，等车椅，白天

福雷斯特： 但是我跑起来就跟风一样。

那个黑人护士继续看着杂志。福雷斯特沉浸在回忆当中，脸上露出笑容。

福雷斯特： 从那天起，不管去哪儿，我都跑着去！

外景，橡树小巷，白天，1954年

福雷斯特以冲刺的速度摆脱了那些男孩子。他们不再追了，疑惑地望着福雷斯特。他已经跑到了小路的尽头，远离了追他的男孩们。

男孩乙： 他快跑掉了！快截住他！

男孩甲沮丧地将车摔在地上。福雷斯特穿过一片田地。

外景，乡村小路

福雷斯特跑过一队穿着监狱制服、被铁链拴在一起的囚犯。他们正在割路边的芦苇。

外景，绿弓县

福雷斯特跑过大街。理发店前仍坐着那两个老头。

老头： 那个傻孩子可能是个长跑迷。

……

外景，前廊，白天

福雷斯特坐在摇椅上，脚上穿着那双跑鞋。他一动不动地坐着，神情恍惚。他缓慢地带上他的“巴伯—甘”帽，站起来，走出前廊，开始在草坪上慢跑。他越跑越远，速度也随之加快，从家跑到了马路上。

福雷斯特：（画外）那天，没什么特别的原因，我决定出去小跑一下。

福雷斯特跑到了马路的尽头，向右转沿着高速公路接着跑。

福雷斯特：（画外）我跑到了路的尽头，等我跑到那儿，我想没准儿我能跑到小城的尽头。

内景，理发店，白天

三个人坐着看电视。福雷斯特在小镇的主路上跑着。

新闻播音员：卡特总统因中暑倒在保安人员的怀里。

福雷斯特：（画外）等我跑到那儿……

外景，亚拉巴马的路上

一个标志上写着：进入绿弓县。

福雷斯特：（画外）……我想或许我可以跑出绿弓县。而且我想既然已经跑了这么远，没准我能跑遍整个……

福雷斯特跑过一个路标，上面写着“密西西比欢迎你。木兰州[①]。”

福雷斯特：（画外）……亚拉巴马州。结果我真做到了，我跑完了整个亚拉巴马。

外景，汽车站，现在

福雷斯特：没有什么特别原因，我继续跑着，一直跑到了大洋边。

外景，圣莫尼卡，白天

一块标牌上写着：“圣莫尼卡快艇港钓鱼—赛艇运动—咖啡厅”。福雷斯特从标志下跑过去，跑到栈桥上。

福雷斯特：（画外）跑到那儿一想，既然已经跑了这么远，索性掉头接着跑。

外景，大西洋

福雷斯特跑到了大西洋岸边的一个栈桥上。

福雷斯特：（画外）等我跑到了另一边的大洋，我想既然又跑了这么远，干脆再掉头跑回去。

……

福雷斯特：（画外）我经常会想起妈妈、巴伯，还有丹中尉，不过想得最多的还是詹妮。我好想她。

外景，理发店

那三个男人在理发店里看着电视新闻。

新闻播音员：两年多的时间里，亚拉巴马州绿弓县的一名园丁福雷斯特·甘除了睡觉一直在跑，到目前为止几乎跑遍了整个美国。

内景，咖啡店

詹妮正在给一名顾客倒咖啡。

新闻播音员：查尔斯·古柏报道。

新闻记者：来自亚拉巴马州绿弓县的园丁福雷斯特·甘在他跑遍美国的行动中，今天将第四次跑过密西西比河。

电视上福雷斯特在一座桥上跑着，上面写着“密西西比河”。

詹妮： 天哪，福雷斯特……

外景，密西西比桥

新闻记者： 先生，你为什么而跑？

记者甲： 你为什么跑？

记者乙： 是为世界和平吗？

记者丙： 为妇女权利吗？

新闻记者：还是为环境？

记者： 为动物？

记者丙： 为核武器？

福雷斯特：（画外）他们只是无法相信有人会无缘无故地这么跑。

记者乙： 你为什么要这样做？

福雷斯特：我只是喜欢跑。

外景，汽车站，现在

福雷斯特：我只是喜欢跑。

外景，西部的一个小城

福雷斯特在跑步，一个年轻人跑过来。

年轻人： 是你，简直不敢相信真是你。

外景，汽车站，现在

福雷斯特：不知为什么，我所做的事在别人看来好像很有意义。

外景，西部小城

那个年轻人跟着福雷斯特慢跑。

年轻人： 我是说，我的脑子忽然通了，我对自己说，这个人有目标有想法，他有人生的答案。我要跟随你跑天下，甘先生。

福雷斯特：（画外）这样，我有了个伴儿。

福雷斯特跑上一条山路的斜坡，一群人跟着他慢跑。

福雷斯特：（画外）之后我又有了更多的伴儿。接着……

一大群人跟着福雷斯特穿越沙漠。

福雷斯特：(画外)……更多的人加入进来。……

【注释】

①密西西比州的别称，因盛产木兰这种观赏树木得名。

【简析】

作品通过阿甘的故事，揭示了传统智慧的无力、反叛智慧的昂贵代价，表达了对平民智慧的认同与推崇。

优秀的丹中尉代表着传统的人生价值观念，认为每个人都有命中注定的责任和轨迹。但面对物欲横流、争斗不休的现代文明带来的身心伤残，“传统智慧”却束手无策，只有自暴自弃。聪明的詹妮代表着第二次世界大战后对美国政治经济生活不满的青年，他们热情、善良，追寻着爱和和平，希望和他人有心灵的交流，但其选择的反叛、流浪的生活方式导致茫然和痛苦。在激烈抗争的同时，拥有“反叛智慧”的詹妮最终以付出生命为代价。

傻乎乎的阿甘则聆听妈妈的教诲，微笑平静地面对苦难，坚持自己的信念，坚定地生活下去。这其实是美国人在经历了20世纪中期纷纭变化的沉重生活后向往的生活，人们不再轻信传统观念下的刻板道德、高尚理想，不再崇拜高大全的英雄，渐渐形成平民智慧、平民英雄、平民生活的思想观念，向往宁静、简单的生活；人们也不再反抗、偏激，以一种暴力反对另一种暴力，以一种堕落逃离另一种堕落，人们希望自己走向理智、平静，并努力想使一切简单化、淳朴化。低智商的阿甘正是在这种背景下以“愚者智慧”成为普通人崇拜的“平民英雄”，简单、宽容、随和、善良、真诚、挚爱、有责任感，是他征服观众的内在魅力。

阿甘作为一个普通小人物，无意中参与了美国民权运动、越战、中美乒乓外交、水门事件等重大政治事件，这些所谓的历史大事件经阿甘的眼睛就变成了过眼烟云、甚至滑稽搞笑的东西。沉重复杂的人生经他“笨拙”的头脑过滤，变得那样简单和纯净。无论遭遇多少苦难、拥有多少名利，他都能简单处之。阿甘的另一个秘诀应该是执著。他认真地听取妈妈的教诲，记住她对生活的每一句解释；他痴痴地爱着詹妮，不管她发生任何变化；他……面对亲人朋友的去世、爱人的远离，阿甘选择了跑步，在大自然的美景中回忆着他们。执著帮他闯过难关、长大成人，执著使他成为球星和英雄，执著给他带来财富、友谊，更使他赢得了真挚的爱情。执著不仅给他自己带来美好的生活，还使得詹妮和丹中尉感动而警醒，从痛苦和茫然中看到一些光亮。詹妮回到家乡勇敢踏实地面对生活，丹重新振作，与厄运搏击，都是因阿甘的执著而来。

影片的象征手法几乎无处不在，每一个人物，每一句话，每一个镜头，每一个情节，每一段音乐，几乎都有它或者明显或者含蓄的象征意义。甘夫人是坚强、聪慧的化身，是传统美德的象征。她说的每一句话几乎都带有哲理：“我也相信你把握了自己的命运，把上帝赋予你的一切都发挥出来吧。”“生活就像一盒巧克力，你永远无法知道下一块的味道。”善良、有理想的詹妮是叛逆、伤痛的象征。她是一个坚持不懈的抗争和漂泊不定的艺术形象，象征着非理性的反叛传统的人生方式，体现着人类终极追求的朦胧性、不可言说性。各种有着丰富寓意的人和事都归统于阿甘的生活中，以小带大，以轻喻重，既简洁连贯，又蕴涵丰富、意味深长。

影片导演泽米基斯以“最擅长运用特技的导演”著称。作品利用影视媒体的资料，包括旧新闻片和电影电视片，把美国20世纪50年代到80年代的一些大事贯穿到电影中。同时也展示了电子媒体在当代文化生活中的重要地位和作用。作品还利用旧新闻片和换人顶替的手法，把阿甘放到观众都比较熟悉的历史情境中。这些真实与虚构的嫁接画面既表现了阿甘的天真、淳朴，又显示出对于历史、国家、政府、权力这些严肃概念的戏谑、不以为然，让观众不至于心情过分压抑，同时形成一种对历史的新颖奇特的审视和叙述，陌生感和新奇感给观众带来了愉悦。影片开头和结尾时的那片羽毛引发许多观众对这部影片的好感和浪漫感觉。羽毛忽而在空中、忽而在地上飘荡，利用电影特技在一个镜头中完成，不仅是一种视觉的美感，更是对整个人生的隐喻，使人在看完电影很久以后仍旧记忆犹新，回味无穷。在艺术片中巧妙运用电影特技，导演的这份聪慧为后来者提供了许多思路。

此外，影片用音乐烘托氛围，制造、推动情节，还展示故事时代背景的内涵，阐述隐喻着的一些复杂、抽象的概念，来透露主人公的心情和导演的想法。影片把一些曾经激励过、影响过一代年轻人的歌曲巧妙地穿插在故事中，甚至有些情节正是由这音乐而来，不仅对观众极具煽情性，而且正像插入的许多历史信息一样，并不让人觉的生拼硬凑、杂乱无章，而是与影片中的人物、情节水乳交融，结合得恰到好处。这也体现了导演作为那一代人对这些音乐的深刻理解。

思考与练习

1. 影片《卧虎藏龙》艺术上的成功体现在哪些方面？你认为中国电影创作在哪些方面还能有所创新或者突破？

2.《阿甘正传》中，甘夫人、詹妮、丹中尉分别象征什么？作者通过阿甘的故事宣扬的人生理念在当时的美国和今日的中国分别有什么社会意义？

第七章　理论作品的阅读

第一节　认识理论作品

理论作品是为了积累和交流人类从事自然科学、社会科学思维与实践所获得的知识而创作的具有专门性、理论性和系统性的文字作品。

理论作品是一个特定的范畴，从功能上讲，既有图书出版物所共有的一般功能，又有其特殊性。

一般图书具有记载、传播和积累人类从事精神创造和物质生产过程的知识与信息，使读者了解动态、掌握知识、开启思想、接受教育、陶冶情操、享受艺术，进而推动社会发展的功能。这种功能主要表现在以下几个方向：首先，图书是人类科学文化遗产的物质载体，是人类继承前人知识的最主要的途径；其次，图书是科学技术知识转化为生产力的重要中介环节；第三，图书所传播的人类先进思想和科学技术是推动社会进步、提高人们科学文化素质的精神力量；第四，图书是促进人类科学文化交流的重要手段。

理论作品除了具有上述图书的一般功能外，还有其特殊功能：第一，探索和创造是理论作品的一个重要标志，理论作品是开展理论探索与创新的基础，具有明显的中间环节性。它既是已经进行的理论研究的成果的总结，又是开展新的理论研究活动的基础。第二，继承和发展的辩证关系在理论作品中得到充分体现。现代社会任何一项理论探索和创造的开展、理论研究成果的取得，都毫无例外地要从已有的理论作品中吸取科学营养，理论作品为人类社会的发展和进步不断积累科学财富，指导人们进行认识世界、改造世界的实践活动。

理论作品是运用抽象思维，采用概念、判断、推理和假说等逻辑形式对客观事物的理性认识的理论成果，把握理论作品的基本内涵及其所属领域，我们在具体操作中就可以更为准确地把握理论作品的类别。一般来说，理论作品可以分为文学艺术类、社会科学类与自然科学类。

文学艺术类理论作品是由感性认识上升到理性认识的文学艺术理论研究成果。一般文学艺术类图书是运用形象思维，借助语言、造型、表演、歌舞等艺术手段，塑造生动具体的文学艺术形象，通过感性认识反映与把握世界。与之相比，文学艺术类理论作品更注重通过文字表达对客观现实世界的理性认识。比如英国戴维·洛奇的《小说的艺术》一书，阐述小说艺术欣赏的基本理论，为一般读者提供了欣赏小说艺术的方法与写作技巧的指南。

社会科学类理论作品是反映社会科学某一领域发展规律的理论研究成果，是用科学的方法，研究人类社会的各种现象而得出的理论成果。它是科学知识的理论体系，是在作者或有作者参加的社会实践中，人们把握客观世界的理论形式，它体现人类对社会生活、主体对客体的认知关系，反映客观对象或客体的本质及其规律性。比如范文澜、蔡美彪的《中国通史》。其中，广泛传播的政治、道德、法律类作品对读者说明讲解有关知识与规范，指导人们的社会行为，具有宣传教育、普及理论知识的作用。

自然科学类理论作品是研究自然界的物质形态、结构、性质和运动规律的理论成果。主要包括论述作者或者有作者参加的科学研究成果的作品；以独到见解对某一专门领域的研究成果和进展进行集大成的综合论述的作品；系统阐述某一专门领域的研究方法或新技术、新工艺的作品；科学实验、科学考察和社会调研所获得的资料或者对已有的分散资料，以统一的观点分析整理而成的基本科学资料的汇编作品等。比如李四光的《地质力学概论》。其中，传播科学知识的自然科学类理论作品，如通俗普及读物、一般工具书和知识手册、各种规范和标准等，以及介绍生产技术知识和生活知识的图书，记录和描述客观现象与经验事实，或是整理、综合他人科学研究和科学实验的成果，传播相对广泛。

第二节　理论作品的特征

理论作品的特殊功能规定了它必然具有区别于其他一般图书的特殊性质，我们可以大致归纳出其所应该具备的几个主要特征。

一、创造性

创造性是理论作品的基本要求，理论作品记述理论研究和实验活动所获得的新的科学知识和新的科学成果，这种科学研究和实验活动应具有前沿性，所取得的研究成果应代表当时本领域的最高水平或较高水平。理论作品要求在前人研究的基础上取得独创性、突破性进展，对某一领域的知识有所扩充，对某一领域的理论有所推进。因此，一般科普读物如果没有新的知识归纳，或者经过理论的提升，不能称为理论作品。

二、科学性

科学性是理论作品的灵魂。马克思曾将“科学”解释为“在社会实践的基础上，社会的特殊活动所获得的关于自然界、社会、思维及其他客观现实的规律及本质联系的动态理论知识体系”。这一解释中所强调的客观现实规律和本质联系，就是科学性的集中表现。宗教教义和迷信说教类图书，正由于不符合这一特征的要求而不能列入理论作品。具体到作品当中，科学性要求正确地说明研究对象所具有的特殊矛盾，并且要尊重事实、尊重科学，表现在论点正确、论据必要而充分、论证严密、推理符合逻辑、数据可靠、处理合理、计算精确、实验可重复、结论客观等方面。

三、理论性

理论性是理论作品的外在形式特征。理论作品所包含的理论研究成果，一般要以理论形态公之于世。也就是说，必须按照通行的研究与行文规范进行论证，观点要鲜明，逻辑推理要严谨，论据要充分，并按照一定的体例进行写作。理论作品区别于个别理论观点或理论命题的提出，一般具有一定的篇幅。其理论表述自成体系、自圆其说，而不是一些孤立、零散的格言、定义或随感等。理论作品的这种系统性正是其理论性的重要体现。

四、准确性

准确性是学术著作的内在特征。所谓准确性，是指理论作品的表述对客观事物即研究对象的运动规律和性质表达的接近程度，包括概念、定义、判断、分析和结论要准确，对自己研究成果的估计要确切、恰当，对他人研究成果的评价要实事求是，切忌片面性和说过头话。

第三节　如何阅读理论作品

与文学作品不同，阅读理论作品需要读者运用理性思维，理解理论作品的观点、论据与论证过程，对读者的要求比较高。因此，掌握一定的方法，养成良好的阅读习惯尤为重要。

一、养成连接概念与经验的思维习惯

阅读理论作品必定要首先掌握作者的中心论点，为了精确地掌握一本书，也是为了锻炼自己概括能力与养成连接经验与概念的思维习惯，在阅读过程中应当及时总结作者对自己中心论点的主要支撑证据是什么，同时考虑到中心论点次一级的阐发性概念及其经验根据。最后要回答这样一个问题：作者把你说服了没有？为什么？再进一步，如果由你来写这本书，你会做怎样的修改？这样的读书习惯也是为自己提高阅读效率与效果的一种锻炼。能够清楚掌握理论作品的设计和结构，才有可能把握作品的主要内容，才能为自己撰写优秀的理论作品奠定基础。

养成这样的读书习惯，还可以积累自己将来工作和生活的可用理论材料。根据一般阅读经验，人们看完一部作品之后，在个把星期到几个月之中，对它的记忆是比较清晰完整的，之后便逐渐模糊，几年之后便几乎不可能在脑袋里做详细地检索。因此，我们要在记忆清晰的时候，精确地总结这部作品以备将来之用。而且这样的总结，不是被动的摘抄，而是积极的消化，迫使自己在记忆最完整的时候，按照上述的方法精确地掌握这部作品并对之进行系统思考。那样，将来可以随时找回检索使用。

二、区别经典理论与庸俗理论

经典理论较少，庸俗理论俯拾皆是。前者一般视野比较宽阔，提出的概念更清晰并强有力；后者则比较模糊繁杂，除非和自己的工作或者生活有直接联系，一般用途不大。这种庸俗理论的大量存在本身便是形式主义倾向的一个例证，社会学、政治学领域的研究者，建立种种“理论”或模式，然后才做经验研究，结果理论作品堆积如山，而且绝大多数十分庸俗。而与这样的理论作品“对话”，虽然可能丰富自己的知识，但对推进和提高自己分析概念的能力与理论素养不会有太大帮助。

研读经典理论作品的一种行之有效的方法是：先在某一种流派作品之中沉浸一段时间，作为入门方法，锻炼自己概括和连接概念的能力，然后进而学习其他流派。很多人对理论作品采取“拿来主义”的态度，拿来就用，而不是活学活用地用来提出问题。但也有少数人，能够从其中得到概括能力的锻炼，这是宝贵的财富，可以当作学习其他流派理论的基本功。前人有众多的理论作品，对我们来说是有用的资源，主动去掌握主要不同流派的理论，阅读时与之对话，而不是简单的死学。而对话、决定是否读下去的最好方法，乃是看它对组织、解释自己所掌握的经验材料有没有用。

学习理论作品的目的不是寻求或掌握全能性的真理，而是提出问题，较高的一个境界是在理论和实际的脱节点上，或不同流派理论的交锋点上，提出问题，尝试超越现有知识视野。另一用途是通过与现有理论的对话来澄清、提高自己分析概念的能力。这样，理论作品更多的是工具或对手，而不是答案，阅读的收获也会更大。

三、写读书笔记

理论作品都应带有一个中心论点，因而阅读理论作品，首先是要掌握其中心论点，用自己的语言，通过一段、甚或是一句话表达出来。然后，用三、四段话总结其主要的次论点，同时总结其经验证据。总结的时候，关键在于不摘抄原文，而是用自己的话去表述作品的原意。只有这样，才能真正消化作品的主要内容，使之融入自己的原有知识结构，成为自己的东西。

与此相应，一个可行的阅读顺序是先看作品的首尾，掌握其中心论点之后再逐章阅读，每章看完之后用自己的话总结出该章的主要观点。最后要回答这样一个问题：作者把你说服了没有，为什么？或者更进一步，思考一下：如果你是作者，将会在哪些地方做出删改？它对你了解世界、认识人生有什么帮助，对你的生活或者工作有什么启示意义？这样的看书写笔记的读书方法既是一种思维上的锻炼，也是养成自己良好的思考、写作习惯的办法。当然，还须养成读后就写系统笔记的习惯，不可依赖自己的记忆，因为几个月、最多一两年之后，当初的阅读记忆就会变得模糊不清。读书笔记最好既不要太简短也不要太详细，控制在一两千字的范围之内。这样长年积累，可为未来的工作准备充足的理论储备。

阅读示例

1. 人性的弱点（节选）

[美国] 戴尔·卡耐基

【题解】

戴尔·卡耐基（1888—1955），美国现代成人教育之父，20世纪最伟大的心灵导师和成功学大师。他利用大量普通人不断努力取得成功的故事，通过演讲和书唤起无数陷入迷惘者的斗志，激励他们取得辉煌的成功。他在实践的基础上撰写了一系列著作，包括《沟通的艺术》、《人性的弱点》、《人性的优点》、《美好的人生》、《快乐的人生》、《伟大的人物》和《人性的光辉》等，其中《人性的弱点》是20世纪最畅销的成功励志经典。

从1913年开始，卡耐基在纽约开设“成人授教课程”，把一套应付人的规则印在比明信片还小的卡片上，以便学员随时应用。不久后，他又印制了一些较大的卡片，继而装订成册，经过15年的试验和研究，最后诞生了《人性的弱点》这一伟大的作品。自1937年问世以来，《人性的弱点》在世界各地至少已译成58种文字，全球总销售量已达九千余万册，拥有四亿读者。除《圣经》及《论语》之外，无出其右者。

《人性的弱点》全书共四章，下文节选的是第三章第8条规则的主要内容。

第三章　如何赢得别人的认同

8. 一个能为你创造奇迹的公式

……

请记住，对方很有可能会出错，但是他们自己本身往往不这么觉得。但是不要责怪他们，如果你不愚蠢的话，就不要那么做。只有聪慧、忍耐、卓越的人才会尝试着去理解他们。

对于人们为什么会那么想，那么做，自然有他们的原因。找寻到原因，就等于找到了理解他们行为和个性的钥匙。

试着让自己真诚地站在对方的角度思考问题。

如果你对自己说：“假如我处在他的位置，那么我会有什么感受呢，我应该做出什么反应呢？”这样做，你将会为自己节省下时间和不必要的烦恼。因为“对于原因产生兴趣，那么不可能不喜欢结果。”另外，你还将大大提升自己为人处世的技巧。

“暂停一分钟，”旨尼斯·古德在他的《如何使人变得高贵》一书中讲道，“暂停一分钟，将你对自己事情的浓厚兴趣，和其他一般事情的漠不关心作个对比，你就会明白，世界上任何其他人也都是抱有同样的想法。以后，你就能像林肯和罗斯福一样，把握住处理好人际关系的最坚实的基础，也就是，为人处世能否成功，全在于你是否能够以怜悯之心，接受他人的观点。”

住在纽约汉普斯顿城的山姆·道格拉斯，过去常常数落他的妻子，埋怨她修葺草坪修得太勤了，拔杂草、施肥、修剪，一周要做两遍。但是比起四年前他们搬进这个庭院，草坪并没有比那时好看。很显然，妻子对于他的数落感到很不高兴。因此，每当他这样批评她时，家里整个晚上都笼罩在不快的阴云当中。

在参与了我的授课之后，道格拉斯先生意识到了这些年来他犯了多大的错误。之前他从没有想到，妻子在做那些事情的时候会非常享受，并且也非常希望能由此得到夸奖。

一天晚饭后，妻子说要去除杂草并想要道格拉斯先生一起去。一开始他拒绝了，但过后他想了一下，又出去帮妻子一起拔草。她显得很兴奋，他们两人在一起干了一小时的活儿，度过了一个愉快的夜晚。

那之后，道格拉斯先生常常帮妻子收拾花园，并且常常夸奖她，草坪被修剪得又整洁又漂亮，院子里的泥土像大理石一样光滑。结果呢？他们两个都从中得到了许多快乐，因为他从妻子的角度出发学会看事务——即使这个事务只是除草这样的小事。

在本拉尔德·尼伦伯格的《深入他人心底》一书中，他谈到：“当你像珍视自己想法一样珍视其他人的想法时，并且将这种想法向对方表达出来，那么你和别人交谈才会轻松愉快。在进行谈话的时候，尽量把谈话的目的和方向告知对方，如果你是个听众，就要克制自己，说那些自己希望听到的话；如果对方是听众，采取他或她的意见将会使对方大受鼓舞，与你敞开心怀，畅谈一番。”

……

因此，在你明天请人把火扑灭，希望买你的产品或是向慈善团体捐款的时候，为什么不先停一下，闭上眼睛，试着站在对方的角度把整个事情想一想？问问你自己：“为什么他或她想要这么做？”的确，就这样做会花费一些工夫，但那能使你赢得朋友，得到更令人满意的结果，并且减少摩擦，避免争执。

“在与人会谈之前，我宁愿在那人办公室前的过道里走两小时，”哈佛大学商学院的院长唐翰说道，“也不愿意冒失地走进他的办公室，如果我对于我要说的以及他——从我对他的兴趣和动机的认识来推断——可能会帮出什么样的回答都没有底的话。”

这些话非常重要，我再重复一次，并用斜体字来强调它的重要性。

在与人会谈之前，我宁愿在那人办公室前的过道里走两小时，也不愿意冒失地走进他的办公室，如果我对于我要说的以及他——从我对他的兴趣和动机的认识来推断——可能会做出什么样的回答都没有底的话。

如果由于读完这本书，你只学到一件事——更愿意从别人的角度去看问题，能从他们的立场出发，就如同从自己的立场出发一样——如果这就是你从本书中学到的，那就足以为你的生活道路掀开新的一页。

规则8：试着真诚地从对方的角度看问题。

【简析】

不管你是什么人，《人性的弱点》都是一本让你惊喜，使你思想更成熟、举止更稳重的好书。我们相信这将是你一生中最重要的一本书。

《人性的弱点》是卡耐基思想与事业的精髓，全书通过栩栩如生的故事，按照通俗易懂的原则，从人性本质的角度挖掘出潜藏在人体内的种种弱点，帮助人们解决面临的难题：如何在你的日常生活、商务活动与社会交往中与人打交道，并有效地影响他人；如何击败人类的生存之敌——忧虑，创造幸福美好的人生。借此清楚地认识自我、了解自我，不断改造自我、完善自我，直至成功。

卡耐基开创了一套融演讲、推销、为人处世、智能开发于一体的教育方式，他纯熟运用社会学和心理学知识，对人性的真正内涵进行了深刻的探讨和分析，并结合生活经验提出行之有效的方法去积极地战胜弱点，化不足为优势，从而拥有人生的主动权。作品内容贴近生活实际，深入浅出地阐述了作者想要表达的思想，节奏明快、实用性强而且易于操作，具有明显的适应竞争社会的优势。

作者思路清晰，分项逐条阐述各种与人相处的规则，论点和论据紧密地结合在一起，在娓娓道来叙述故事的过程中自然引出或者解释所要阐明的理论。为了说服读者，作者通过大量真实的案例，结合自己的亲身经历来论证自己的观点或者理论，直观形象，避免了进行空洞的说教而激起读者的反感。透过这些案例，读者可以更好、更容易地读懂作品字里行间所蕴含的哲理；作者的亲身体会则会增强作品的真实感与感染力，让人更容易理解和接受。以节选部分为例，先以阐述了自己的观点，然后以道格拉斯的事例，佐以古德、尼伦伯格的著作观点论证自己的观点，语言简明通俗，内容易于接受。

作品通过具体的事例阐述处世哲学，于细微之处窥见人生真理，每一部分结尾处都用一句话把所要阐明的观点总结出来，给人以水到渠成的阅读体验，一点儿没有灌输思想观点的生硬感觉。它让我们在人性的弱点中不断反思，发掘自己的潜力所在，从而可以更好地完善自我，让我们在事业或生活中多一份自信和从容。

卡耐基的智慧无疑为我们打开了一扇认知的大门，这不仅仅是对生活哲理的阐述，更是对人性的细细剖析。认清人性的弱点，正视人性的弱点，我们才能更好地完善自己。

2. 细节决定成败（节选）

汪中求

【题解】

汪中求，江西九江人。1992年春进入商界，先后就职于香港恒雅（深圳）公司、清华同方、泰豪科技等知名企业。他从推销员做起，先后担任区域经理、分公司经理、企划部经理、营销总监、总经理、企业管理顾问等职务。十余年中足迹遍及国内28个省、市、自治区，签订或审定了超过2000份合同和协议。

2003年，汪中求出版《营销人的自我营销》，因其“做人优先于做事”的立意，使该书在营销圈内外传播甚广，被誉为“中国5000万营销人第一堂必修课”。2004年初，他又推出《细节决定成败》一书，提出“精细化管理时代——细节决定成败”的观点，被誉为“扎在当今社会浮躁穴位上的一根银针”，在全国范围内掀起“细节管理”研究与实践的热潮。

《细节决定成败》全书共五部分，本书节选了第二部分的第1节。

第二部分：没有破产的行业，只有破产的企业
——细节造成的差距

1.上海地铁二号线和一号线的差距

有一次，与从德国回来的一位“海龟”朋友聊天时，我自然问起了他留德的感受，并问他对德人印象最深的是什么。他说是德国人的严谨，德国人对任何工作细节的关注。他说了令我吃惊的一件事：现在德国的高速公路有的还是希特勒时代修筑的。

有一位名人说过：“硬件项目的管理更多地体现在细节的管理，细节到每个设计、每次改动、每次操作。”坐过上海地铁的人，一定都知道上海地铁二号线的故事。上海地铁一号线是由德国人设计的，看上去并没有什么特别的地方，直到中国设计师设计的二号线投入运营，才发现其中有那么多的细节被二号线忽略了。结果二号线运营成本远远高于一号线，至今尚未实现收支平衡。

o 三级台阶的作用

上海地处华东，地势平均高出海平面就那么有限的一点点，一到夏天，雨水经常会使一些建筑物受困。德国的设计师就注意到了这一细节，所以地铁一号线的每一个室外出口都设计了三级台阶，要进入地铁口，必须踏上三级台阶，然后再往下进入地铁站。就是这三级台阶，在下雨天可以阻挡雨水倒灌，从而减轻地铁的防洪压力。事实上，一号线内的那些防汛设施几乎从来没有动用过；而地铁二号线就因为缺了这几级台阶，曾在大雨天被淹，造成巨大的经济损失。

o 对出口转弯的作用没有理解

德国设计师根据地形、地势，在每一个地铁出口处都设计了一个转弯，这样做不是增加出入口的麻烦吗？不是增加了施工成本吗？当二号线地铁投入使用后，人们才发现这一转弯的奥秘。其实道理很简单，如果你家里开着空调，同时又开着门窗，你一定会心疼你每月多付的电费。想想看，一条地铁增加点转弯出口，省下了多少电，每天又省下了多少运营成本。

o 一条装饰线让顾客更安全

每个坐过地铁的人都知道，当你距离轨道太近的时候，机车一来，你就会有一种危险感。在北京、广州地铁都发生过乘客掉下站台的危险事件。德国设计师们在设计上体现着“以人为本”的思想，他们把靠近站台约50厘米内铺上金属装饰，又用黑色大理石嵌了一条边，这样，当乘客走近站台边时，就会有了“警惕”，停在安全线以内；而二号线的设

计师们就没想到这一点。地面全部用同一色的磁砖，乘客很难意识到已经靠近了轨道。地铁公司不得不安排专人来提醒乘客注意安全。

o 不同的站台宽度给人的舒适度不同

每次我到上海的时候，都体会到两条地铁舒适度的巨大差异。一号线的站台设计宽阔，上下车都很方便，而当你转入二号线后，就感到窄窄的让人难受，尤其遇到上下班高峰期。在上海这种大都市，二号线站台显得非常拥挤。

o 为什么省掉站台门？

德国设计师在设计一号线时，一是为了让乘客免于掉下站台，二是为了节省站台的热量，每处都设计了相应的站台门，车来打开，车走关上。而中方的施工单位可能是为了“节省成本”，居然没安装站台门，当然，更不可能理解德国设计师的用心了。

说中国的设计者没有德国人聪明？我想未必。关键在于长期养成的对待工作的认真和精细的态度。比起意大利、法国人的浪漫，美国人的随意，德国人显得严肃、认真，甚至刻板，可就是凭着这种一丝不苟、严肃认真的工作精神，使德国在二战后迅速成为世界第三号强国。

中国人绝不缺乏聪明才智，缺的就是对“精细”的执着。想想我们的城市规划、城市建设中的工程留下了多少遗憾。请问：我们城市的道路有多少条没有被“开膛破肚”过？我们的城市规划设计者有谁想到了供残疾人使用的无障碍通道（现在好像仍然没有）？我们城市中的立交桥有多少刚刚“胜利完工”就成为新的拥堵点，从而不得不进行一遍遍的改造？我们城市里鳞次栉比的高楼中，真正有创意的有多少？火柴盒楼、四方塔楼，一片片地被克隆着……

【简析】

作为“细节管理第一书”，《细节决定成败》畅销数百万册，是每一位管理者和员工应当学习与实践的功课。

老子曾说：“天下难事，必做于易；天下大事，必做于细”，它精辟地指出了想成就一番事业，必须从简单的事情做起，从细微之处入手。一心渴望伟大、追求伟大，伟大却了无踪影；甘于平淡，认真做好每个细节，伟大却不期而至。这就是细节的魅力。

《细节决定成败》是汪中求总结多年管理、咨询工作的实践经验，借鉴国外企业管理的经验写成的一部细节管理专著。作品内容丰富、资料翔实，对提高各级干部的管理与每一个人的自我管理水平具有实际作用。这本书强调，不论做什么工作，都要重视小事、关注细节，把小事做细、做透，揭示了“细中见精”、“小中见大”、“伟大与平凡”的真理，是企事业提高管理水平和工作效率的法宝。

作品从思想观念出发，写到细节产生的差距与忽视细节的代价；由细节的本质写到细节的积累。由浅入深、淋漓尽致地向我们展现了一个振聋发聩的思想观念：做人、做事、做管理，处处体现了细节的重要性。从现实生活来看，能够关注细节的人确实太少，这也就决定成功注定属于少数有心人。大多数人普遍存在做事缺乏韧劲、放松了不断提高自身素质的追求、执行力亟须进一步加强、工作态度偶欠端正等问题，正是存在这些问题，这本书才引起了读者的普遍共鸣，这也是该书畅销至今的原因所在。

在作品中，“细节管理专家”以大量人们习以为常却又令人触目惊心的案例论述了“细节”在管理中的重要性。以节选部分为例，上海地铁是很多人熟知的事物，作者说明了1号线和2号线的巨大差距，分析了这种差距产生的原因：德国设计师与中国设计师对细节的注重程度大相径庭。德国设计师身处异乡却仍旧一丝不苟，注重细节；而对祖国更加熟悉、了解的本土设计师却忽略了很多细微却非常重要的东西。德国设计师的出众之处，在于长期养成的对待工作精细、认真负责的态度，德国人就是凭借这种严肃认真的态度与高度的责任心使德国在二战后迅速成为世界第三号强国。从一个生活中的小处着眼，揭示一个令人难以忘记的现象，使人牢牢记住这种现象背后的成因，无疑是作品的成功之处。

3. 科学的历程（节选）

吴国盛

【题解】

吴国盛（1964— ），当代学者、北京大学哲学系教授，湖北广济人。主要研究方向为科学思想史与科学技术哲学。主要著作有《技术哲学讲演录》、《反思科学》、《让科学回归人文》、《自由的科学》、《追思自然》、《现代化之忧思》、《时间的观念》、《科学的历程》等。

《科学的历程》是一部以宽广的人文视角审视科学发展历程的科技史佳作。它通过对科学家生平及科学发现过程生动而激情的叙述，对人类每一次重大的科学技术进步在人类文明发展链条上的意义和价值的精当评述，以及对人类在认识大自然的过程中自身宇宙观、世界观的不断深化的阐扬，气势恢宏又通俗生动地描画出五千年人类文明史科学发展的历程。

《科学的历程》全书共10卷四十六章，下文节选的是绪论第三部分的主要内容。

绪论

三、五千年的曲折历程

……

科学，就其本质而言，是人类与周围的生活环境相协调的一种理性的手段。这样的手段是多样的，巫术、宗教、艺术、法律、都是协调自然环境或社会环境的方式，但科学是一种理性的方式、是一种物质的方式，因而显示出绵延不绝的生命力。

……

科学成为一种独立的精神活动，最早起源于希腊。希腊人最早对自然界形成了一种独立于神话而又系统的理性看法，而且创造了一套数学语言来把握自然界的规律。希腊第一个哲学家泰勒斯提出万物源于水的命题，奠定了西方哲学追究本源的形而上学精神。泰勒斯学生的学生阿那克西米尼指出，万物由气所构成，不同的物质由气的浓密稀疏所致，这开辟了把握世界的实体构成主义传统。这一传统主张，唯有找到自然现象背后的实体，并且通过这一实体将自然现象重新组合构造出来，才算是认识了自然。古代的原子论实际上是第一个比较成熟的实体构成主义的模型，原子论者找到了原子作为基础，并将大千世界的多样性和复杂性还原为原子的不同排列组合。与构成主义传统相对照的是由毕达哥拉斯学派开辟的形式主义传统。在他们看来，理解世界的关键不在于找出构成实体，而在于找出构成方式。他们认为，数是万物构成的基本形式，因此，数有着至高无上的本体论地位。柏拉图学派后来进一步精致化了这些主张，从哲学的高度进一步强化了形式的重要性。实体构成主义和形式主义这两大传统后来为近代科学所继承。

……

欧洲的第二次学术复兴也就是著名的文艺复兴。就科学史而言，这次的复兴在于更全面地恢复了希腊自然哲学的整体面貌，在于柏拉图主义重新支配了研究自然的学者们的思想，以对抗已占统治地位的托马斯—亚里士多德主义。这一时期航海罗盘、钟表、枪炮、印刷术的出现，以及美洲的发现，都为科学革命提供了合适的气氛和时代背景。人们即将从古代的知识范围里走出来，去探索无限的宇宙。

世界观的重大变革确实是从哥白尼革命开始的。希腊人以及中世纪的宇宙观，是一个层层相套的有限的球体，地球则居宇宙的中心。近代思想的一个革命性的变化就在于从有限封闭的世界，走向一个无限的宇宙。这一思想主题反映在许多方面：在天文学方面，最终抛弃了天球的概念，而将天体撒向一望无垠的宇宙空间。在物理学方面，最终抛弃了亚里士多德目的论的天然运动概念，而提出了惯性运动概念，这种运动除非受到干扰，将沿一条直线无限地运动下去。在视觉艺术的创作方面，定点透视代替全景透视，确立了欧几里德几何学在观察世界中作为先天形式的地位，人，随之被确立为观察世界的主体，世界即是观察者眼中的世界。在精神生活方面，对人类有限性的深刻意识以及从而对上帝的虔诚、恭敬，被无神论的狂妄、放肆以及对主体无限能力的崇拜所取代。在经济活动领域，对自然资源无限的开发和索取代替适度规模的小农经济。这一切，实际上都是“从封闭的世界走向无限的宇宙”这一时代主题的表现。于是，我们就不难理解，为什么哥白尼革命对于近代世界这么重要。因为，这场宇宙论革命，既是天文学的也是人类学的，既带来了世界图景的改变，也导致了欧洲心灵的重建。

从哥白尼开始，近代物理科学的诞生仿佛一幕早已被编排好的巨剧，每一环节都天衣无缝。第谷、开普勒、伽利略、笛卡儿、牛顿，每一位人物都在为重铸新时代的思想范式而努力，虽然他们不是没有走过弯路：第谷不同意哥白尼体系，开普勒不同意无限宇宙观，伽利略不愿意放弃行星运动的正圆轨道。“科学革命”或“近代科学的起源”，确实是思想史家得心应手的处理对象。在这一历史过程中，概念的演变确实引人入胜。

……

19世纪经常被誉为科学的世纪。一方面，古典科学的各个门类均相继成熟，形成了空前严密和可靠的自然知识体系：物理学上，电学、磁学与光学统一起来了，热学则通过统计方法与牛顿力学相统一；原子论使化学真正走上了定量研究的发展道路，元素周期表则揭开了化学元素的奥秘；天文学走出了太阳系，把视野朝向无限的宇宙空间，研究宇宙的物质结构、成分；进化论在达尔文的手里瓜熟蒂落，对欧洲思想界产生了巨大的影响，成为博物学传统中最辉煌的成就；实验生理学传统则结出了它的硕果，细胞学说的建立，遗传学以及特别是微生物学的发展，使人类对生物本质的理解进入了一个新的阶段。

19世纪成为一个科学的世纪，更在于科学和技术已经开始深入人们的日常生活。自然科学的体制化和在大学教育中位置的突出，标志着它社会角色的确认。而运输工具、通讯技术、冶金技术、化学工业和电力工业，象征着人与自然关系完全进入了一个前所未闻的历史时期，人类正在高度地开发自然力，并创造着一切时代都不曾想象的物质文明。

20世纪在两个方面显示了近代科学正处在一个转折点上。首先，传统的科学范式不再无条件地有效，世纪初年出现的物理学革命，改变了人们的世界观和科学观，使思想界经受了一次震荡。这一次革命的余波未了，物理学内部又在亚微观层次发现了新的规律性，这种规律性一反传统的机械论。强调世界的系统性、有机性、对未来的开发性、时间不可逆性，因此，有所谓“从存在的科学走向演化的科学”之说。在生物学中，情况有所不同，本世纪最杰出的成就是分子生物学的出现，它将生物学的实验研究水平，推进到了分子层次，从而对生命的遗传现象有了富有成效的了解。这一成就恰恰是基于古典物理科学的还原论模式。此外，进化论在本世纪也经历了几次洗礼，从其中成长出了与还原论模型相对抗的生物学家。

20世纪科学处在转折点上的另一个标志是，全球性危机的出现导致人们重新反思近代形成的人与自然的关系，反思近代科学的哲学基础。生态科学、生态哲学和生态意识开始成为人们密切关注的话题。

我们正处在又一个世纪交替的年代，也处在科学发展的转折点上，未来的科学指向何方，回顾科学的历史也许能使我们有所省悟。

【简析】

《科学的历程》是一本关于科学史的书籍，作者集纳了丰富的科学史史料，带领读者领略科学发展历程的独特景观。

把自然科学的诞生与发展放在人类文明史的长河中描述，又把人类文明的产生作为宇宙演化的一部分来阐述，有助于读者弄清自然科学在人类文明中的位置，以及人类文明在宇宙发展中的位置，从而加深读者对自然科学史的了解。以西方文明和科学的发展为主线，同时讲述了东方文明和科学技术对人类进步的重大贡献。书中对埃及、苏美尔、印度和中国四大古代文明做了简明清晰的描述，继而用较大的篇幅详尽地描述了希腊文明，描述了自然科学和数学在古希腊的蓬勃发展。本书的难能可贵之处是在讲述严肃的历史发展的同时，没有扔掉科学发展的那些生动活泼的细节，使得本书有更多的可读性和趣味性。

作者对科学史的深入分析与独到见解是本书的看点之一。他在对一些历史事件描述时，既能让读者钻进去，又能让你走出来，对有些问题进行了适度反思。比如在谈到18世纪英国产业革命和法国大革命时，除了对纺织、蒸汽机的发明进行了一番描述外，作者认为“工业革命基本上是在与理论科学无关的情况下发生的，但却马上带动了相应学科的发展。科学自此越来越面向实用技术，并形成了科学—技术相互加速发展的循环机制”。阅读此书有点像登山时找到一位高水平的导游，在引领你看景的同时，还能陪你谈古论今，思考原由。

本书还有突出的优点：一是插图丰富，并且随文在版面周边出现。这样能使所叙述的历史事件更加生动、直观、亲切，关键是能使读者有一个想象空间，并长留在他的脑海中。二是注释、参考文献及索引做得非常到位。比如参考文献第十条，作者把近 20 年国际和国内出版的科学史书籍进行了系列点评，内容既涉及综合史，也有分科史；既谈到内史，也包含外史，洋洋三千字，大有纵论的架势。人名索引都有中英文对照，这样读者如果想进一步研究的话，可通过索引和参考文献查找更详细的资料。

由于掌握了大量史料，作者行文收放自如而且条理清楚，语言简洁准确，表达深入浅出，很好地体现了作者希望科学能更好、更人性的意图。以节选部分为例，作者通过不到五千个字，就简明扼要地阐述了什么是科学，以及人类五千年历史长河中科学的发展概况，显示了作者对专业问题的深入研究与语言表达的轻松自然。究竟那种科学传播形式读者更喜欢、能更好地弘扬科学精神传播科学思想，《科学的历程》可能给出了一个答案。因为亲近科学的最好途径，可能就是从了解她的历史开始。

思考与练习

1．在《人性的弱点》中，作者认为取得别人认同的方法有哪些？结合生活实际，谈谈你对这些方法的认识。

2．在《细节决定成败》中，作者通过哪些案例来阐述细节造成的差距？这对你有何启示？

3．阅读《科学的历程》，谈谈你对科学的本质及其对现实生活影响的认识。

第四编　口语训练

第八章　口才技巧

第一节　口才的基础知识

一、口才的概念

口才是口语交际中说话（即口语表达）的才能。具体来说，口才是在交谈、演讲和论辩等口语交际活动中，表达者根据特定的交际目的和任务，结合特定的言语交际环境，准确、得体、生动地运用连贯、标准的有声语言，并辅之以适当的体态，表情达意以取得圆满交际效果的口头表达能力。它是人们的素养、能力和智慧的一种综合反映。

作为“最重要的交际工具”，对口语交际有以下三种要求：

第一，口语交际包括说话者和受（听）话者。无论是表达还是接受（实际情形往往是表达与接受交替转换），都必须有明确的说或听的目的，否则交谈是没有意义的。

第二，口语交际必须有具体的语言交际环境。口语交际具有明确的目的性，进入具体的语言交际环境，就要思考选择什么样的表达内容和表达方式才能使对方愉快地接受，并进而使对方采取相应的反馈行动。

第三，口语交际的工具主要是口语，辅之以体态语。也就是口语交际要考虑如何恰当地使用有声语言和体态语言。

从以上的分析可以看出，口语交际是具有特定目的的人（包括听、说双方），在特定的环境里，选择适当的话语内容和表达方式来进行思想交流和信息传递的一种语言活动。这种语言活动的主要表现形式是交谈、演讲和论辩。

二、口才的特点

口才是在人际交往和社会实践中表现和发挥出来的，人是这种语言活动的主体，而这种语言活动又产生了积极的效果。因此，综合表达者及其口语成品的主要特点有：

1. 明确的目的性

口语交际中表达者说话的目的虽然多种多样，但概括起来集中地表现在以下 6 个方面：

（1）明了，即让听者懂得所传递的信息或明白、理解他所不知晓、不了解的事情。

（2）说服，即让听者在弄懂对方思想观点、立场看法的基础上接受对方的观点并信服，同时能产生相应的行动。

（3）感动，即让听者随着讲说者的表达而产生情感、心境的变化，同悲同喜，同忧同乐，产生心灵相通、精神共鸣的效应。

（4）拒绝，即让听者明白自己的观点、看法、要求，表示出不被接受。拒绝是一种逆向交流，尤其需要注意讲究方式与技巧。

（5）反驳，即指出对方观点、要求的不合理乃至荒谬性。

（6）赞许，即认为对方的表达正确而加以称赞。

2. 高度的灵活性、适应性

在口语交际时，情形往往较为复杂，表达者为实现特定的目的，在因人、因事、因物、因景而进行的讲说中，必须会灵活机智地选用特定的表达方式和技巧以切合语言内容，切合特定语境，切合自己的身份和交际对象的特点。只有具有高度灵活性的表达，才能创造出效果良好的口才佳品来，否则将会适得其反。

3. 全面的综合性

优秀的口才是一个人素质和能力的全面综合反映。这里的素质，主要包括思想境界、道德情操、知识学问和天赋秉性。能力则主要包括观察能力、思维能力、决断能力、记忆能力、表达能力、交际能力和应变能力。人的素质和能力综合形成一种潜在的文化储备，这种储备在特定的语境中，通过想象和联想，发挥和创造，为讲说者取得讲说材料和讲说方式从而实现口语表达的目的起到积极的支持作用。所以，从根本上讲，好的口才，是表达者学识、素养和能力的综合表现。

三、口才的基本要素

现代理论家认为德、识、才、学是口才家的必备四要素。德、识、才、学四要素奠定了口才的基础，要想具有一流的口才，必须“浇筑”好德、识、才、学这四大基石。四者之间，学是基础，德是灵魂，识是方向，才是核心。语言取决于学问和知识，学可以丰才、可以增识、可以益德。

1. 德是口才的灵魂

“德”是一个人灵魂所在，不仅在口才表达上，就是在其他领域，“德”的灵魂作用也是第一位的，其内涵主要包括政治素质、事业心和责任感、务实作风和心理素质。口才受到“德”这三个层次内涵的制约，尤其是受政治素质的影响最大，它决定了一个人的言论立场，体现着明显的政治倾向，是评价一个人口才优劣的关键所在。

2. 识是口才的方向

口才家应是“有识之士”，具有览众山的知识储备。口才要产生震撼人心的力量，最好具有一些预见性，即表现为口才家的“识”。优秀的口才家的表达具有一定的前沿性，总能让人产生精神上的撼动，并能促使人付诸于行动。口才是一门综合性的艺术，影响表达效果的不仅仅是清晰、生动的口语，还有体态和神情动作。所以，口才家需要培养审美情趣从而提高鉴赏力，通过语言所创听觉艺术、视觉艺术来感染人、打动人。

3. 才是口才的核心

“才”是一个优秀口才家的标志。并不是掌握了语言表达才能的人，就可以称为口才家。因为口才是人的综合才能，除了语言表达才能外，还得培养记忆才能、观察才能、思维才能、想象才能、创新才能和应变才能等。多种才能的有机结合才会孕育出一个出色的口才家。

4. 学是口才的基础

常言道："工欲善其事，必先利其器。"要想会说话、说好话，首先必须充实知识，掌握知识这一利器。知识积累可以丰富口语表达的内容，可以使口头表达更加准确，可以使口语表达更加生动。作为一种对人的综合能力运用的口才，首先要有讲话的内容，即知识。当前，很多渴望提高口语表达水平的人，都不太懂得知识积累是口才学习入门的"敲门砖"，没有养成勤于积累的习惯，当然难进口才之门。许多时候，口才不佳并不在开口表达之时，而是在开口之前。这是因为知识底蕴的不足，知识储备的贫乏，一开始就限制住了表达者的思路和视野，使表达者不能浮想联翩，思接千载，视通万里，不能很好地发挥"调动"的才能。这就削弱了表达者的才情，使表达者丧失了说话的兴味，语言表现力也随之降低，说出来的话自然就显得平庸、空洞。

人的才能是建立在知识的基础上，由知识转化而来的。才能是知识的产物，是知识的结晶，知识是才能的元素和细胞。一个人才能的大小，首先取决于自身知识的多寡、深浅和完善程度。古今中外的口才家无不以有渊博的知识而著称。

英国哲学家培根说："知识就是力量。"口才的魅力深深扎根于知识的土壤中，作为口才家，必须拥有丰富的知识。只有拥有了丰富的知识，才能信手拈来，即兴发挥，使谈吐更高雅，论辩更精彩，出口成章，妙趣横生。

第二节　口才素质的形成

"说话"——张开嘴巴并发出某种声音来，对每一个人来说都是非常简单的事，因为掌握并运用语言的能力是人类与生俱来的天赋。但是能够掌握并运用语言是否就意味着有口才，甚至是有好口才呢？答案显然是否定的。人生来不具备口才，没有哪一个婴儿的第一声啼哭是玉润珠圆的词句。

因为口才是恰当的语言与熟练的应用技巧的结合，所以"能说话"只是形成口才的一种基本条件，"会说话"、"说的好"才是口才的突出特征，它的形成还有重要的素质条件。

有人根据口才的这一特点，将形成口才的智能结构比喻成一座"金字塔"：又宽又厚的塔基是知识积累，它包括人的知识素养、品德修养、心理素质等；塔身是思维能力，它包括思辨能力、想象力和应变能力；塔顶则是口语表达能力。在这三个层次中，知识积累、思维能力属一个人内在的素质修养，是通过后天努力提炼、升华、积淀而成的，需借助口头表达能力才得以外现；而口头表达能力的提高，必须从素质修养入手。只有三个方面相互配合，才能做到巧舌如簧、字字珠玑、八面玲珑、相得益彰。

一、知识积累

知识的积累是一个漫长而又复杂的过程，它需要一个人必须有持之以恒的毅力和细心认真的努力，有了宽厚的“塔基”，才有冲入云霄的“塔身”，才能成其风景。

（一）品德修养

品德是指人的思想品质和道德观念，它包括一个人的世界观、人生观、价值观、审美观、幸福观、使命感和责任感等内容。一个人的“德”是才的灵魂，它威力巨大，是一个人立于天地之间不败的脊梁，更是挖潜内在学问、激活思维品质的保障。“其身正，不令而行；其身不正，虽令不从。”（孔子《论语》）。这正说明了“德”对一个人的重要影响。

品德修养高低的判断标准，主要表现在四个方面：一是有崇高的理想信念；二是有高尚的道德情操；三是有优良的心理素质；四是有美好的仪表风度。

（二）知识素养

知识是人们在社会实践活动中所获得的认识和经验的总和，是口语表达内容的坚实基础，也是形成优秀口才的必须。“在这个世界上，全新的事物实在太少了。即使是伟大的演说者，也要借助阅读的灵感和得自书本的资料。”（卡耐基《语言的突破》）。一个人知识素养的形成，主要体现在对专业知识、社会人文知识和自然科学知识的综合把握上。

1. 专业知识

专业知识包括理论指导方法和专业理论知识两个层面。

理论指导方法主要是指世界观和方法论。要学会全面、深入、发展地看问题，防止片面性、主观性和简单化；要学会对具体情况做具体分析；要学会用比较的方法观察和分析事物等。也就是说，好的口才要求表达者要有自己正确的世界观和是非判断标准。专业理论知识是行业性的专业基础知识理论。作为一名优秀的口才家要扎实熟练地掌握所从事专业的全面的而不是片面的、系统的而不是杂乱的知识，做一个专业上的“内行”人。最重要的是对专业知识能形成自己消化后的理论体系，这样在表达时才会做到信手拈来，左右逢源。

2. 社会人文知识

专业的知识只能表现一个人口语表达上的科学性，口才的形成还必须有更加宽泛的社会人文知识，才能做到得心应手。社会经验、生活常识、天文地理、乡土人情、风俗习惯、名人名言、成语典故、名篇习作、轶闻趣事、街谈巷议等都属于社会人文知识范畴，一个优秀的口才家都应有所涉猎。

此外，口语交际的对象是人，表达者还应了解有关人的，诸如心理学、行为学、教育学、人际关系学等方面的知识，只有这样才能在交流表达过程中做到侃侃而谈，谈笑风生。

3. 自然科学知识

自然科学是研究大自然中有机或无机的事物和现象的科学。自然科学包括物理学、化学、地质学、生物学等。系统的、要点式地掌握一定的自然科学知识会对你的口才形成具有不可忽视的积极作用，会让你的表达游刃有余、神采飞扬，增强表达的效果。

二、思维能力

思维是人脑对客观事物的一般特性和规律性的一种概括地、间接地反映过程。人的思维决定于外界的客体，但是外界的客体并不是直接地、机械地决定着思维，而是通过人的内部条件，通过人脑对感性材料进行加工的过程而间接地决定着思维。

思维能力主要包括逻辑思维能力、形象思维能力和灵感思维能力三种。逻辑思维是以提示和把握事物的内在本质为根本任务，依据一定的系统知识、遵循特有的逻辑程序而进行的思维活动。形象思维是通过感性形象，运用想象、联想和幻想等手段来把握事物的思维活动。灵感思维是一种通过某种下意识（或“潜意识”）直接把握对象的思维活动，是在人的知识经验积累的基础上，在目的明确、意识高度集中的思维中，在外界物的参考和诱导下，产生形象、概念思维的快速撞击而出现的认识突变的思维过程，因而带有顿悟性、突发性和意外性。

思维能力的高低对口语表达的优劣、成败往往起着决定性作用。这主要表现为：思维的选择性和创造性制约着语言活动，思维的内容决定了语言表述的意义，思维的质量决定着语言表达的效果。“语言是思维的物质外壳”，恩格斯在《自然辩证法》中既肯定了语言推动思维发展的作用，同时又强调“脑髓和为它服务的感官、愈来愈明白的意识以及抽象力和推断力的发达，对劳动和语言又起着反作用，给二者的进一步发展以一个常新的推动力。”由此可见，语言的发展可以促进思维的发展，而思维的发展又可以反过来促使语言的进一步发展。

三、语言素养

口语表达成功的关键是运用语言的能力，具有较高的语言素养，才有可能表现出较强的运用语言的能力。

口语表达所需要的语言素养，主要从以下三种途径获得：

1. 系统学习语法、修辞和逻辑方面的知识、法则，以提高口语表达的正确性、生动性和严谨性。

2. 系统地学习和掌握副语言特征和体态语言等方面的知识，以便更好地展现表达者自己的精神风貌、情绪感受和个性特征。副语言特征主要包括音质、音强、音色、语气、语调、语速、节奏等，体态语言主要包括表情、神态、动作、身姿、手势等。

3. 坚持积累和吸收优秀的语言养料，譬如学习和借鉴经典名家的演讲、大量阅读中外名著、与时俱进在现实生活中学习那些有生命力的活语言等，都是行之有效的办法。古往今来的实践证明，不断地在生活中为自己补充新鲜的语言信息，是提高语言素养永不枯竭的源泉。

思考与练习

1. 自我介绍。（时间 3 分钟）

2. 请介绍你的所就读的大学。（时间 5 分钟）

3. 请介绍你的家乡。（时间 5 分钟）

第九章 演讲技巧

第一节 演讲的基础知识

一、演讲的概念

演讲，又叫讲演、演说。演讲是一种对众人有计划、有目的、有主题，系统的、直接的带有艺术性的社会实践活动。

演讲是演与讲的有机结合。它是一种在特定的时空环境中，演讲者凭借有声语言和相应的体态语言，郑重地、系统地发表见解和主张，从而达到感召听众、说服听众、教育听众的艺术化的语言交际形式。“演”与“讲”在演讲实践活动中，在传递信息的时候，并不是平分秋色，各占一半。二者虽然需要和谐统一，但不是一加一等于二的统一，而是以“讲”为主，以“演”为辅，互相交织、互相渗透、互相促进的统一。在这里“讲”是起主导作用，起决定因素的；而“演”则必须建立在“讲”的基础上，否则它就失去了存在的意义。如果平分秋色或颠倒了这一关系，也就不称为演讲了。

二、演讲的本质

演讲是人类的一种社会实践活动，具有鼓动性、现实性、适应性和艺术性，是它的主要特征。整个演讲活动，必须具备演讲者（主体）、听众（客体）、沟通主客体的信息，以及主客体同处一起的时境（时间环境）四个条件。这四者缺一不可，也就是说，离开任何一个条件，都构不成演讲活动。但是仅仅具备这四个条件，也不足以揭示出演讲的本质属性。因为，任何一种带有艺术性的活动，都有其自己独特的物质传达手段，形成自己特殊的规律，揭示着自身活动的本质特点。演讲活动自然也不例外，演讲者要想发表自己的意见、陈述自己的观点和主张，从而达到影响、说服、感染他人的目的，就必须通过与其内容相一致的传达手段。

作为演讲的传达手段主要有：有声语言，体态语言和主体形象。

（一）有声语言（讲）

有声语言是由语言和声音两种要素构成的，是在演讲活动中传递信息、表达思想最主要的媒介和物质表达手段，它是演讲者思想感情的载体，以流动的方式，运载着演讲者的主张、见解、态度和感情，将其传达给听众，从而产生说服力、感召力，使听众受到教育和鼓舞。

我们对有声语言的要求，则是吐字清楚、准确；声音清亮圆润、甜美；语气、语调、声音和节奏富于变化；要注意形式美和声音美。它具有时间艺术的某些特点，是听众听觉的接受对象和欣赏对象。

（二）体态语言（演）

体态语言就是演讲者的姿态、动作、身势、手势、表情等；它是流动着的行体动作，辅助有声语言承载着思想和感情，诉诸于听众的视觉器官，使听众产生与听觉同步的效应，加强了有声语言的表达效果。由于演讲是流动的，因此，它存在于一瞬间，转眼即逝，这就要求它准确、鲜明、自然、协调和优美，要有表现力和说服力。这样，才能在具备“能感受形式美的眼”的听众心里引起美感，并得到启示。它具有空间艺术的某些特点，是听众视觉的接受对象和欣赏对象。然而，体态语言虽然增强了有声语言的感染力和表现力，弥补了有声语言的不足，但如果它离开了有声语言，它就没有直接地、独立地表达思想情感的意义了。

需要指出的是，有声语言也好，体态语言也好，它们既不同于其他现实生活中的有声语言和体态语言，因为它们都带有一定的艺术性；也不同于舞台艺术中的有声语言和体态语言，因为它们不是纯艺术的。

（三）主体形象

演讲者是以其自身出现在听众面前进行演讲的，所以它必然以整体形象，包括形体、仪表、着装、发型、举止神态等直接诉诸于听众的视觉器官。而整个主体形象的美与丑、好与差，在一般情况下，不仅直接影响着演讲者思想感情的表达，而且也直接影响着听众的心理情绪和美感享受。这就要求演讲者在自然美的基础上，要有一定的艺术美。而这种艺术美，是以演讲者本人为依托的现实的艺术美，它不同于舞台艺术的性格化和表演化的艺术美。这就要求在符合演讲特定活动的前提下，注意朴素、自然、轻便、得体，举止、体态、风度的潇洒、大方、优雅，只有这样，才有利于思想感情的表达，有利于取得演讲的良好效果。

演讲的类型多种多样，它的分类没有固定不变的规定，但每种分类都必须采用同一角度和同一标准。探讨演讲的分类，了解各种演讲的性质与特点、区别与联系，是演讲学研究的一个重要课题，对人们参加演讲实践具有一定的指导意义。

三、演讲的分类

根据演讲活动的性质和特点，可以把演讲分成如下类型：

（一）从演讲内容上分类

1. 政治演讲

凡是为了一定的政治目的，出于某种政治动机，就某个政治问题以及与政治有关的问题而发表的演讲均属此类。它包括外交演讲、军事演讲、政府工作报告、各种会议上的总结报告、政治评论、就职演说、集会演讲、宣传演讲等。

政治演讲的特点是具有鲜明的思想性、严密的逻辑性和强烈的鼓动性。

2. 生活演讲

生活演讲指演讲者就社会生活中存在的各种问题、风俗、现象而做的演讲，它表达了演讲者对这些问题的看法、见解和观点。这种演讲涵盖的内容更加广泛，如亲情友谊、悼贺（悼词、贺词）、迎送（欢迎词、欢送词）、祝酒词、答谢等均属此类。

3. 学术演讲

学术演讲指演讲者就某些系统、专门的知识和学问而发表的演讲。一般指学校和其他场合的专题讲座、学术报告、学术发言、学术评论、科学讨论、科学报告或信息报告、学位论文的答辩等。它必须具有内容的科学性、论证的严密性和语言的准确性三大要素，这是与其他类型演讲的一大区别。

学术演讲的特点是深刻的论证、高度的逻辑修养、严谨的语言风格，同时还有一系列专门的术语。

4. 法庭演讲

法庭演讲指公诉人、辩护代理人在法庭上所作的演讲、律师的辩护演讲。它主要包括检察官的演讲（起诉词）、律师的演讲（辩护词）、社会起诉词、社会辩护词、被告的自我辩护等。

法庭演讲有自己的突出特征：向法性、公正性和针对性。

5. 宗教演讲

宗教演讲是指宗教神职人员在教堂宣传宗教教义、教规，讲授宗教故事或一切与宗教仪式、宗教宣传有关的激发宗教热情的演讲。它主要包括布道演讲（布道词）和一些宗教会议演讲，例如神父、牧师等面对教徒们所做的祈祷等。这种演讲在我国的影响不大，听演讲和做演讲的人都不多。

宗教演讲的基本特征是语言通俗、事例丰富，精神感染力强，其典型的特征是进行伦理道德方面的说教。

（二）从演讲的表达形式上分

1. 命题演讲

命题演讲由别人拟定题目或演讲范围，并经过一定时间的准备后所做的演讲。它包含两种形式：全命题演讲和半命题演讲。全命题演讲的题目一般是由演讲组织部门来确定的。半命题演讲指演讲者根据演讲活动组织单位限定的范围，自己拟定题目所进行的演讲。

命题演讲的特点是主题鲜明、针对性强、内容稳定、结构完整。

2. 即兴演讲

即兴演讲指演讲者在事先无准备的情况下就眼前场面、情境、事物、人物等临时起兴发表的演讲，如婚礼祝辞、欢迎致辞、丧事悼念、聚会演讲等，它要求演讲者要紧扣主题，抓住由头，迅速组合，言简意赅。

即兴演讲的特点是：有感而发、时境感强、篇幅短小。

3. 论辩演讲

论辩演讲指由两方或两方以上的人们因对某个问题产生不同意见而展开面对面的语言交锋。其目的是坚持真理、批驳谬误、明辨是非。比如，我们生活中常见的法庭论辩、外交论辩、赛场论辩，以及每个人都曾经历过的生活论辩等。论辩演讲较之命题演讲、即兴演讲更难些，它要求演讲者必须具备正确的思想、高尚的品质、严密的逻辑性、较强的应变性。

论辩演讲的突出特点是：针锋相对、短兵相接。

演讲的分类是由客观现实生活所决定，并为客观现实生活服务的。正如卡耐基所言“生命力、活力、热情是演讲者首先需要具备的条件。听众的情绪完全受演讲者左右。”“最成功的演说家，他们的成功也就在于此：它们在特殊的时刻里绽放，如罕开的玫瑰，不多时便又凋谢不见；可是听众享受到的愉悦却绵绵不绝。”

四、演讲的特点

演讲是一种言语表现，但并非所有言语表现都是演讲，演讲所具有的特点是：

（一）现实性

演讲属于现实公众活动范畴，不属于艺术活动范畴，它是演讲者通过对社会现实的判断和评价，直接向听众公开陈述自己的主张和看法的现实活动。

（二）艺术性

这里的艺术性是现实活动的艺术。演讲为了达到启迪心智、感人肺腑的目的，需要借助一些艺术的表现手段创造艺术感染力。演讲的艺术性在于它具有文学特征、朗诵艺术色彩和富有感召力的体态语言，形成了统一的整体感和协调感，即演讲中的各种因素（语言、声音、表演、形象、时间、环境）形成一种相互依存、相互协调的美感。同时，演讲还具备着戏剧、曲艺、舞蹈、雕塑等艺术门类的某些特点，并将其与演讲融为一体，形成具有独立特征的演讲活动。

（三）鼓动性

演讲活动一向被喻为是进行宣传教育、政治斗争的有力武器，人们通过演讲来宣传真理、统一思想、赢得支持，从而引导他人的行为。所以说，没有鼓动性，就不成为演讲。

这是因为：

（1）一切正直的人们都有追求真善美的渴望，演讲者传播了真善美，自然会引起共鸣，激励和鼓舞听众。

（2）演讲者以自己炽烈的感情去引发听众的感情之火，容易达到影响听众的目的。

（3）演讲者的形象、语言、情感、体态以及演讲词的结构、节奏、情节等均能抓住听众的心。

（4）演讲的直观性使其与听众直接交流，极易感染和打动听众。可以说，鼓动性是演讲成功与否的一个标志。

（四）工具性

演讲是一门科学，更是一个工具，是人们交流思想的工具。任何思想、任何学识、任何发明和创造，都可以借助演讲这个工具来传播。可以说，演讲是最经济、最实用、最方便的传播工具，任何人都可以使用它。

（五）针对性

演讲是一种社会实践活动，它所面对的听众也是社会的成员。因此，演讲应具有社会现实的针对性，要与时俱进。演讲者的观点来源于对现实社会生活的归纳和提炼，只有这样，演讲才有说服力、感召力，才能引人深思，发人深思。

（六）适应性

演讲的内容包罗万象，社会生活事无巨细，古今中外纵横千里，它适合于男女老幼，不同背景、文化层次、职业、身份、种族、阅历的所有人；同时，它不受时空、设备等限制，可以随时随地进行。因此，演讲是具有很强适应性的宣传教育形式之一。

五、演讲的作用

1. 演讲是一种重要的宣传手段，它可以驱邪扶正，倡导正确的舆论，促进社会文明发展。人类社会的文明史、发展史，一定程度上就是真善美与假恶丑的斗争史，而演讲历来是这种斗争的主要工具之一。古今中外一切正义的演讲家，都是拿着演讲这一武器，宣传真理，唤醒民众，推动社会进步。我国商代盘庚为了迁都所做的演讲，将旧都比作被砍倒的树木，把新都比作刚生出的新芽，使民众深刻认识到了迁都的意义而欣然接受，实现了迁都的伟大壮举。1775 年，美国演讲家帕特里克·亨利在弗吉尼亚州会议上发表了激励人心的抗英演讲，迅速地唤起了千百万人民坚定地投身到斗争中。他的“不自由，毋宁死”的名言，至今仍教育着广大民众为自由而战。可见，正义的演讲可以启人心智，传播文化，宣传真理，驱邪扶正，把人类社会推向理想境界。

2. 演讲是一种重要的交际工具，它可以进行道德教化，培养高尚的道德情感，促进人类的文明建设。演讲者在演讲时，总是用正确的道德情感来感染和影响听众，从而培养听众的情感，诸如爱国主义情感、国际主义情感、集体主义情感、革命英雄主义情感等，对培养、影响听众的情感作用之大。

3. 演讲是一种重要的舆论引导方式，它可以增强人们的意志，唤起听众的行动和实践。一次成功的演讲，除了启迪人心、传播真理、培养情感外，最重要的目的是增强人们的意志，唤起听众的行动和实践，使之投身于改造主观、客观世界的实践活动中。我国伟大的民主主义革命先行者孙中山先生在致力于民主革命的 40 年间，始终以演讲为武器启迪和呼唤民众投身于民主革命。正如后来许多参加辛亥革命的老人回忆道，他们之所以参加辛亥革命，就是因为听了孙中山先生激动人心的演讲所致。实际上演讲的功能是非常复杂、多样的。就一次演讲来说，往往总是同时具有多种功能，只不过是有所侧重而已。而事实上，演讲的功能和作用是紧密相连、相互包容、相辅相成的。

第二节 演讲的技巧

一、做好演讲的准备

演讲的准备工作包括了解听众、熟悉主题和内容、搜集素材和资料、准备演讲稿、做适当的演练等。

二、选择优秀的演讲者

优秀的演讲者包括下述条件：

（1）足够的权威性；

（2）演讲者具有较强的语音能力和技巧；

（3）演讲者的热情；

（4）演讲者的理智与智慧；

（5）演讲者的仪表状态。

三、运用演讲艺术

演讲艺术包括开场白的艺术、结尾的艺术、立论的艺术举例的艺术、反驳的艺术、幽默的艺术、鼓动的艺术、语音的艺术、表情动作的艺术等，通过运用各种演讲艺术，使演讲具备两种力量，即逻辑的力量和艺术的力量。

四、何谓善用空间的演讲

所谓空间就是指进行演说的场所范围、演讲者所在之处以及与听众间的距离等。演说者所在之处以位居听众注意力容易汇集的地方最为理想。例如开会的时候，主席多半位居会议桌的上方，因为该处正是最容易汇集出席者注意力的地方。

反之，如果主席位居会议桌之正中央，则会议的进行情况会如何呢？恐怕会使出席者注意力散漫了，且有会议冗长不休的感觉。因此，让自己位居听众注意力容易汇集之处，不但能够提升听众对于演讲的关注，甚至具有增强演说者信赖度权威感的效果。

五、演讲时的姿势如何

演说时的姿势也会带给听众某种印象，例如堂堂正正的印象或者畏畏缩缩的印象。虽然个人的性格与平日的习惯对此影响颇巨，不过一般而言仍有方便演讲的姿势，即所谓“轻松的姿势”。要让身体放松，反过来说就是不要过度紧张。过度的紧张不但会表现出笨拙僵硬的姿势，而且对于舌头的动作也会造成不良的影响。

决窍之一是张开双脚与肩同宽，挺稳整个身躯。另一个决窍是想办法扩散并减轻施加在身体上的紧张情绪。

六、演讲时的视线

在大众面前说话，亦即表示必须忍受众目睽睽的注视。当然，并非每位听众都会对你报以善意的眼光。尽管如此，你还是不可以漠视听众的眼光，避开听众的视线来说话。尤其当你走到麦克风旁边站立在大众面前的那一瞬间，来自听众的视线有时甚至会让你觉得刺痛。

克服这股视线压力的秘决，就是一面进行演讲，一面从听众当中找寻对于自己投以善意而温柔眼光的人。并且无视于那些冷淡的眼光。此外，把自己的视线投向强烈“点头”

以示首肯的人，对巩固信心来进行演说也具有效果。

七、演讲时的脸部表情

演讲时的脸部表情无论好坏都会带给听众极其深刻的印象。紧张、疲劳、喜悦、焦虑等情绪无不清楚地表露在脸上，这是很难由本人的意志来加以控制的。演讲的内容即使再精彩，如果表情总觉缺乏自信，老是畏畏缩缩，演讲就很容易变得欠缺说服力。

控制脸部的方法，首先“不可垂头”。人一旦“垂头”就会予人“丧气”之感，让听众觉得演讲者很不自信。而且若视线不能与听众接触，就难以吸引听众的注意。另一个方法是“缓慢说话”。说话速度一旦缓慢，情绪即可稳定，脸部表情也得以放松，全身上下也能够为之泰然自若起来。

八、有关服饰和发型

服装也会带给观众各种印象。尤其是东方男性总是喜欢穿着灰色或者蓝色系列的服装，难免给人过于刻板无趣的印象。轻松的场合不妨穿着稍微花俏一点的服装来参加。不过如果是正式的场合，一般来说仍以深色西服、男士无尾晚宴服，以及燕尾服为宜。其次，发型也可塑造出各种形象来。长发和光头各自蕴含着强烈的形象，而鬓角的长短也被认为是个人喜好的表征。站出来演讲之际，你的服装究竟想带给对方何种印象，希望各位演讲者要好好地思量一番。

九、声音和腔调

声音和腔调乃是与生俱来的，不可能一朝一夕之间有所改善。不过音质与措词对于整个演说影响颇巨，这倒是事实。某项研究报告指出，声音低沉的男性比声音高亢的男性，其信赖度较高。因为声音低沉会让人有种威严沉着的感觉。尽管如此，各位还是不可能马上就改变自己的声音。总之，重要的是让自己的声音清楚地传达给听众。即使是音质不好的人，如果能够秉持自己的主张与信念的话，依旧可以吸引听众的热切关注。

说话的速度也是演讲的要素。为了营造沉着的气氛，说话稍微慢点很重要。不过，倘若从头至尾一直以相同的速度来进行，听众也会感到乏味的。

十、与观众互动

演讲时要注意与观众互动，这样可以渲染场上的氛围，增强感染力。

思考与练习

1. 我爱我的专业。

2. 倡导诚信，从我做起。

第十章　辩论技巧

第一节　辩论的基础知识

一、辩论的概念

辩就是辩解、辩明是非或辩驳，论就是议论、论述。当双方或多方围绕一个或几个问题产生了针锋相对的观点时，就需要展开一番讨论，以确定谁是谁非。这种口头讨论的深入化和激烈化，就是辩论。

二、辩论的要素

一场辩论，必须包括三个要素，这就是辩题、辩论规则、辩论人，这里，我们通过辩论与演讲的比较来分析这些要素。演讲赛也是一种智力的竞技运动，从比赛的形式看，我们可以把演讲看成是表演式的智力竞技运动，而辩论则是对抗式的智力竞技运动。

（一）辩题

辩题是辩论的中心，整场辩论都是围绕辩题进行的。无论辩论赛还是演讲赛，题目都是事先确定的，通常由比赛的组织者拟定后让参赛者抽签选定，辩论赛还要确定各方所持的立场。

1. 辩题的对抗性：辩题与演讲题不同，演讲题诸如“我有一个梦”、“还我地球”、“长江：1998”或者“长江：2025”、“澳门，你好”，等等，都是直接以肯定或者否定的形式表达一种观点、愿望、理想，题目不需要包含冲突。而辩题则必须设置冲突，形成对抗，这好比赛跑只能有一个终点，而足球则必须有两个相对的球门。参辩双方的观点必须是对立的或者分歧的，这是辩论的前提。双方围绕这种对立或分歧展开对抗，进行论述、反驳和辩护。因此，辩题总是要求双方在对立和分歧中做出选择。选择大体上可以分成三种类型：是与非，如“高薪是否能够养廉”、“电脑是否将取代书本”；正与反，如“人性本善还是本恶”、“美是客观存在还是主观感受”的问题；此与彼，如“愚公应该移山还是应该搬家”、“社会秩序的维系主要靠法律还是主要靠道德”。辩题的这种对抗性，也可以称之为“可辩性”。可辩的辩题可能是千年辩题，世世代代，永无终结，如“人性善”还是“人性恶”的问题。通过辩论，尽管不可能达成最终的统一，却有助于深化人们对这个问题的认识，充实其内涵。更多的是社会热点问题，在知识爆炸、信息爆炸、社会变革的步伐日益加快的今天，这类问题层出不穷，举不胜举。从这些年的各类辩论来看，辩题涉及的问题非常广泛，如环境保护、安乐死、艾滋病、克隆人、因特网、女士优先、打假、反腐败、教育、出国热、现代化，等等。

2. 辩题的平等性：仅仅具有对抗性还不一定就是可辩的，下面几类题目就不可辩：一是尚无结论而需要通过科学实验和发现来决定的命题，如“UFO（不明飞行物）是不是星外来客”、“神农架有没有野人”等问题就是不可辩的。二是需要通过定量才能得出确定结论的问题，也是不可辩的。三是属于常识性的或已有定论的或已形成人们共识的命题同样是不可辩的，譬如“地球是否围绕太阳转”。这些题目之所以不可辩，就因为对辩论双方不平等。任何一个辩题，都必须对双方平等，使正方和反方都能在平等立论的基础上展开。不过，同样一个问题，如果设计得好，不可辩也可以成为可辩的。例如，在“为了预防洪水，人类是否应该保护环境”、“武汉大学是否应该建设世界一流大学”这样的辩题下，反方几乎是没有展开的空间。但是，如果把这两个题目改为“预防长江洪水，保护上游植被比疏通下游河道更重要”或者“抵御洪水：修筑堤坝还是疏浚河道”、“建设一流大学：本科教育比研究生教育更重要”或者“教学比科研更重要”，也许就可辩多了。此外，意识形态色彩过浓的题目也不宜用作辩题。

辩手经常提出的一个问题是：辩题对我方有利还是不利。任何一种竞技运动，总会存在有利与不利的问题，就体育竞赛来说，尽管竞赛规则对双方同等适用、一视同仁，但天气、场地、观众都可能给参赛双方带来有利或者不利的影响。譬如足球，在客场踢球，面对对方的观众和狂热的球迷，就会处于不利的地位。但就对方的球员来说，由于在自己的家门口踢球，心理压力可能更大一些。而球迷的狂呼乱叫，其实对双方的球员都是一种干扰。因此，所谓有利和不利都不是绝对的，而是相对的。辩论赛也是如此。从辩论赛的组织来看，除了规则对双方同等适用外，辩题都是“中性”的，双方获胜的机会是同等的。当然，辩题给双方留下的发挥余地有时会有些差异，大众对辩题的认同会有所不同，民族文化传统所提供的思想资源也会有多有少。但这种差异不会对比赛结果产生根本影响。而且，立场处于不利一方的辩手，如果在辩论中发挥正常，表现出较好的素质，雄辩有力、自圆其说，就更能赢得评委和观众。这好比跳水运动中，难度大的动作，评分的难度系数也大。辩论的规则中虽然没有规定难度系数，但它在客观上可能无形地存在于评委和观众的潜意识中。更重要的是评委的评判表决，不是依据他们对双方立场观点是否认同，而是依据双方是否能自圆其说以及在辩论中的综合表现。事实上，立场处于不利一方的辩论队获胜的例子是很多的。如，1994 年长虹杯全国电视辩论赛有这样一道辩题：“烟草业对社会利大于弊”（中山大学—南开大学），应该说辩题对正方比较不利，但中山大学队以烟草业是国民经济的一个行业，国家的发展根本是发展经济作为展开的基点，立论巧妙，发挥得很好，赢得了这场比赛。更能说明这个问题的另一个例子是 1993 年首届国际大专辩论赛的半决赛辩题：“艾滋病是医学问题还是社会问题”。复旦大学队作为反方，立场是“艾滋病是社会问题，不是医学问题”。这个辩题属于“片面深刻”型，“艾滋病不是医学问题”这个判断把一种立场推向了极端，有违常识，几乎是不可辩的；如果把题目改为“艾滋病是社会问题，但更是医学问题”，给双方的发挥余地似乎更公平一些。然而，复旦的辩手们居然赢了，这正是：“沧海横流，方显出英雄本色”。

3. 辩题的准确性：辩题必须准确，经过字斟句酌，反复推敲。演讲题则可以有模糊性、隐喻性、象征性。如“我有一个梦”，这里“梦”指什么，可以由演讲人自由想象和发挥。辩题就不行，每一个字、每一个词都必须经得起推敲，而不能有任何模糊。就辩论的参赛者来说，就得对辩题的每一个字、词和每个概念及概念之间的关系都进行一番仔细的分析推敲，譬如，1998 年全国大专辩论赛的决赛辩题是“高薪能够养廉”（西安交通大学－上海外国语大学）。这一辩题中包括的概念就有“薪”、“高”、“高薪”、“廉”、“养”、“养廉”以及“能够”七个，任何一个概念都不能忽视或漏掉。通过对辩题的分析推敲，辩论队从教练到每一个辩手应在以下几个问题上统一认识，保持高度的一致：一是基本立论，二是底线，三是基本战线，四是思想境界。这几点，在场上任何辩手都无权改变，必须密切配合、相互呼应，尤其是底线，一经确定，就得严防死守。所谓基本战线，就是要确定几个战场以及哪个是主战场、哪个是辅战场。一场辩论往往存在几个焦点，相互联系、相互呼应，辩论中就要抓住要害，避开己方的弱点，充分发挥优势，根据场上形势及时转移战场。关于思想境界，往往容易被忽视，因此，辩论中的一个通病是纠缠于细枝末节。譬如，男人与女人的关系常常成为辩题的内容，如 95 国际大专辩论赛辩题：“女性比男性更需要关怀”（波恩大学－辅仁大学）、98 全国大专辩论赛辩题：“未来社会：女性比男性压力大”（电子科技大学－同济大学）。这种辩题不仅富有时代感，而且视野应该是非常广阔的。然而，持正方即维护女权立场的一方总是提出女人生孩子的问题，而更不幸的是，反方在这种情况下又很容易跟着正方跑，双方似乎都对生孩子表现出极大的兴趣，结果双方就在产房门前兜来兜去，纠缠不休。再如，1997 年武汉大学第六届红枫杯决赛的辩题“现代社会，竞争比合作更重要”，辩论双方似乎都忽视了在“现代社会”的概念上展开，只是就竞争谈竞争、就合作谈合作，未能在“现代社会”这个时代的高度展开自己的论点。正方给人的印象是：他们所说的竞争与 19 世纪的社会达尔文主义没有什么不同，弱肉强食。反方则一再抓住环境这个人类面临的共同问题，似乎强调合作就是因为人类需要保护环境，时而又把合作说成是参加竞争的集体的内部的合作，这就对辩题有所偏离，也缺乏时代感，从而降低了辩论的思想境界。

辩题的措词必须准确、严谨，但不等于说没有给予辩论的参赛者主动定义的余地。定义得好，可以为己方造成有利的辩论基点，如上面说到的把烟草业定义为国民经济的一个行业，就是一个非常有智慧的例子。但是，也不能为了辩论就任意定义，前面提到的以“大学生兼职利大于弊还是弊大于利”为题的辩论中，正方把学生担任学生干部也作为兼职的内容，就违背了人们已有的约定，失去了本来有利的地位。辩论中的另一个通病，是纠缠于辩题中的某个定义，例如，“流动人口对城市发展利大于弊还是弊大于利”这个辩题，正方为了说明利大于弊，主张流动人口应包括流进和流出，而一方定义后另一方也上来跟着跑，在是否采纳这个定义的问题上纠缠不休，听众听起来感到没有意义。

（二）辩论规则

演讲比赛是由参赛人各自独立地完成，然后由评委们做出评判，演讲比赛的规则比较简单，主要是对演讲的时间做出限制。而辩论的规则显然比演讲更复杂，因为它更多的是一种游戏，游戏的博弈过程千变万化，就得事先立下一些约定，制定出比较复杂的规则。辩论的规则可以分为三个方面：

1. 比赛的组织规则，主要涉及组队资格、报名程序和赛制。赛制包括对阵图格局和抽签办法等，由辩论赛的组委会负责执行。赛制目前采用的多为淘汰制，经过初赛、半决赛、决赛，从八个参赛队中产生出冠军。

2. 赛场规则，涉及辩论的模式，主要是包括双方上场人数、发言的次序和次数、每一阶段的时间等。从亚洲大专辩论赛开始，新加坡模式比较流行，为四对四阵式，辩论过程包括陈词、盘问、自由辩论、总结陈词。后来，北大模式在此基础上做了修改，增加了盘问，意图在于加强辩论的对抗性。1996 年的第二届中国名校辩论邀请赛又尝试了一种新模式，即三对三阵式，除了保留上述辩论过程外，在赛前增加了双方教练的辩论方案介绍。赛场规则由主持人监督执行。主持人与裁判不同，其职责主要是程序性的，没有裁决胜负的实权，主要负责在辩论开始前讲明比赛规则和注意事项，并主持比赛的全过程。对主持人的基本要求是公正、中立。为了活跃赛场气氛，他（她）可以适当地、用最简洁的语言对辩手的表现给以鼓动，但不可使用评论性语言，更不能对辩手的发言加以褒扬或贬抑，而对辩论某一方的偏袒或刁难则是绝对不能有的。1996 年的红枫杯决赛，有一位辩手在时间用完时未能讲完他事先准备好的辩词，主持人在终止他的发言后说了这样一句话："这位辩手准备得太充分了，以致于时间都不够用了"。她主观上是想诙谐一点，活跃气氛，但不经意之间对辩手有所揶揄和嘲讽，这是不应该的。有的辩论赛中，还有不少主持人似乎控制不住赛场的秩序，尤其是当辩手用完了规定的时间时，有的主持人往往不能果断、干脆地终止他的发言。作为主持人应该记住的是：执法如山。

3. 关于参赛选手语言和行为的规范和评判，包括两个部分的内容，一是所使用的语言为普通话（华语大专辩论称之为现代华人的共同语，就是汉语的普通话，即以北京语音为标准音，以北方话为基础方言，以典范的现代白话文著作为语法规范的普通话），不能宣读事先准备的辩论稿，不能对对方进行人身攻击，等等。这些内容通常也构成赛场规则的一部分，但要在评判中得到贯彻，是评分的依据。二是评判规则，包括评判团的产生和组成、评分标准和评分程序等。演讲和辩论都需要评判，评判不同于裁判，体育中的裁判有许多硬性的指标，可以根据这些指标做出判断和裁决。而演讲和辩论的评判所依据的标准大多是软性的，在很大程度上依赖评判团成员的主观判断。这种评判也不同于批阅试卷，没有时间进行比较斟酌，但相比之下，辩论中双方对阵，变局较多，而且辩论的语速比演讲更快，观众和评委都更难与辩论参赛者进行同步思考，因而评判时不可能进行仔细的斟酌和推敲，评判中的主观性更多一些，依据更多的是印象和感觉，而不是精确的量度和计算。认识这一点，对制定辩论的战略和策略是很重要的。

（三）辩论人

辩论人是辩论的主体，包括参赛双方，可以分为个人的和团体的两种，具体有一对一、二对二、团体对团体，好比球类中的单打、双打和团体赛，但乒乓球中的团体是以单打和双打的积分确定胜负，辩论赛中的团体赛是一起上阵。作为辩论的参赛双方，应是来自同一个层次的，在文化、理论和道德修养以及气质、涵养诸方面应是相当的，否则辩论就不能形成交锋和高潮，不可能真正展开，也就没有了观赏价值。辩论的成功与否取决于辩论人的素质，辩论是一种综合素质的较量。这种素质可以分为三个方面：①知识性素质，有文化积累、知识结构和知识面等；②技巧性素质，有逻辑思辨、语言艺术、幽默感等；③人格性素质，有道德涵养、心理心态、合作精神、风度气质、仪表仪态等。

这里，特别需要强调一下辩论队员的人格性素质。辩论与演讲的重要区别在于，作为个对手，既要与对方唇枪舌剑、决一雌雄，又要与对方平等相待、友好相处，对对方的人身、人格、知识层次、文化水准及场上表现都应给以充分的、真诚的尊重。任何人身攻击、有损人格或者挖苦对方的语言、措辞、手势和动作都是应该绝对避免的。可以以姿势助说话，但比演讲要少一些，更不要有夸张性的姿势，做怪相、拍桌子、张牙舞爪都是有失体面的。1995 年的首届中国名校辩论邀请赛，一位辩手在陈词时，上来第一句话就是“对方今天可是开口千言，离题万里”，这是什么意思呢？如果真是这样，对方岂不是根本没有资格来与你辩论，根本不是你的对手？因此，这就意味着根本没有把对方放在眼里，因此是不适合的。还有的辩论赛在自由辩论中双方论到了法律问题，这时反方的一位辩手站起来说，“我是学法律的，……”，也显得是在以势压人。俞吾金先生在他的《辩论中的十大关系》中谈到，复旦大学队在训练时非常注意纠正队员的不当用语，不允许队员指责对方“篡改辩题”，而要求使用“改变”这类中性词，也不允许队员用“偏见比无知离真理更远”这样的话批评对方。做一个辩手，首先要学会做人，要体现出受过高等教育的气质和涵养，接受了现代文明的洗礼和熏陶，具有现代人的风度、礼貌和宽容，场上场下都彬彬有礼，而不要盛气凌人，咄咄逼人。

三、辩论的特点

（1）辩论人员的双边性：辩论是双边活动，最少两人参加，单一方面只能是议论而已。

（2）辩论观点的对立性：双方观点是对立的，或是或非，这样才有辩论的可能，否则就是谈判。

（3）论证的严密性：只有合乎思维逻辑的辩论，才可能获胜，否则只能是诡辩。

（4）追求真理的目的性：辩论目的是追求真理，取得共识，辩论双方没有对错之分。

四、辩论的类型

（一）自由辩论

人们在社会生活中看到或听到了某些事情对此产生看法，并发表议论，有人附合，有人反对，由此产生的辩论就是自由辩论。这种辩论，没有固定的地点，没有固定的人数，也没有一定的规则，总之，是人们在社会生活中由于观点的对立，自发产生的而不是有意识组织的。它不能产生结果、分出胜负，更多的则是不了了之。

（二）专题辩论

专题辩论是辩论最基本最有意义的形式。首先，是有组织有准备的活动，都是由主持者按预定的程序组织辩论；其次是有明确的目的性；最后，要统一到正确的看法上来，具体来说有如下四种：

（1）法庭辩论；

（2）社交辩论；

（3）决策辩论；

（4）赛场辩论。

这是一种人为组织的辩论形式，是有组织、按一定规则进行的，围绕同一题目，由辩论双方陈述自己的见解、抨击对方的观点的一种团体演讲比赛形式。这种辩论，由于双方当面交锋，短兵相接，因此，最能锻炼人的思维能力、应变能力和口头表达能力，也容易对观众产生较强的感染力和吸引力。

第二节 辩论的技巧

本节将以技法理论结合对实际辩例的分析，介绍几种反客为主的技巧。

一、借力打力

武侠小说中有一招数，名叫“借力打力”，是说内力深厚的人，可以借对方攻击之力反击对方。这种方法也可以运用到论辩中来。

例如，在关于“知难行易”的辩论中，有这么一个回合：

正方：对啊！那些人正是因为上了刑场死到临头才知道法律的威力。法律的尊严，可谓“知难”哪，对方辨友！（热烈掌声）

当对方以“知法容易守法难”的实例论证于“知易行难”时，正方马上转而化之从“知法不易”的角度强化己方观点，给对方以有力的回击。扭转了被动局势。

这里，正方之所以能借反方的例证反治其身，是因为他有一系列并没有表现在口头上的、重新解释字词的理论作为坚强的后盾：辩题中的“知”，不仅仅是“知道”的“知”，更应该是建立在人类理性基础上的“知”；守法并不难，作为一个行为过程，杀人也不难，但是要懂得保持人的理性，克制内心滋生出恶毒的杀人欲望，却是很难。这样，正方宽广、高位定义的“知难”和“行易”借反方狭隘、低位定义的“知易”和“行难…”的攻击之力，有效地回击了反方，使反方构建在“知”和“行”表浅层面上的立论框架崩溃了。

二、移花接木

剔除对方论据中存在缺陷的部分，换上于我方有利的观点或材料，往往可以收到“四两拨千斤”的奇效。我们把这一技法喻名为“移花接木”。

例如：在《知难行易》的论辩中曾出现过如下一例：

反方：古人说“蜀道之难，难于上青天”，是说蜀道难走，“走”就是“行”嘛！要是行不难，孙行者为什么不叫孙知者?

正方：孙大圣的小名是叫孙行者，可对方辩友知不知道，他的法名叫孙悟空，“悟”是不是“知”？

这是一个非常漂亮的“移花接木”的辩例。反方的例证看似有板有眼，实际上有些牵强附会：以“孙行者为什么不叫孙知者”为驳难，虽然是一种近乎强词夺理的主动，但毕竟在气势上占了上风。正方敏锐地发现了对方论据的片面性，果断地从“孙悟空”这一面着手，以“悟”就是“知”反诘对方，使对方提出关于“孙大圣”的引证成为抱薪救火、惹火烧身。

移花接木的技法在论辩理论中属于强攻，它要求辩手勇于接招，勇于反击，因而它也是一种难度较大、对抗性很高、说服力极强的论辩技巧。诚然，实际临场上雄辩滔滔、风云变幻，不是随时都有“孙行者”、“孙悟空”这样现成的材料可供使用的。也就是说，更多的“移花接木”，需要辩手对对方当时的观点和我方立场进行精当的归纳或演绎。

比如，在关于“治贫比治愚更重要”的论辩中，正方有这样一段陈词：“…对方辩友以迫切性来衡量重要性，那我倒要告诉您，我现在肚子饿得很，十万火急地需要食物来充饥，但我还是要辩下去，因为我意识到论辩比充饥更重要。”话音一落，掌声四起。这时反方从容辩道：“对方辩友，我认为‘有饭不吃’和‘无饭可吃’是两码事……”反方的答辩激起了更热烈的掌声。正方以“有饭不吃’来论证贫困不足以畏惧和治愚的相对重要性，反方立即从己方观点中归纳出“无饭可吃”的旨要，鲜明地比较出了两者本质上的天差地别，有效地扼制了对方偷换概念的倾向。

三、顺水推舟

表面上认同对方观点，顺应对方的逻辑进行推导，并在推导中根据我方需要，设置某些符合情理的障碍，使对方观点在所增设的条件下不能成立，或得出与对方观点截然相反的结论。

例如，在“愚公应该移山还是应该搬家”的论辩中：

反方：……我们要请教对方辨友，愚公搬家解决了困难，保护了资源，节省了人力、财力，这究竟有什么不应该？

正方：愚公搬家不失为一种解决问题的好办法，可愚公所处的地方连门都难出去，家又怎么搬？……可见，搬家姑且可以考虑，也得在移完山之后再搬呀！

神话故事都是夸大其事以显其理的，其精要不在本身而在寓意，因而正方绝对不能让反方迂旋于就事论事之上，否则，反方符合现代价值取向的“方法论”必占上手。从上面的辩词来看，反方的就事论事，理据充分，根基扎实，正方先顺势肯定“搬家不失为一种解决问题的好办法”，接着又从“愚公所处的地方连门都难出去”这一条件，自然而然地导出“家又怎么搬”的诘问，最后水到渠成，得出“先移山，后搬家”的结论。如此一系列理论环环相扣、节节贯穿，以势不可挡的攻击力把对方的就事论事打得落花流水，真可谓精彩绝伦！

四、正本清源

所谓正本清源，本文取其比喻义而言，就是指出对方论据与论题的关联不紧或者背道而驰，从根本上矫正对方论据的立足点，把它拉入我方“势力范围”，使其恰好为我方观点服务。较之正向推理的“顺水推舟”法，这种技法恰是反其思路而行之。

例如，在“跳槽是否有利于人才发挥作用”的论辩中，有这样一节辩词：

正方：张勇，全国乒乓球锦标赛的冠军，就是从江苏跳槽到陕西，对方辩友还说他没有为陕西人民作出贡献，真叫人心寒啊！（掌声）

反方：请问到体工队可能是跳槽去的吗？这恰恰是我们这里提倡的合理流动啊！（掌声）对方辩友戴着跳槽眼镜看问题，当然天下乌鸦一般黑，所有的流动都是跳槽了。（掌声）

正方举张勇为例，他从江苏到陕西后，获得了更好地发展自己的空间，这是事实。反方马上指出对方具体例证引用失误：张勇到体工队，不可能是通过“跳槽”这种不规范的人才流动方式去的，而恰恰是在“公平、平等、竞争、择优”的原则下“合理流动”去的，可信度高、说服力强、震撼力大，收到了较为明显的反客为主的效果。

五、釜底抽薪

刁钻的选择性提问，是许多辩手惯用的进攻招式之一。通常，这种提问是有预谋的，它能置人于“二难”境地，无论对方作哪种选择都于己不利。对付这种提问的一个具体技法是，从对方的选择性提问中，抽出一个预设选项进行强有力的反诘，从根本上挫败对方的锐气，这种技法就是釜底抽薪。

例如，在“思想道德应该适应（超越）市场经济”的论辩中，有如下一轮交锋：

反方：……我问雷锋精神到底是无私奉献精神还是等价交换精神？

正方：……对方辩友这里错误地理解了等价交换，等价交换就是说，所有的交换都要等价，但并不是说所有的事情都是在交换，雷锋还没有想到交换，当然雷锋精神谈不上等价了。（全场掌声）

既然谈不上等价，那么自然不可能是等价精神，反方应该立即打蛇随棍上，指出这一点，并将问题展开深入。

反方：那我还要请问对方辩友，我们的思想道德它的核心是为人民服务的精神，还是求利的精神？

正方：为人民服务难道不是市场经济的要求吗？（掌声）

正方的回答其实很不恰当，而此时反方的知识储备或者应变能力严重不足，如果反问一句“难道毛泽东同志提出为人民服务是为了顺应市场经济的要求么”，则立刻将正方推至风口浪尖，迫使其选择回避。

第一回合中，反方有“请君入瓮”之意，有备而来。显然，如果以定势思维被动答问，就难以处理反方预设的“二难”：选择前者，则刚好证明了反方“思想道德应该超越市场经济”的观点；选择后者，则有悖事实，更是谬之千里。但是，正方辩手却跳出了反方“非此即彼”的框框设定，反过来单刀直入，从两个预设选项抽出“等价交换”，以倒树寻根之势彻彻底底地推翻了它作为预设选项的正确性，语气从容，语锋犀利，其应变之灵活、技法之高明，令人叹为观止！

当然，辩场上的实际情况十分复杂，要想在论辩中变被动为主动，掌握一些反客为主的技巧还仅仅是一方面的因素，另一方面，反客为主还需要仰仗于非常到位的即兴发挥，而这一点却是无章可循的。

六、攻其要害

在辩论中常常会出现这样的情况：双方纠缠在一些细枝末节的问题、例子或表达上争论不休，结果，看上去辩得很热闹，实际上已离题万里。这是辩论的大忌。一个重要的技巧就是要在对方一辩、二辩陈词后，迅速地判明对方立论中的要害问题，从而抓住这一问题，一攻到底，以便从理论上彻底地击败对方。如“温饱是谈道德的必要条件”这一辩题的要害是：在不温饱的状况下，是否能谈道德？在辩论中只有始终抓住这个要害问题，才能给对方以致命的打击。在辩论中，人们常常有“避实就虚”的说法，偶尔使用这种技巧是必要的。比如，当对方提出一个我们无法回答的问题时，假如强不知以为知，勉强去回答，不但会失分，甚至可能闹笑话。在这种情况下，就要机智地避开对方的问题，另外找对方的弱点攻过去。然而，在更多的情况下，我们需要的是“避虚就实”、“避轻就重”，即善于在基本的、关键的问题上打硬仗。如果对方一提问题，我方立即回避，势必会给评委和听众留下不好的印象，以为我方不敢正视对方的问题。此外，如果我方对对方提出的基本立论和概念打击不力，也是很失分的。善于敏锐地抓住对方要害，猛攻下去，务求必胜，乃是辩论的重要技巧。

七、利用矛盾

由于辩论双方各由四位队员组成，四位队员在辩论过程中常常会出现矛盾，即使是同一位队员，在自由辩论中，由于出语很快，也有可能出现矛盾。一旦出现这样的情况，就应当马上抓住，竭力扩大对方的矛盾，使之自顾不暇，无力进攻我方。比如，在与剑桥队辩论时，剑桥队的三辩认为法律不是道德，二辩则认为法律是基本的道德。这两种见解显然是相互矛盾的，我方乘机扩大对方两位辩手之间的观点裂痕，迫使对方陷入窘境。又如对方一辩起先把“温饱”看作是人类生存的基本状态，后来在我方的凌厉攻势下，又大谈“饥寒”状态，这就是与先前的见解发生了矛盾，我方“以子之矛，攻子之盾”，使对方于急切之中，理屈词穷，无言以对。

八、“引蛇出洞”

在辩论中，常常会出现胶着状态：当对方死死守住其立论，不管我方如何进攻，对方只用几句话来应付时，如果仍采用正面进攻的方法，必然收效甚微。在这种情况下，要尽快调整进攻手段，采取迂回的方法，从看来并不重要的问题入手，诱使对方离开阵地，从而打击对方，在评委和听众的心目中造成轰动效应。在我方和悉尼队辩论“艾滋病是医学问题，不是社会问题”时，对方死守着“艾滋病是由 HIV 病毒引起的，只能是医学问题”的见解，不为所动。于是，我方采取了“引蛇出洞”的战术，我方二辩突然发问：“请问对方，今年世界艾滋病日的口号是什么？”对方四位辩手面面相觑，为不致于在场上失分太多，对方一辩站起来乱答一通，我方立即予以纠正，指出今年的口号是“时不我待，行动起来”，这就等于在对方的阵地上打开了一个缺口，从而瓦解了对方的坚固的阵线。

九、“李代桃僵”

当我们碰到一些在逻辑上或理论上都比较难辩的辩题时，不得不采用“李代桃僵”的方法，引入新的概念来化解困难。比如，“艾滋病是医学问题，不是社会问题”这一辩题就是很难辩的，因为艾滋病既是医学问题，又是社会问题，从常识上看，是很难把这两个问题截然分开的。因此，按照我方预先的设想，如果让我方来辩正方的话，我们就会引入“社会影响”这一新概念，从而肯定艾滋病有一定的“社会影响”，但不是“社会问题”，并严格地确定“社会影响”的含义，这样对方就很难攻进来。后来，我们在抽签中得到了辩题的反方，即“艾滋病是社会问题，不是医学问题”，在这种情况下，如果我们完全否认艾滋病是医学问题，也会于理太悖，因此我们在辩论中引入了“医学途径”这一概念，强调要用“社会系统工程”的方法去解决艾滋病，而在这一工程中，“医学途径”则是必要的部分之一 。这样一来，我方的周旋余地就大了，对方得花很大力气纠缠在我方提出的新概念上，其攻击力就大大地弱化了。“李代桃僵”这一战术之意义就在于引入一个新概念与对方周旋，从而确保我方立论中的某些关键概念隐在后面，不直接受到对方的攻击。

辩论是一个非常灵活的过程，在这一过程中，可以施展一些比较重要的技巧。但经验告诉我们，只有使知识积累和辩论技巧珠联璧合，才可能在辩论赛中取得较好的成绩。

十、缓兵之计

在日常生活中，我们可以见到如下情况：当消防队接到求救电话时，常会用和缓的语气来回答，采用这种和缓的语气，就是为了稳定说话者的情绪，以便对方能正确地说明情况。又如，两口子争吵，一方气急败坏，一方不焦不躁，结果后者反而占了上风。再如，政治思想工作者常常采用“冷处理”的方法，缓慢地处理棘手的问题。这些情况都表明，在某些特定的场合，“慢”也是处理问题、解决矛盾的好办法。论辩也是如此，在某些特定的论辩局势下，快攻速战是不利的，缓进慢动反而能制胜。

例如，1940 年，丘吉尔在张伯伦内阁中担任海军大臣，由于他力主对德国宣战而受到人们的尊重。当时，舆论欢迎丘吉尔取代张伯伦出任英国首相，丘吉尔也认为自己是最恰当的人选。但丘吉尔并没有急于求成而是采取了“以慢制胜”的策略。他多次公开表示在战争爆发的非常时期，他将准备在任何人领导下为自己的祖国服务。

当时，张伯伦和保守党其他领袖决定推举拥护绥靖政策的哈利法克斯勋爵作为首相候选人。然而主战的英国民众公认在政坛上只有丘吉尔才具备领导这场战争的才能。在讨论首相人选的会议上，张伯伦问："丘吉尔先生是否同意参加哈利法克斯领导的政府？"能言善辩的丘吉尔却一言不发，足足沉默了两分钟之久。哈利法克斯和其他人明白，沉默意味着反对。一旦丘吉尔拒绝入阁，新政府就会被愤怒的民众推翻。哈利法克斯只好首先打破沉默，说自己不宜组织政府。丘吉尔的等待终于换来了英国国王授权他组织新政府。

再举一例，在某商店里，一位顾客气势汹汹找上门来，喋喋不休地说："这双鞋鞋跟太高了，样式也不好……"商店营业员一声不吭，耐心地听他把话说完，一直没打断他。等这位顾客不再说了，营业员才冷静地说："您的意见很直爽，我很欣赏您的个性。这样吧，我到里面去，再另行挑选一双，好让您称心。""如果您不满意的话，我愿再为您服务。"这位顾客的不满情绪发泄完了，也觉得自己有些太过分了，又见营业员是如此耐心地回答自己的问题，也很不好意思。结果他来了个 180° 的大转弯，称赞营业员给他新换的实际上并无太大差别的鞋说："嘿，这双鞋好，就像是为我订做的一样。"营业员以慢对快、以冷对热，让顾客把怒气宣泄出来，达到了心理平衡，化解了一场纠纷。

从上面的例子中，我们可以概括出在论辩中要正确使用"以慢制胜"法，至少要注意以下三点：

其一，以慢待机，后发制人。

俗话说："欲速则不达。"在时机不成熟时仓促行事，往往达不到目的。论辩也是如此，"慢"在一定条件下也是必须的。"以慢制胜"法实际上是论辩中的缓兵之计，缓兵之计是延缓对方进兵的谋略。当论辩局势不宜速战速决，或时机尚不成熟时，应避免针尖对麦芒式的直接交锋，而应拖延时间等待战机的到来。一旦时机成熟，就可后发制人，战胜论敌。如第一例中，丘吉尔在时机不成熟时，不急于成功，以慢待机。在讨论首相人选的关键时刻，以沉默表示反对，最终赢得了胜利。

其二，以慢施谋，以弱克强。

"以慢制胜"法适用于以劣势对优势、以弱小对强大的论辩局势。它是弱小的一方为了战胜貌似强大的一方而采取的一种谋略手段。"慢"中有计谋，缓动要巧妙。这里的"慢"并非反应迟钝、不擅言辞的同义语，而是大智若愚、大辩若讷的雄辩家定计施谋的法宝之一。如第一例中，丘吉尔面对张伯伦的追问，装聋作哑，拖延时间，实际上是假痴不癫的缓兵之计。在这一种韧性的相持中，张伯伦一方终于沉不住气了，丘吉尔以慢施谋终于取得了胜利。

其三，以慢制怒，以冷对热。

"慢"在论辩中还是一种很好的"制怒"之术。论辩中唇枪舌剑，自控力较差的人很容易激动。在这种情况下，要说服过分激动的人，宜用慢动作、慢语调来应付。以慢制怒、以冷对热，才能使其"降温减压"。只有对方心平气和了，你讲的道理他才能顺利接受。如第二例中的营业员，就是以冷静的态度、和缓的语气，平息了对方的怒气，化解了矛盾。

总之，论辩中的"快"与"慢"也是一种对立统一的辩证关系。兵贵神速，"快"当然好。可是，有时“慢”也有“慢”的妙处。“慢”可待机，“慢”可施谋，“慢”可制怒。“慢”是一种韧性的战术，“慢”是一场持久战，“慢”是舌战中的缓兵之计。缓动慢进花的时间虽长，绕的弯子虽大，然而在许多时候，它却往往是取得胜利的捷径。

思考与练习

1. 人生机遇与奋斗，哪个更重要？
2. 网上交友利大于弊还是弊大于利？
3. 在校大学生应不应该谈恋爱？

第十一章　交际口语技巧

第一节　日常交际口语技巧

1995年，美国哈佛大学心理学教授丹尼尔·戈尔曼提出了“情商”EQ的概念，认为“情商”是个体的重要生存能力，是一种发掘情感潜能、运用情感能力影响生活各个层面和人生未来的关键的品质因素。戈尔曼甚至认为，在人的成功要素中，智力因素是重要的，但更为重要的是情感因素。“情商”大致可以概括为五方面内容：情绪控制力；自我认识能力，即对自己的感知力；自我激励、自我发展的能力；认知他人的能力；人际交往的能力。一般认为，100%的成功＝80%的EQ＋20%的IQ。而从某种角度看，日常人际沟通是一个人情商的充分展示。

一、交谈

(一) 交谈礼仪

交谈是我们日常生活中最为常见也最为广泛的沟通方式。我们在相互交谈中传递信息、交流思想、沟通情感，从而达到交际的目的。

交谈作为我们最常见的沟通方式，也有其基本的礼仪规范。

首先，谈话的表情要自然，语气和气亲切、表达得体。说话时可适当做些手势，但动作不要过大，更不要手舞足蹈，不要用手指指人。与人谈话时，不宜与对方离得太远，但也不要离得过近，不要拉拉扯扯、拍拍打打。谈话时不要唾沫四溅。

其次，参加别人谈话要先打招呼，别人在个别谈话，不要凑前旁听。若有事需与某人说话，应待别人说完。有人与自己主动说话，应乐于交谈。第三者参与说话，应以握手、点头或微笑表示欢迎。发现有人欲与自己谈话，可主动询问。谈话中遇有急事需要处理或需要离开，应向谈话对方打招呼，表示歉意。

再次，谈话现场超过三人时，应不时地与在场的所有人攀谈几句。不要只与一两个人说话，不理会在场的其他人。也不要与个别人只谈两个人知道的事而冷落第三者。如所谈问题不便让旁人知道，则应另找场合。

在交际场合，自己讲话要给别人发表意见的机会，别人说话，也应适时发表个人看法。要善于聆听对方谈话，不轻易打断别人的发言。一般不提与谈话内容无关的问题。如对方谈到一些不便谈论的问题，不对此轻易表态，可转移话题。在相互交谈时，应目光注视对方，以示专心。对方发言时，不左顾右盼、心不在焉，或注视别处，显出不耐烦的样子，也不要老看手表，或做出伸懒腰、玩东西等漫不经心的动作。

谈话的内容一般不要涉及疾病、死亡等不愉快的事情，不谈一些荒诞离奇、耸人听闻、黄色淫秽的事情。一般不询问妇女的年龄、婚否，不径直询问对方履历、工资收入、家庭财产、衣饰价格等私人生活方面的问题。与妇女谈话不说妇女长得胖、身体壮、保养得好等语。对方不愿回答的问题不要追问，不究根问底。对方反感的问题应表示歉意，或立即转移话题。一般谈话不批评长辈、身份高的人员，不讥笑、讽刺他人。

男子一般不参与妇女圈内的议论，也不要与妇女无休止地攀谈而引起旁人的反感侧目。与妇女谈话更要谦让、谨慎，不与之开玩笑，争论问题要有节制。

（二）交谈的基本原则

任何人际关系的建立、发展、巩固、改善、调整都要依靠一定的语言艺术。人际交往中口才水平的高低直接关系到人际关系的好坏。能够娴熟地运用口才技巧，是人际互动取得成功的重要因素之一。

一男子到一朋友家拜访，这家有一个两个多月的胖儿子。这位先生热情地对孩子的父母赞美道："好健康的小家伙，将来肯定有出息，恭喜你们！"可是主人未露出高兴的表情，反而显得失望："其实，我一直是想要个女孩的。"听了这话，客人知道自己的称赞没有说到主人的心坎上。不过他马上又对主人说："没关系，等小孩长大了，娶个漂亮孝顺的媳妇，你们不就等于有了一个可爱的女儿了吗？"主人脸上顿时有了笑意。

这个案例中的男子就是凭借着良好的口才技巧而赢得了主人的好感。

在日常交流中，我们必须遵循以下这些原则。

1. 目的性原则

目的性首先体现在对交谈的总体目的、议论范围、交谈方式心中有数。即"话要说到点子上"。这个新郎在婚礼上如此致辞："我衷心感谢大家在百忙之中赶来参加我们的婚礼，这是对我们的极大鼓舞，极大鞭策，极大关怀。由于我们是初次结婚，缺乏经验，还有待各位今后多多给我们帮助、扶持与指导。今天有招待不周之处，欢迎大家多提宝贵意见，以便下次改进。"这个就违反了目的性原则，说话没有说在点子上，结果就闹了大笑话。

目的性还体现在交谈时要看说话对象的年龄、身份、地位、职业、文化、心理等。如一位年轻的人口普查员问一位农村老大娘："你的配偶呢？"大娘不知所云。普查员赶紧补充说："就是您的老伴啊！"大娘笑着说："你说老伴不就成了？"此处普查员第一次的询问显然没有充分考虑到被调查者的身份、年龄而导致沟通的失败。

2. 真切性原则

所谓真切性原则就是指事真、理真、情真，忌假、大、空。如1860年，林肯与民主党候选人道格拉斯竞选美国总统的一次演讲："有人问我有多少财产？我有一个妻子，三个儿子，都是无价之宝。此外，还租有一个办公室，室内有办公桌一张、椅子三把，墙角还有一个大书架，架上的书值得每个人一读。我本人既穷又瘦，脸蛋很长，不会发福。我实在没有什么可依靠的，唯一可依靠的就是你们。"这是演讲中的真情真意打动了广大的选民，最终为林肯赢得了大选的胜利。

3. 逻辑性原则

逻辑性是指在交谈中做到思路清晰条理分明，并且理由充分。比如：某位领导在一次会议上，要求领导干部要切实加强学习。他说："领导干部要切实加强对社会科学、哲学、政治经济学、历史学及社会主义市场经济知识的学习"、"我基本上完全同意他的观点"……这种简单的逻辑错误在交谈中就不应出现。

4. 时空性原则

时空性原则是指交谈要符合时间、地点、场合等，也就是说交谈要符合当时的语境。如 1957 年后期，著名诗人艾青被错划为右派，他的好朋友王震找到他，并邀请艾青去他的部队。当时在私下里王震对艾青这样说："老艾，我又爱你又恨你！你是不会反对社会主义的，你是拥护真理的嘛！离开文艺界，你到我们那里去吧！"而当着全体官兵的面，王震的表述就变成了这样："有个大诗人，叫艾青，你们知道不知道？他也来了，他是我的朋友。他要歌颂你们，欢迎不欢迎啊？"

（三）交谈的口语技巧

1. 使用礼貌语

谈话中要使用礼貌语言，如你好、请、谢谢、对不起、打搅了、再见、好吗？等。

2. 擅用习惯语

在我国人们相见时习惯说"你吃饭了吗"、"你到哪里去"、"今天天气不错"，等等。在西方，一般见面时先说"早安"、"晚安"、"你好"、"身体好吗"、"最近如何"、"一切都顺利吗"、"好久不见了，你好吗"、"夫人（丈夫）好吗"、"孩子们都好吗"、"最近休假去了吗"；对新结识的人常问"你这是第一次来我国吗"、"到我国来多久了"、"这是你在国外第一次任职吗"、"你喜欢这里的气候吗"、"你喜欢我们的城市吗"，分别时常说"很高兴与你相识，希望再有见面的机会"、"再见，祝你周末愉快"、"晚安，请向朋友们致意"、"请代问全家好"等。

3. 慎重选话题

交谈时选择什么话题，特别是对初次见面者而言，一直是困扰交谈者的一个问题。有时，由于彼此间的不熟悉，诙谐有趣的谈话话题反而会阻碍交流的进一步发展。因此，选择一个合适的话题成为了交谈者双方的共同任务。一般来说，对于彼此不是很熟悉的人而言，我们可以尝试从以下几方面展开话题：

（1）目前社会上的热门话题，并征询对方的看法；

（2）谈论对方感兴趣的事情或对方熟知的事情如所从事的行业；

（3）谈论当下你感兴趣的话题，并征询对方意见；

（4）谈论你刚看过的一部电影，并征询对方的观感；

（5）评论你所参加的活动，并问对方对此活动的看法。

这些话题可以挨个尝试，在瞬间引起对方关注，从而挑起别人也感兴趣的对话。

当然，在社交场合，也可以谈论涉及天气、新闻、工作、业务等方面的话题。

二、赞美与道歉

（一）赞美

犹太人有句谚语：“唯有赞美别人的人，才是真正值得赞美的人。”说的就是在日常生活中只有懂得欣赏和赞美他人的人，才能够赢得别人的尊重与爱戴。可以这么说，赞美是人际交往中的润滑剂，我们在赞美中体味尊重、实现互赢。但有时不恰当的赞美却也会给他人带来伤害。在现实生活中，我们赞美他人必须做到：

1. 情真意切

虽然人都喜欢听赞美的话，但并非任何赞美都能使对方高兴。你若无根无据、虚情假意地赞美别人，他不仅会感到莫名其妙，更会觉得你油嘴滑舌、诡诈虚伪。比如，现在非常流行“美女”称呼，如果你见到一位其貌不扬的小姐，却偏要对她说“你真是美极了”，对方立刻就会认定你所说的是虚伪之至的违心之言。但如果你着眼于她的服饰、谈吐、举止，发现她这些方面的出众之处并真诚地赞美，她一定会高兴地接受。因此，赞美他人时必须基于事实、发自内心、情真意切。

2. 详实具体

在日常生活中，人们有非常显著成绩的时侯并不多见。因此，交往中应从具体的事件入手，善于发现别人哪怕是最微小的长处，并不失时机地予以赞美。赞美用语愈详实具体，说明你对对方愈了解，对他的长处和成绩愈看重。让对方感到你的真挚、亲切和可信，你们之间的人际距离就会越来越近。如果你只是含糊其辞地赞美对方，说一些“你工作得非常出色”或者“你是一位卓越的领导”等空泛飘浮的话语，不仅不能引起对方的好感，甚至会产生不必要的误解和信任危机。

3. 因人而异

人的素质有高低之分，年龄有长幼之别，因人而异，突出个性，有特点的赞美比一般化的赞美能收到更好的效果。老年人总希望别人不忘记他“想当年”的业绩与雄风，同其交谈时，可多称赞他引为自豪的过去；对年轻人不妨语气稍为夸张地赞扬他的创造才能和开拓精神，并举出几点实例证明他的确能够前程似锦；对于经商的人，可称赞他头脑灵活、生财有道；对于有地位的干部，可称赞他为国为民、廉洁清正；对于知识分子，可称赞他知识渊博、宁静淡泊……当然这一切要依据事实，切不可虚夸。

当然，我们在赞美他人时还必须认识到，最需要赞美的不是那些早已功成名就的人，而是那些因被埋没而产生自卑感或身处逆境的人。这时对他们及时送上一声赞美的话语，便有可能促使他们振作精神，大展宏图。因此，最有实效的赞美不是“锦上添花”，而是“雪中送炭”。

4. 合乎时宜

赞美的效果在于相机行事、适可而止，真正做到“美酒饮到微醉后，好花看到半开时”。

当别人计划做一件有意义的事时，开头的赞扬能激励他下决心做出成绩，中间的赞扬有益于对方再接再厉，结尾的赞扬则可以肯定成绩，指出进一步的努力方向，从而达到“赞扬一个，激励一批”的效果。

此外，赞美并不一定总用一些固定的词语，见人便说“好……”。有时，投以赞许的目光、做一个夸奖的手势、送一个友好的微笑也能收到意想不到的效果。

(二)道歉

有道是“知错就改”，人不怕犯错误，却怕不承认过失，明知故犯。在人际交往中，倘若自己的言行有失礼不当之处，或是打扰、麻烦、妨碍了别人，最聪明的方法，就是及时向对方道歉。道歉如果得当，对个人名誉和人际关系均有促进作用。但如果方式欠妥，反而会错上加错，有时甚至会造成不堪设想的严重后果。

一般情况下，真诚道歉应该具备以下三要素：承认犯了错误或冒犯了对方；为此表示悔恨；承担相应的责任。当然，在真实的语言表达中也不一定要面面俱到，这可以视具体情况而定，但自己的心中必须要有这种理念。

1. 真诚道歉五原则

(1)诚恳。道歉时用词要清晰明了、准确无误，不可带有挑衅成分。道歉做得好，受害方会觉得：“是的，他知错了。”往往受害者所希望看到的是你勇于承担责任的态度和对错误的警觉，他要知道的是类似的事情以后不会再发生。

(2)明确。不要为无关痛痒的事情道歉。如果冒犯一方道歉的事由与受害一方所认为的错误风马牛不相及时，那么道歉反而会使问题更加复杂。往好了说，人们会觉得冒犯者对问题本身仍是两眼一摸黑；往坏了说，别人会认为你是在故意歪曲事实。

(3)恰当。道歉必须选择一种恰当的方式，比如对一个公司职员而言，他可以考虑是从职位对职位的角度去进行道歉更方便，还是从个人对个人的角度更好。如果你所要道歉的对象仍很气愤，可能从相应的工作或职位角度去设计如何进行道歉会更容易一些。要选择对你来说比较容易做好的方式进行道歉。这样，就不会使所做的道歉看起来别别扭扭、极不情愿而导致丝毫不起作用。

(4)沟通。不要总想着“如何才能表达悔恨情绪”，你的目的是将你的悔恨传达出去，让另一方知道。如何表达只是单方面的事，就算你从心窝里掏出忏悔，那也只是取决于你自己；而沟通交流是人与人之间的事。不要光想着自己，要把精力放在你的对象身上以及道歉的三大要素上——认错、悔恨和担当责任。这样你就不会显得好像在为自己辩护，而你所做的道歉也就更容易被接受了。

(5)行动。“我想道歉”不是真正的道歉。这就好比“我想减肥”不等于减肥一样。要有实际行动，要做出明确无误、直截了当的道歉，不要遮遮掩掩、拐弯抹角或搬出陈词滥调。

2. 真诚道歉三技巧

(1)文明规范的道歉语。有愧对他人之处，适合说：“深感歉疚”、“非常惭愧”。希望他人谅解的，可以说：“多多包涵”、“请您原谅”。有劳别人时可说：“打扰了”、“麻烦了”。一般场合，则可以讲：“对不起”、“很抱歉”、“失礼了”。

(2)及时得体地道歉。知道自己错了，马上就要说“对不起”，否则越拖得久，越容易使人误解，道歉的效果也越差。因此，道歉需及时，避免因小失大。同时要明白，道歉不是耻辱，所以要大大方方、完全彻底，而不要遮遮掩掩、欲说还休，给人感觉不够真诚。

(3)适当借助“物语”。有些道歉的话当面难以启齿，写个纸条、发个短信或者电子邮件，都不失为一种好方法。而有时，借助于某些具体的物件，也能收到意想不到的道歉效果。如对西方妇女而言，令其转怒为喜、既往不咎的最佳道歉方式，无过于送上一束鲜花，婉“言”示错。这类借物表意的道歉“物语”，会有极好的反馈。

道歉可以冰释前嫌，消除他人对自己的恶感，也可以防患于未然，为自己留住知己，赢得朋友。但我们也必须清楚，向他人道歉，更重要的是要使自己此后的所作所为有所改进，不要言行不一、依然故我。让道歉仅仅流于形式，只能证明自己待人缺乏诚意。

三、拒绝

拒绝，就是不接受。在语言方面来说，拒绝既可能是不接受他人的建议、意见或批评，也可能是不接受他人的恩惠或赠予的礼品。从本质上讲，拒绝亦即对他人意愿或行为的间接性否定。人生就是在不断地遭到拒绝和拒绝他人中展开。我们不断地说服他人，以寻求合作；而对某些过分的要求，我们又在不断地拒绝。在社会交往中，直截了当说出拒绝的话，很难出口，然而，有时候又不得不拒绝对方，这就要求掌握拒绝的技巧。

（一）有效拒绝的原则

1. 态度和蔼

拒绝，既然是对他人意愿或行为的一种间接的否定，那么在有必要拒绝他人时，就应考虑不要把话说绝，不要在他人开口要求时予以断然拒绝。对他人的请求迅速采取反驳的态度，或流露出不快的神色，或藐视对方，坚持完全不妥协的态度等，都是不妥当的，都可能对他人造成一种伤害。因此，在拒绝他人时，首先应该以和蔼可亲的态度诚恳应对。

2. 开诚布公

如果拒绝的理由充分有力，那么在拒绝时完全可以据实言明，把不得不拒绝的理由以诚恳的态度加以说明，直到对方了解你是爱莫能助，这是最成功的拒绝。否则如果采取模棱两可的说法，致使对方摸不清你的真正意思，反而会产生许多不必要的误会，而导致彼此关系的破裂。

3. 诚挚尊重

拒绝时不要伤害对方的自尊心，要给对方留一个退路，要能让他自己下台阶。在听他人求助时，必须自始自终耐心倾听，给予足够的重视和尊重，这时再来拒绝对方，就不会使对方难堪。

（二）有效拒绝的策略

1. 推脱策略

对于某些敏感问题，不能立马给予答复，可以采用推脱策略，如“此事要和某某商量，现在恐怕难以决定”等。

2. 拖延策略

有时候，拖延一段时间，审慎选择机会，会使得原来紧张的局面完全改观，这也是一种拒绝人的技巧。如“此事还须进一步调查，等最后结果出来后我们再讨论怎样处理，如何”。

3. 笑而不语

对于一些难以说清的或不需要多解释的问题，可以避实就虚、以笑代答。对对方不说“是”，也不说“否”，只是搁置此事，转而议论其他事情。

4. 装聋作哑

对于一些对自己完全不利，任何解释都无法令对方满意的问题，不妨以静制动，一言不发，静观其变。这种不说“不”字的拒绝，所表达出的无可奉告之意，常常会产生极强的心理上的威慑力，令对方不得不在这一问题上“遁去”。

5. 含糊其词

对于不容易回答的问题，可采取模棱两可的方法做出回答，如：“此笔交易的最终效益要视交易是否进展顺利。”

6. 诱导对方自我否定

如：“对于你刚才提出的问题，如果换了你是我应该如何回答？”

7. 先同情后拒绝的策略

如果对方提出的要求，因限于条件一时无法满足，可采取该策略。如：“你提的建议很有建设性，我们将加以研究，如果今后条件成熟，我们一定会采纳你的这一建议。”

（三）有效拒绝的语言技巧

从语言技巧上说，拒绝有直接拒绝、婉言拒绝、沉默拒绝、回避拒绝四种方法。

1. 直接拒绝，就是将拒绝之意当场明讲。采取此法时，重要的是应当避免态度生硬，说话难听。在一般情况下，直接拒绝别人，需要把拒绝的原因讲明白。可能的话，还可向对方表达自己的谢意，表示自己对其好意心领神会，借以表明自己通情达理。有时，还可为之向对方致歉。

2. 婉言拒绝，就是用温和曲折的语言，去表达拒绝之本意。与直接拒绝相比，它更容易被接受。因为它在很大程度上顾全了被拒绝者的尊严。

第二节　求职口语技巧

一、求职与口才的关系

求职与口才能力密切相关。重庆大学就业信息网曾经就求职成败与口才的关系这个课题专门展开过一次随机抽样调查，调查对象为来深圳市人才大市场的求职者，有效回答率为 88%；97.8%的人认为求职成败与交际和口才能力有关系；76.1%的人认为“人际交往与口才能力好不好，在很大程度上决定着一个人事业的成功与否”；69.3%的人对“交际与口才是现代人必须具备的能力，需要像学习专业知识那样系统学习”表示认可；93%以上的被调查者表示愿意参加交际与口才方面的培训。

二、求职口才的重要性

1. 口才是能力的外在标志。能力分为实干能力和说话能力。我们把前者称为技能，后者称为口才。

2. 口才是综合素质的具体体现。

3. 口才是能力的扩大和延伸。因为一方面口才可以展示自己，另一方面口才能够唤起团结、激励公众。

4. 口才是求职和经营、交往的现实需要。

三、职场口才技巧

（一）自我介绍的口才技巧

1. 直白式，就是有什么说什么，原原本本、直截了当地表露出来。

如：“我叫×××，是××人，××学院毕业，学的是英语专业，3年制专科……”这种方式轻松洒脱，但难与招聘者的问话目的契合，很难留下较为深刻的第一印象。

2. 文雅式，就是把话说得很规范而且有文采，显示出丰厚的涵养来。

如：“鄙人×××，祖籍江西省，就学于××学院，主修专业为××，学制时间3年……”这种方式虽有文采，但绝大多数招聘者只是请你去干活的，对基础性的学问研究之类并没有多大兴趣，所以很容易在第一时间就被刷下来。

3. 成果式，就是着重展示自己的成果，用是成果去抓住并打动招聘方的心。

如：“我叫××，××人，××大学××专业，取得了一个硕士、两个学士学位，曾为学校筹款××万元，获得过省部级以上设计奖4个，先后有5家报刊作过报道……”这种方式具有吸引优势，但如果实力不强，容易陷入“巧妇难为无米之炊”的困窘之中。

4. 幽默式，就是说得生动、说得风趣，从平淡中说出了新意，在给人耳目一新的感觉的同时，也产生出较强烈的第一印象。

如：“我叫××，知名度小；生于××省，一个乡巴佬；硕士毕业，普通院校；成绩优良，技能还少……”能在短期内迅速引起招聘方的注意，拉近求职者与招聘者的心理距离。

5. 职务式，就是借助于职务的列举来显示出自己的学识水平与技术或组织能力来。

如：“我叫×××，××市人，××××大学××专业毕业，我崇尚并特别注重实践，先后兼任过3家化工公司的总经理助理，主持过4个学生科技攻关小组，做过5次大型企业活动的总策划，担任过学生会主席等6个职务……”这种方式很容易一下子抓住招聘方的注意力，成为用人单位的首选目标。

具体训练基本要求：

（1）符合不同场合，必须简短，在1~5分钟之内说完。必须有条理、有重点。

（2）语速要适中，不能太快或太慢；口齿清楚，尽量用普通话。

（3）禁忌：

吞吞吐吐——说明自信心不足

前言不对后语——说明所说内容不可信

话语太长——说明求职者心不在焉

满口套话——没有实战经验

过分自谦——底气不足或城府太深

四、求职引发共鸣的口才技巧

1. 悲剧式，就是讲出自己不同于常人的悲惨境遇。比如家境、身体、经历等。因为人们普遍都有对弱者的同情心、对可怜者的怜悯心。

2. 喜剧式，就是用幽默、风趣、讥讽或自嘲等方法来激发招聘者的笑神经。在他心目中建立起良好的初始印象。

3. 实用式，就是求职者要学会用语言去提醒或启发招聘者，使招聘者感觉到求职者的知识与技能确实对自己有用，而且十分迫切。

注意容易出现的问题：判断失误，引不起共鸣；共鸣点太肤浅或准备不足，无法继续深入；共鸣点与所求聘的团队及岗位关系不紧，甚至毫无关联，引不起招聘者的兴趣；共鸣的题材太过于敏感，他人避之不及；共鸣时的表现太过激烈，暴露了求职者的性格弱点。

例：孙先生面试一路绿灯，过关斩将，最后人才资源主管问他："你为什么想进我们公司？"孙先生回答："你们公司的培训机会很多，我想将来好好学习。"没料到最后居然落选了。

你既然是想来学习的，那我们干吗要花钱雇你？不如回答："我看中的是贵公司的产业及发展前景……。"因为企业首先考虑的是你能不能现在干活，别把恭维用错了地方。

赵先生是某名牌高校的硕士研究生，凭着响当当的学历和一表人才，在人才市场被一家外资企业一眼看中，面试时，人才资源主管问他有什么特长，赵先生回答："我的文学功底好，写作能力很强。"主管又问他："能用毛笔写大幅标语吗？"赵先生回答："我可以边干边学。"主管只好放弃了他。赵先生两句话都答错了。"写作能力强"在企业并不能算是优势，因为企业是从事生产经营的，企业所用的写作只局限于商用策划以及常规事务性的办公应酬，即企业并不需要太高深的写作知识；"边干边学"也不行，企业只需要熟手，原则上不养闲人，所以一般不会给你先学习的机会；再说，你要万一学不好呢，那损失算谁的？企业最看重的是职业优势。

五、求职展示亮点的口才技巧

1. 工作式，在实际工作中发现自己的优势，并用生动、精当的语言陈述、表露出来。

2. 技术式，在应用技术中发现自己的优势，并用生动、精当的语言周密陈述、表露出来。

3. 生活式，在日常生活中展露独特的某一项本领，形成自己的优势，让旁人用生动、精当的语言陈述、表露出来，并不断地传扬开去。

4. 特殊式，求职者只要具备了某一项较为独特的本领，都可以而且应该寻找到急需的相关行业展露出来。

5. 发展式，也就是要发展好自己的优势。

展示亮点要从招聘单位或岗位职责中最薄弱的环节上去寻找并展示亮点。重点展示职业亮点，而不是性格亮点。

例：李女士面试将要结束，人力资源主管问她："你认为自己最适合干什么？"李女士回答："只要公司需要，我什么都能干。"最终没被录用。

你什么都能干，那肯定什么都不一定干得精。既如此，人家要你干什么？你必须展示出自己的亮点，让人觉得你既有抱负，又脚踏实地才行。

六、求职应对尴尬的口才技巧

1. 极端式，让求职者经受极端的锻炼，学会从极端中寻求解脱，重觅新路，创造出"柳暗花明又一村"的新境界来。

2. 急智式，使求职者在紧急状况下快速反应，能在最短的第一时间内做出合理的选择，拿出较科学正确的解决办法来。

3. 模拟式，模拟出情境相似的实践环境。

要求：镇定不慌乱。争取时间，奉行无伤害原则，解决问题、突破尴尬、找理由反攻。不要无理转移问题，不要完全被既定的圈子套住，一般不要直接拒绝回答。

七、如何过好招聘口试关

作家柳青有句名言："人生的道路虽然漫长，但紧要处常常只有几步，特别是当人年轻的时候。"招聘工作中的笔试、口试（面试），无疑是应聘者人生道路上的紧要一步。所以应试者除了要做好文化及专业知识的准备，还要加强口才的训练，努力过好招聘的口试关。

1. 克服自卑心理，答话要表现出自信与沉着

年轻人都有一种羞怯感。在特定的场合，由于某种原因，羞于启齿是很正常的。然而进入招聘的口试阶段，则应当努力克服羞怯心理。有些平常不太好意思在生人、领导、专家面前讲话的考生，不妨在正式面试前，由家长或朋友请一两位有一定相关知识的生人来模拟一下面试。这种"热身仗"的目的不在于猜题，而是减少一点羞怯感和自卑心理。事实上，在才能和智慧不相上下的人群中，你具有充分的信心、拥有更高的热情，机遇及成功则在更大程度上属于你。

广东省财政厅有一次公开招聘副厅长人选，结果有 9 名候选人参加竞争，想在更大的舞台上一展抱负。答辩会上主考问 7 号答辩人："你和其他竞争者相比，你有什么优势和劣势？"7 号充满自信、踌躇满志地说："我想来想去，觉得自己没什么明显劣势。"在一片笑声中又补充说："缺点在一定条件下也是优点。"他在这次演讲中多次赢得全场掌声，也许正是同事们的鼓励，给了他在省领导面前为自己评功摆好的勇气。

2. 要听清题意，靠船下篙地回答问题，发挥自己的专业特长和优势。

口试的题目，许多是考官们准备好的，有题卡供选择，也有的是即兴提问的，应试者首先必须听清题意或看清题意。应试者要针对所问的题目靠船下篙地回答，不要偏离中心，让话语"信天游"。参加招聘考试，有的是专业对口的，有的是与专业相关、相近的，有的是与原来所学的专业不太对口的。但多数考生经过"充电"，扩大了知识视野，努力做到一专多能，适应市场经济和人才需求的变化。招聘中，要抓住机会，主动发挥自己的专业特长和优势，调动生活积累。有一家新闻单位招聘记者、编辑，一位应试者的简表上写明是南京大学德语专业毕业，毕业后先后在新闻部门、外贸部门工作过，现在又参加另

一新闻单位的招聘。有评委在口试中提问，根据你的简历，你具有多方面的素质，那么现在请你谈谈，新闻传播工作如何做到内外有别？这位应试者的回答是比较好的，他还举出了一些具体的例子，谈话中显出了他的特长优势和生活积累。

3. 重视情境设置型题目，事前作一些模拟练习

情境设置题目是活题，这类题目特别重要，应试者回答的时间相对也长一些。作为应试者，如果有条件了解一下以往招聘口试中这类情境设置型题目，会有好处。考试前也可作一些猜想，围绕某些特定的情境做些模拟准备。

招聘节目主持人的口试，情境设置型的提问也很多。如：假如你是一场赈灾义演晚会的节目主持人，请你首先设计一段开场白，描述现场氛围及晚会宗旨，然后再将其中两位参加晚会的代表介绍给现场观众，一位是参加抗洪抢险的解放军战士，一位是曾给灾区捐款的下岗再就业职工。遇到这类问题，就需要紧急构思，然后有条不紊地说出来。有一名应试者，他这样说道："观众朋友们，晚上好。98之夏洪魔席卷中华大地，98之夏爱心汇集大江南北。此时，前方抗洪军民勇战洪魔；此地，后方支持的百姓慷慨解囊。这一元一角浓缩的爱心，这一歌一舞表达的深情，在这里，在我们今天的赈灾晚会上，汇聚成一股激荡的春潮。下面我为大家介绍两位晚会特邀的嘉宾。这一位是在抗洪抢险中只身勇救群众12人的英雄，解放军战士王伟；这一位是刚刚再次就业就捐献了自己第一个月全部工资的下岗大姐赵玉梅。正因为有了他们，才有了98之夏冲不垮的中华大堤！共对长天，让我们同唱一首《爱的奉献》。"这位应聘者的即兴发挥非常出色，获得了评委的一致好评。

4. 灵活应答，给评委留下不同一般的印象

许多地方的招聘工作报名者甚多，而评委所提的问题是有限的，也可以说是比较集中的、有针对性的。有些职业、职位的口试，是依照次序单独进行，同类型的题目在问过不同的应试者后，评委就可看出其中的水平高低。一般说来，除了应试者的外在形象、普通话水平给评委留下比较突出者难忘的印象之外，那种能够调动创造性思维，灵活应答，产生意外效果的，也可能给评委留下不同一般的印象。请看下面的一个趣闻：旅馆老板口试甲、乙、丙三位男性应征者。问："假如你无意中推开房门，看见女客一丝不挂在沐浴，而她看见你了，这时你怎么办？"甲答："说声'对不起'，就关门退出。"乙答："说声'对不起，小姐'，就关门退出。"丙答："说声'对不起，先生'，就关门退出。"结果，丙被录用了。

这里，旅馆老板仅凭这一问题的回答就录用丙，也许是"只见树木，不见森林"。但我们仍然称道丙之回答的灵活，他的故意装错，使春光外泄的女客真以为服务员把她看错为男性，从而减少了惊吓与尴尬。

节目主持人的招聘，更需要考查应试者的灵活应变能力。江苏电视台有一次招聘节目主持人，评委向一选手提出这样一个问题："假如你向观众介绍主要演员时，头脑里一时记不起这位演员的名字了，怎么办？"这位女选手机灵地说："如果这位演员很出名，在观众中已有影响，我就对观众说：'你们大家都知道他（她）的大名吧？'观众中很可能有脱口而出的。我正好顺着报出来；如果这位演员不太出名，我就把话筒递给这位演员，偷巧地说：'请你向观众作自我介绍吧。'用这样的变通办法逃出一时的尴尬境地。"评委

及现场观众对她的灵活应变能力表示赞赏。

第三节 谈判口语技巧

所谓谈判口才，简而言之，就是在谈判时口语表达的才能，即谈判时所使用的口语表达的艺术和技巧。具体言之，谈判口才就是在一定的时空条件下，谈判主体运用准确、得体、恰当、有力、生动、巧妙、有效的口语表达策略，同对手进行磋商，以达到特定的经济或政治目的，取得圆满的口语表达效果的艺术和技巧。

口才实际上是一种综合性的学问，是一门艺术，也是一种能力。一个具有卓越口才的人，往往同时具有敏捷的思维、清晰的思路、渊博的知识、出众的智慧、机警的反映、高超的口语表达艺术，尤其是具有良好的心理素质。

回顾人类社会发展的历史，就会发现，口才在社会发展和人的自身发展中的作用是不可低估的。中国南北朝时期，著名学者刘潞，曾高度评价口才的作用："一言之辩，重于九鼎之宝；三寸之舌，强于百万之师。"春秋战国时的毛遂自荐使楚，口若悬河，迫使楚王献血为盟；战国时的苏秦游说诸侯，身佩六国相印，促成合众抗秦联盟；三国时诸葛亮出使东吴，舌战群孺，说服吴主孙权联刘抗曹，而获赤壁大捷。在漫长的社会发展进程中，口才作为一门艺术，被天下学者、志士沉醉于其中，涌现了无数个著名的演说家，留下了许许多多的脍炙人口的千古佳话。无论是在西方，还是在东方，演说都成为各国社会名人的一个显著特征。像马克思、列宁、林肯、丘吉尔、戴高乐、孙中山、毛泽东、周恩来、鲁迅、闻一多等都是当时杰出的演讲家，留下了许多令后人传诵的佳作。

现在，人类社会已经步入了21世纪，进入了知识经济时代。竞争越来越激烈，人们的生活节奏日益加快，活动空间越来越大，由此带来的人与人之间的交往也比过去任何时代都更频繁、更紧密，口才在社会发展和人的自身发展中的作用越发重要起来。第二次世界大战以后，西方一些人将舌头和原子弹、金钱并提，称之为"三大威胁之星"：现在，又将舌头与美元、电脑视为人们赖以生存和竞争的"三大战略武器"。这就是足以证明口才的地位和作用已被推崇到何等惊人的高度！

在日常生活中确实如此。我们随时都可以看到，那些能在各种场合充分展示自己的才智、才学、才华的人，恰恰是那些能说会道的、能言善辩、伶牙俐齿、出口成章的人。为什么呢？一个最根本的原因就是由于他们有一副好的口才！当今社会，竞争越来激烈，生活在这个社会里，我们怎样才能轻松自如地在工作中交谈、在政治中辩论、在学术园地里争鸣、在经济战场上驰骋，在生活中尽情地挥洒和展现自己的才华，真正地去体验自我、实现自我呢？要做到这些，除了应具有丰富广博的知识以外，还要有把知识表达得出去的才能，也就是要有一个能把知识"送"出去的口才。一个人即使是满腹经纶，但是如果他木讷寡言，可谓"茶壶里的饺子——有货倒不出来"，那么这样的人是极不容易在社会发展中得到展示才能的机会的。因为他们不善于去表现和"推销"自己，就不可避免地会失去很多机会。戴尔·卡耐基说："一个人的成功，约有15%取决于知识和技术，85%取决于人际沟通和口才等综合素质”。这个成功学的公式已经为大多数人所认可，而这举足轻重的 85%，恰恰是很多人成功路上的绊脚石。

由此可见，口才，确实是人类生活中最难能可贵的艺术或技能之一，不仅在社会发展中具有重要作用，而且也是现代人所必须具备的重要能力之一。然而，出众的口才不是与生俱来的，它依赖于我们每个人后天的刻苦学习和锻炼，只有通过强化训练才能精通掌握。只要你愿意努力，通过坚持不懈的训练，你同样可以成为出色的演说家，成为一个谈判高手。

一、谈判口才的特征

谈判是“谈”出来的，离开了话语言谈，就不成其为谈判了。谈判与口才密不可分，一切谈判都要经过双方人员的口才较量然后才能达成协议。谈判的过程就是口才的运用和发挥的过程。谈判口才有四个方面的特征：

（一）目的的功利性

促使谈判的动力是人们的需要。谈判各方都是为了满足自己的需要而走到谈判桌前。因此，无论是个人间的、组织间的，还是国家间的谈判，都具有明显的功利性。

（二）话语的随机性

谈判必须根据不同的对象、不同的内容、不同的阶段、不同的时机来随时调整自己话语的表述方式，包括不同的句型、语气、修辞，随机应变地运用自己的口才技巧，与对方周旋。

（三）策略的智巧性

谈判与论辩一样，既是口才的角逐，也是智力的较量：或言不由衷，微言大义；或旁敲侧击，循循暗示；或言必有中，一语道破：或快速激问，或絮语软磨……出色的谈判大师总是善于鼓动如簧巧舌，调动手中的筹码，而取得理想的成功。

（四）战术的实效性

谈判不同于朋友之间的聊天，也不同于情人之间的绵绵絮语，谈判注重效率，在战术上具有实效性的特征，这也是它独具的特征之一。谈判之初，参谈各方都有自己预定的谈判决策方案，其中包括各谈判阶段所安排的内容、进度、目标，以及谈判的截止日期等。这种实效性特征也可以用作迫使对方让步的武器。

二、谈判口才的攻防策略

谈判口才的策略有很多，不胜枚举，但根据双方所处的地位，概括起来可分为攻势策略和防御策略两大类。

（一）攻势策略

当谈判一方实力较强，处于主动地位时，可以发起攻势，迫使对方做出更大让步。

1. 软硬兼施

同一谈判班子中某人扮演固执己见的顽固角色，而另一个人则扮演通情达理的老好人角色，即我们通常所说的一个唱白脸、一个唱红脸。两人一唱一和，如演双簧，虚实难分，软硬兼施。由于人们无法对帮自己说话的“好人”产生反感，从而撤掉自己心理上的警界线，这是一种常用且很奏效的策略。

2. 反向诱导

为了说服对方接受某主张，可以提出一项恰恰相反的主张，即逆向谈判法。有的谈判对手总对对方怀疑，犹如正在闹离婚的夫妻一般。这时，就很难说服他相信对方建议的诚实性。为此，故意提出一条截然相反的建议，反而诱导对方接受先前的建议。

3. 最后期限

大多数谈判，常常到了谈判的最后期限或临近这个期限时才达成协议。如果在谈判开始时规定最后期限，也是一个谈判策略。心理学家指出：当某一最后期限来到时，人们迫于这种期限的压力，会迫不得已改变自己先前的主张，以求尽快解决问题。

在谈判中常有这样的情况，在谈判开始时，就告诉对方最后期限。对方对此并不注意，但随这这个期限的迫近，对方内心的焦虑就会渐增，并表现出急躁不安。到了截止这一天，这种不安和焦虑就会达到高峰。

（二）防御策略

当谈判中的一方处于被动局而时，就采用防御策略。

1. 先发制人

对方处于绝对优势时，往往提出十分苛刻的条件。这时自己可以先发制人，抢先开出条件，并以此作为谈判的基础。

2. 避重就轻

谈判的目的是要使双方得到利益上的满足。当谈判出现僵局时，在重要问题上仍要坚持立场，而在次要利益上可以做出适当让步。

3. 抑扬对比

如果在谈判过程中，对方趾高气扬，宣扬自己的优惠条件从而压迫你时，你要根据自己所占有的详细资料，采用抑扬对比策略予以对付。“抑”是贬低对方所说的条件，“扬”是适当夸张突出己方优点。

4. 原地退后

有一种舞蹈动作，看起来在后退，实际还在原地。在淡判中也可以做出这种无损失的让步，让对手感到满足。

5. 虚设转嫁

当对方实力雄厚、咄咄逼人时怎么办？可以虚设后台，拒绝对方，并把责任推在虚设的后台上。例如，向对方讲“上级有指示”或“不在自己权限范围内”等，这样，可以将自己的处境转劣为优。

6. 缓兵解围

当对方占据主动，己方一时不能接受对方的要求导致谈判僵局时，可采用缓兵解围策略。例如，宣布休会，即暂时中止谈判，以便取得更多的时间制定应付的策略，这样往往能使谈判从“山穷水复疑无路”转到“柳暗花明又一村”的境界。

7. 让步策略

在商业谈判中常常出现僵局，双方因为某个问题而争论不休。这时，如果没有一方愿意做出让步，那么谈判是不可能成功的。让步是保证谈判获得成功的原则和策略，在谈判中让步，不是一件容易的事情。每一次让步，均应考虑其对全局的影响。

三、谈判口才的思维策略

谈判口才的思维策略主要有以下几种。

（一）主动出击策略

谈判中双方的地位往往会有“主动—被动”交替的现象，这是正常的。但是如果一味地处于被动地位，被对方牵着鼻子走，对方问了什么，你就回答什么，缺乏提问意识，缺乏控制全局的能力，这对你的谈判是非常不利的。

（二）把握底线策略

谈判是彼此作出一些妥协和让步的决策活动。谈判者应该明确自己在谈判中希望获得的基本需求（即根本需求或首要需求）和派生需求（即次级需求）分别是什么，这样才能在谈判中灵活把握什么是必须保证的、什么是可以舍让的。如果你的需求是多方面的，那么你就需要对这些需求按其强烈程度进行排序，使自己对谈判的进程心中有数。

（三）目标策略

即制定自己的分阶段、分步骤目标，以促成自己目标的实现。

（四）手段策略

这类策略是以完善自己的手段、钳制对方的手段为基本要求，它对目标的作用是间接的。如反建议、反议程方案，技术性措施的实施，环境的变更等。

（五）灵活变通立场

立场是指谈判的立脚点。谈判中，双方刚开始都是站在不同的立场上发言。我们可以做一个简单的假设，如果对方都死死地抱着自己的立场不放，那么谈判的让步是很难实现的，谈判的成功也往往会付出更多艰辛。另一方面，谈判中灵活变通立场并不等于放弃自己的立场，而是学会从不同的思维方向重新考虑这个问题，也许会收到“柳岸花明又一村”的出人意料的效果。

（六）方位和方法策略

这是指在何处、何种问题上，使用什么手段，以及如何应用这些手段。

（七）讨价还价策略

公关谈判离不开讨价还价。在西方国家，不仅商务公关谈判要进行讨价还价，其他活动如企业兼并、劳资纠纷等谈判活动也需要讨价还价。

（八）关注长远利益

中国有一句古训“人无远虑，必有近忧”。谈判中的利益有的是短期利益，有的是长远利益，作为一个聪明的谈判者，他更应该关注的是长远利益。

（九）关注各方利益

中国还有一句古训：“知己知彼，百战不殆”。只有明白对方需要什么，我们才能够在允许的范围内进行从容的进退。同时，这样的思维方式能够保证你学会在对方的立场上思考，了解对方的期望值，对谈判进行整体的认识，以更广阔的思维空间和视野全盘考虑使整个谈判过程更多地呈现其合作的性质。这样，也能够获得对方为你的利益的考虑，从而保证谈判的顺利进行，使谈判的结果令各方都满意。

（十）寻找共同因素

谈判是在观点不一时开展的决策活动。很多时候，谈判会因意见不一而陷入僵局，影响谈判进程。在这种情况下，“寻找各方共同因素”是一个可行的方法。共同因素是指各方共同感兴趣的话题，这一话题可以是谈判范围内的，也可以是谈判范围外的，包括共同饮食爱好、运动等，都可以是其中的好内容。这些共同因素可以拉近谈判者的距离，缓和谈判过程中的对立情绪，从而促进谈判的顺利开展。

四、谈判口才的语言要求

（一）有声语言要求

1. 表情达意准确明确

（1）准确规范。在谈判中要用准确、规范的语言陈述自己的观点。要求说话清楚、吐字准确、措辞得当，语言完整，逻辑层次明晰，概念的运用准确无误，语句没有歧义。

（2）明确明晰。谈判中，要尽量避免话中有话的语句。能够根据自己表情达意的需要正确处理语句的停顿、重音、节奏和速度，让对方能够明确地把握你所表达的意思。

（3）注意修辞效果。其要求是，不仅要把话说对，还要把话说好，还要让人容易入耳。有一例子：西方有位教士问主持：“我们在祈祷的时候可以抽烟吗？”主持听后大为光火，批评他不虔诚，竟然在祈祷的时候还想着抽烟。过了几天，另一位在祈祷时想抽烟的教士问主持：“我们在抽烟的时候可以祈祷吗？”这一次，主持不仅没有批评他，反而大加赞扬，认为他抽烟的时候都不忘祈祷。从这一例子中我们可以看出说话技巧的重要性。

2. 态度真诚不卑不亢

谈判各方应该是一种平等对话的关系，谈判者只有怀着真诚的态度，做到说话时不温不火、不卑不亢，才能赢得对方的尊重。要注意说话距离的保持，多用礼貌用语，泰然自若、从容自信，话语逻辑严密、有条不紊。在谈判中，要以理服人，不能过于亲昵，也不能咄咄逼人，应该做到心平气和、绵里藏针。石油大亨亚马尼就是这方面的典型，与他谈判过的人这样评价他：“亚马尼谈判时心平气和地重复问题，低声细语，把你搞得精疲力竭，他是我打过交道的最难对付的谈判人员。”可见，心平气和很重要。

3．语气委婉礼貌

委婉礼貌是谈判中的语言原则，甚至当你不同意或不明白对方的观点时，你也不能用气势汹汹或不屑一顾的语气，而应该用委婉礼貌的语气阐述自己的看法。

（二）无声语言要求

无声语言即指人的身体语言。在谈判中，无声语言运用得好，可以给你的谈判带来意想不到的效果。坐姿：两脚着地，膝盖成直角，身体适当前倾，不能靠在椅背上，坐沙发时双脚侧放或稍叠放。在谈判过程中，可以随着讲话人的内容不断调整自己的姿势以表示对其话语感兴趣。不能跷二郎腿。走姿：双肩平衡，目光平视，面带微笑，双臂伸直放松，自然摆动。

倾听对方谈话：双眼注视对方；可以边听边记录，以示重视。可将双手合拳按在额前或下巴表示沉思；也可以点头表示赞成，微微摇头表示不赞成。

而下列动作则是表示厌倦或愤怒：眼神不专注，左顾右盼，皱眉，人往椅子背上靠，整理案前资料，看表，把玩身边的小物件，画一些不相干的图画，作出欲离开的样子等。

整体上看，谈判中的无声语言应该很好地体现出你的人格修养，这对你的谈判成功与否将起到重要的作用。

五、谈判中停顿的处理技巧

19 世纪英国作家卡莱尔说得好：停顿和语言相配合，能创造出双重的意境，有停有连，停连得当，可以使口语表达语清意明，还能控制速度和节奏，创造出内容所需要的多种情势，产生动人的力量。停顿是语言交流中的第一大要素，它是指口头表述中，词语之间、句子之间、层次之间、段落之间在声音上的间断。

从前有个笑话，说的是有位贪心的客人看见天下雨，得意地题了句诗“下雨天留客”。不满的主人续上一句“天留我不留”，下了逐客令。而客人重新标点一番，变成了：“下雨天，留客天，留我不？留。”照样心安理得地赖着不走了。

由此可见，即使是同样的内容，由于停顿的不同，意思也就变成两样。下面是处理语句停顿时所要注意的几个问题：

1. 停顿和呼吸的关系，停顿不等于换气，一般应在停顿较长的地方换气而且有助于表情达意，语气连贯，而不是相反。

2. 停顿在表现大的层次的关系和特殊的心理状态时，需要较长时间，一般情况下应是似断非断、藕断丝连，不能停顿过多过长，否则会破坏语调的连贯流畅。

3. 停顿和重复一样，要和语调、节奏联系起来，恰如其分地处理。要注意，具体问题具体分析，不可生搬硬套。

4. 任何停顿，尤其较长的停顿，都不是信息的中断、内心的空白，越是较长的停顿，越是心理活动、无声语言充分表现的地方，所以停顿是传情达意的一种技巧而不仅仅是为了调节气息，说起来便当。

六、谈判中的答复技巧

谈判中回答问题不是一种容易的事。因为不但要根据对方的提问来回答，并且还要尽可能地把问题讲清楚，让提问者满意。而且答复方对自己回答的每一句话都负有责任，因为对方可以把答复方的回答理解为一种承诺。这就给回答问题的人带来一定的精神负担和压力。因此，一个谈判者水平的高低很大程度上取决于答复问题的水平的高低。

掌握谈判的答复技巧应注意以下要领：

1. 对问题不要彻底回答

答话者要将问话者所问问题的范围缩小，或者对回答的前提加以修饰和说明。

比如，对方对某种产品的价格表示关心，直接询问其价格。如果彻底回答对方，把价钱一说了之，在后面的谈判中，回答的一方可能就比较被动了。倘若这样回答：“我相信产品的价格会令你们满意，请先让我把这种产品的几种性能作一下说明好吗？我相信你们会对这种产品感兴趣的……”

这样回答，就巧妙地避免了一下子把对方的注意力吸引到价格问题的焦点上来。

2. 不要确切回答对方的提问

回答问题要给自己留一定余地。在回答时，不要过早地暴露你的实力。通常可以先说明一件类似的情况，再拉回正题。或者，利用反问的方法把重点转移。

例如：

“是的，我猜想你会这样问，我可以给你满意的答复。不过，在我回答之前请允许我提一个问题。”若是对方还不满意，可以这样回答：

“也许你的想法很对，不过你的理由是什么？”

“那么。你希望我怎么解释呢？”等等。

3. 减少问话者追问的兴致和机会

问话者如果发现了答话者的漏洞，往往会刨根问底地追问下去。所以，回答问题时要特别注意不让对方抓住某一点继续发问。

为了这样做，借口问题无法回答也是一种回避问题的方法。

例如：

“这是一个无法回答的问题。”

“这个问题只好留待今后解决。”

“现在讨论这个问题为时尚早。是不会有什么结果的。”

4. 让自己获得充分的思考时间

回答问题前必须谨慎从事，对问题要认真思考，要做到这一点就需要充分的思考时间。一般情况下，谈判者对问题答复的好坏与思考时间成正比。正因为如此，有些提问者会不断地催问，迫使你在对问题没有进行充分思考的情况下仓促作答。

在这种情况下，作为答复者更要沉着，你不必顾虑谈判对手的催问，而是转告对方你必须进行认真思考，因而需要时间。

5. 有些问题不值得回答

谈判者有回答问题的义务，但这并不等于谈判者必须回答对方所提的每一个问题。特别是对某些不值得回答的问题可以礼貌地加以拒绝。

例如在谈判中有些谈判者会提出与谈判主题无关的问题，回答这种问题显然是浪费时间。或者，对方会有意提出一些容易激怒你的问题，其用意在于使你失去自制力。回答这种问题只会损害自己，因此可以一笑了之。

6. 不轻易作答

谈判者回答问题，应该具有针对性，有的放矢，因此有必要了解问题的真实含义。

同时，有些谈判者会提出一些模棱两可或旁敲侧击的问题，意在以此摸对方的底。对这一类问题更要清楚地了解对方的用意，否则极易造成己方的被动。

7. 找借口拖延答复

有时可以用资料不全或需要请示等借口来拖延答复。

比如，你可以这样回答：

“对你的提问，我没有第一手的资料来作答复，我想，你是希望我为你作详尽并圆满的答复的，但这需要时间，你说对吗？”

当然拖延时间只是缓兵之计，它并不意味着可以拒绝回答对方所提出的问题。因此，谈判者要进一步思考如何来回答问题。

8. 有时可以将错就错

当对手对你的答复作了错误的理解，而这种理解又有利于你时，你不必去更正对方的理解，而应该将错就错，因势利导。

谈判中，由于双方在表述与理解上的不一致，错误理解对方讲话的意思的事情是经常发生的。一般情况下，这会增加谈判双方信息交流与沟通上的困难，因而有必要予以更正、解释。但在特定情况下，这种错误理解能够为谈判中的某一方带来好处，因此可以采取将错就错的对策。

比如，当对方询问某种商品的供应条件时，卖方答应买方可以给优惠价。而买方把卖方的答复理解为，如果他想享受优惠价格就必须成批购买。而实际上卖方只是希望买方多买一点，并非是买方享受优惠价格的先决条件。

如果买方在做出这样理解后仍表现出购买的意愿，卖方就不必再把自己的意愿解释了。总之，谈判中的应答技巧不在于回答对方的“对”或“错”，而在于应该说什么、不应该说什么和如何说，这才是取得最佳效应的关键所在。

七、谈判中应注意的事项

1. 学会认真倾听

心理学研究发现，在语言交流中，人们更愿意被倾听。因此，对于谈判者来说，不仅需要运用机智幽默的语言阐述自己的观点，同时还需要养成一个重要的优秀品质，那就是认真倾听对方的谈话。这一方面体现了你对对方的尊重，体现了自身良好的人品修养和人格魅力，给对方以人格魅力的威慑；同时，也能够在认真倾听之中把握更多的你所需要的信息，及时调整自己的谈判策略。

2. 保持充分自信

莱登·B. 约翰逊曾说过：“自信使人心服。相信你在谈判论辩进程中的表现。如果你做不到这一点，你就失去了机会。”的确，我们无法想象，一个畏畏缩缩的人如何在谈判中获得成功。自信从哪里来？自信来源于谈判前的充分准备和谈判中的沉着与微笑。谈判前的准备包括积极分析资源（包括“利我资源”、“利他资源”、“弊我资源”、“弊他资源”等）、收集主题信息（如果你对谈判主题有关的各种信息的把握比对方更加迅疾和丰富，那么你在谈判中往往会占主动地位，你将能够明晰地指出对方的问题所在从而迫使对方作出让步）、丰富相关知识（包括谈判的技巧知识和谈判主题所涉及的方方面面的知识）。

3. 积极控制情绪

尽管谈判桌不是战场，但是对不同的观点进行论辩、妥协，总会出现许多情绪异常激动的场面。在这种情况下，你必须很好地控制自己的情绪，什么时候该收敛情绪、什么时候该爆发情绪，都要根据谈判的进程而定，千万不要让情绪主宰了你，而使自己成为了情绪的奴隶。

第四节　营销口才技巧

营销，是工商企业组织针对社会需求，面对市场竞争，在市场调查论证的基础上，采用人员或非人员（广告推销、活动促销、服务促销）形式所进行的促进产品、商品销售流通的专门活动。西方企业家说：“没有营销，就没有企业。”可见，营销对于企业是多么的重要。

口才是人生财富的起源，是一辈子的财富。有人说“口才是金”、“口才是宝”。市场营销人员无人不知“一言兴商”、“一语千金”的道理；做成生意最需要的是好口才，营销的奇迹 80% 是由口才创造的。因此，掌握营销口才至关重要。

一、营销口才的概念

营销口才，是与顾客进行情感沟通的语言技巧，是一门把话说得悦耳动听、滴水不漏的经商艺术，是赢得顾客、扩大市场的成功法宝。决战商海，必须要拥有良好的营销口才。妙用口才，就可以使营销化难为易、化繁为简，就可以让顾客变拒为纳、变疑为信，进而采取购买行动。

二、营销口才的作用

人员推销既是一种最古老、最简单的销售方法，也是现代营销中特别有效的方法。人员推销具有其他推销方式无可比拟的优势和特点，就是人与人之间接触，用语言沟通所产生的特别效应。它明显地表现在：

1. 企业和客户之间的联系纽带，帮助顾客认识商品和解决有关问题，在顾客心目中建立起企业和商品的良好信誉，使顾客最终成为企业的买主。

2. 针对性强，工作弹性比较大，可以直接对顾客进行预测分析、确定重点对象、进行面对面的推销，签订销售合同，克服广告销售无法立即购买的不足。

3. 可以使推销员在本职工作范围内独立地、创造性地工作，稳妥有效地实现企业的销售目标。很多企业都知道“顾客就是上帝”。企业的宗旨就是要让顾客满意且忠诚。“满意的客户不一定忠诚，忠诚的客户一定是满意的客户。”因此，企业经营者必须意识到，只有培养、选用能说会道的高级人才去开发市场、促进销售，才能占领市场、扩大市场，企业的生命之树才能常青。推销人员要力求提供客户满意的服务，防止客户流失，让更多的客户成为回头客；牢固树立起良好的服务品牌，使企业财源滚滚，从而形成企业发展壮大的基石。

例如，在送别顾客时，服务员说：“先生，吃了我们的火锅还满意吧？如果满意，欢迎您全家人也来尝一次，花钱不多，到这里过一个快乐的周末吧。”

这种充满人情味的推销语言，就容易使人满意。即使顾客消费结束、付款结了账，也要用规范服务语言送客，给顾客留下良好的印象。

三、营销语言的基本原则

视顾客为朋友、为熟人，想方设法让服务用语做到贴心、自然，令人愉悦，这是营销语言的基本出发点。

（一）顾客中心原则

设身处地为顾客着想，急顾客之所需。主动说明顾客购买某种东西所带来的好处。对这些好处作详细、生动、准确的描述，才是引导顾客购买询品的关键。“如果是我，为什么要买这个东西呢？”这样换位思考，就能深入顾客所期望的目标，也就能抓住所要说明的要点。最好用顾客的语言和思维顺序来介绍产品，安排说话顺序，不要一股脑地说下去，而要注意顾客的表情，灵活调整销售语言，并力求通俗易懂。

1. 倾听原则

“三分说，七分听”，这是人际交谈基本原理——倾听原则在推销语言中的运用。在推销商品时，要“观其色，听其言”。除了观察对方的表情和态度外，还要虚心倾听对方议论，洞察对方的真正意图和打算。要找出双方的共同点，表示理解对方的观点，并要扮演比较恰当、适中的角色，向顾客推销商品。

2. 禁忌语原则

在保持积极的态度时，沟通用语也要尽量选择体现正面意思的词汇，选择积极的用词方式。要保持商量的口吻，不要用命令或乞求语气，尽量避免使人丧气的说法。如：“很抱歉让您久等了。”（负面词）“谢谢您的耐心等待。”（积极的说法）

3.“低褒微感”原则

“低”，就是态度谦恭，谦逊平易；“褒”是褒扬赞美；“微”是微笑，营业员要常带微笑，给顾客带来好的心情；“感”是感谢，由衷地感谢顾客的照顾。如“谢谢您，这是我们公司的发票，请收好。”等

（二）让顾客接受自己的方法

1. 主动接近顾客

推销人员设法主动接近顾客，使自己从“不速之客”变成受欢迎的人。初次接触顾客，选择恰当时机和话题是决定成败的关键。

广交朋友是获取信息、打入市场、推销商品的有效方法。友谊是保持长久关系的关键，要建立真正的友谊，必须做到以下几点：①主动热情，乐于助人，给对方留下一份情谊。时不时表达关切之情，而不要临时抱佛脚，用得着的时候才想起对方。②在保证企业利益不受损失的情况下，宽宏大量，给人留下公正、大方、讲理、可深交的印象。③对对方的事情守口如瓶，不谈论对方的个人隐私，使对方认为推销者完全可以信赖。

2. 争取顾客的好感

可采用两种方式：①服务式。提供资料，介绍产品，结合顾客需要和产品特征，提出技术方面或经济方面的问题进行讨论，供顾客购买决策参考。②交流式。一位资深寿险经纪人这样介绍他的经营之道：“您以为我是怎么去推销那些种类繁多的保险商品的吗？我的客户 90% 都没有时间真正去了解他们保了一些什么，他们只提出希望有哪些保障，他们相信我会站在他们的立场替他们规划。所以呢，对我而言，我从来不花大量的时间解释保

险的内容和细节。我认为，我的销售就是学习、培养、锻炼一种值得别人信赖的风格。”

3. 接近顾客的方式

（1）陌生拜访法：直接登门拜访完全陌生的准客户，又叫直冲式拜访。

（2）缘故法：即因亲友、邻里、同学等社会关系，发展成为业务关系。

（3）介绍法：利用关系网，滚雪球式地扩大营销空间。

（4）通信法：通过书信交谈，与潜在客户结为知己，创造与顾客面谈的机会。

（5）咨询法：设咨询柜台，为顾客排忧释疑。

（6）电话约谈法：省时、便捷。

4. 接近顾客的话语

专业营销中，初次面对客户时的话语，至关重要，成为专业的接近话语。

通常是在礼貌用语之后，以轻松愉快的语言方式开始接近潜在顾客；一两句赞美或略带俏皮而幽默的话语，则往往可以很快缩短与准客户的距离。

（三）了解需求

消费者之所以购买产品，是因为受需求的驱使。由于缺少某些令人满意的东西，人们便产生了需求。不同的购买者对想要的东西有不同的购买动机，但都是为了满足他们获得尊敬、方便、舒适、健康、美丽或者其他方面的需求。

1. 客户的需求与客户的认同

客户的购买行为源于购买动机，而购买动机又源于需求。客户之所以会产生需求，是因为对现状不满，期望改变现状，以达到一个新的高度。达到一个新的高度需要一定的硬件和软件等两方面的条件作为支撑。销售商所提供的产品和售后服务就是客户需要的硬件和软件。例如，一份报纸要提高发行量，目标的改变就可能带来两个需求：一个是设备的改进，另一个是人员素质的提高。设备的改进是硬件的需求，而人员素质的提高则是软件的需求。销售商了解了客户的需求，就可以有的放矢，有针对性地充分满足客户的需求。针对不同的客户群，要用不同的语言方式来对待。对待有责任心的男士，不妨讲“如果您对您的太太和孩子有爱心、有责任心的话，不妨选择我们的产品。在生日或是节假日，投一份保送一份爱心，您会意外获得一个好心情，更能加强家人的凝聚力。”如果你面对的是 40 多岁的女士，又可以说：“当我们老了以后，最难过时，有所安排，还不让孩子们负担，您觉得怎么样？”你为对方着想，就能得到对方的认同。

2. 客户的需求与实现销售

客户的需求产生于已经得到的和希望得到的之间的差异。需求的本质就是客户的期望和现状之间的差值。了解需求的目的应该是了解和发掘客户的现状与他所期望达到的目标两者之间的差距。只有这个差距才是最终促使客户购买某种商品的实质性需求。销售人员所提供的产品或售后服务能够弥补这个差距，方能顺利实现销售。

所以，促销的原则是帮助消费者或客户了解自己真正需要的是什么，然后努力帮助他们去实现并满足这一需求。同时，设法将产品的各种实际价值提升到客户所期望的高度，甚至比他的期望更高的水平。

3. 沟通供需

销售员和客户的关系体现在两个过程：①销售的过程，即销售员向客户推荐自己的产品和售后服务；②购买的过程，客户是否购买销售员的产品。可以说，销售的过程决定着购买的过程，客户是否购买产品，关键在于销售员的销售工作做得好坏。

沟通供需，在于理解购买动机与找出购买动机。动机决定行为，购买动机是客户购买过程的第一步。为此，销售员应全面地找出客户的购买动机，了解客户购买动机的强弱。否则，会让人觉得生硬，因而不为所动。例如："请全家人一起来吃一次火锅或水饺，过一个快乐的周末吧！"这样的说法让人深感亲切、温馨，因而极具诱惑力。

销售员可以通过了解顾客现在的情况、面临的困难和不满，进而问到他们想要的。仔细倾听其回答，就可以掌握顾客真正的需求。

四、营销语言技巧

在销售过程中，销售人员需要灵活运用销售语言技巧，向客户介绍产品或服务等方面的情况，以便成功地促使顾客决定购买或消费。而当销售过程中顾客有异议时，恰当的语言表达技巧又是转移或搁置矛盾、缩小或化解分歧的主要手段。同时，在阐述意见和要求时，合理的语言表达方式，既可以清楚地说明自己的观点，又不至于引起对方的不良反应。想客户之所想，帮助客户得到更多、更好的服务。经营者就会发现，顾客不仅仅只是满意，而是"铁定"消费销售人员的商品了。

（一）销售陈述

销售陈述就是在销售过程中，销售人员向客户所进行的产品或服务方面的清晰而简明的介绍。其目的在于以下三个方面：

1. 让客户通过销售陈述能清晰地了解自己的需求。销售人员应适时且及时地找出其购买动机，为下一步的销售陈述做铺垫。

2. 创造消费、享受的氛围，让客户有满足的感觉。当客户有了购买的动机后，往往需要咨询相关的商品、技术原理、使用技巧和复杂设备运行的可行性等。销售人员应积极、主动地充当专家的角色，为顾客做产品介绍、评估和提供相关服务。这种销售陈述，是销售过程的核心部分。

3. 通过销售陈述化解客户异议，进入购买程序，实现商品销售。销售陈述讲得好，将对促进顾客愉快消费产生重要影响。

基于销售陈述在推销业务中的重要作用，在销售陈述之前，销售人员需要明确目的，做好充分的准备。首先要从客户角度出发，以客户为中心来组织陈述要点，才能获得成功。其次，应该优化陈述序列。一个产品的相关信息有很多，其中有些是客户所关心的，而有些是销售人员必须知道但客户却不感兴趣的。比如，销售人员要了解产品的成分、工艺等，而客户对此并不感兴趣而更关心的是功能、结果。所以在做销售陈述时，销售人员要把已知的信息进行分类，按照优先次序排列。销售人员应把重点放在客户必须知道的信息上，特别是在客户提供的时间有限时，首先要保证快捷而准确地传达给客户必须知道的、关键的信息。有的销售人员总认为客户关心的肯定是价格，只要自己提供的价格比别人更低一些就可以了，所以他们在跟客户谈生意时，常常忽视了对产品的介绍，避而不谈产品能给客户带来的综合利益，而是避重就轻地直接打探客户的底线是多少，急切地直接谈到价格。这是最简单的、也是效果最差的销售陈述，所以容易造成一种失败的结局，最根本的原因恰恰正是销售人员本末倒置地忽略了介绍产品这一最重要的步骤。

在销售陈述时，有的客户会担心如果表现出外行，就可能在交易中占弱势。因而往往表现出一种挑战的神情，在洽谈中争强好胜。面对这种情形，销售人员要用得体的态度和专业的销售陈述来打消客户的疑虑。此外，当客户谈到价格时，销售人员不要立即认为客户不愿意听销售陈述，只关心价格。事实上，很多时候客户往往是在试探一下谈判的可能性，因为价格是最容易说出来的一个理由。所以客户常常也相应地由价格开始谈起。

好的陈述所产生的效果要大于公司和产品的知名度对客户的影响。因此，销售人员不必因为自己的产品没有做过广告，或知名度低而产生畏惧的心理，实际上完全可以凭借自己专业的销售陈述来成功地打动客户。作为基本功，销售人员一定要练就扎实的销售陈述功底。

（二）理解顾客异议

1. 在与顾客沟通的过程中，客户对销售人员所提供的产品或服务提出异议，这是很常见的。所谓异议，也就是顾客的不同意见，其实质是客户对于产品或服务的不满意。客户表达异议的方式多种多样，客户可能直接说对产品没兴趣，也可能借口要开会或需要和其他人进行商量。这些异议有可能是真的，也有可能是假的。但即使是假的异议背后也往往隐藏着真的反对意见。人们平常见到的冰山只是冰山整体上露出海面的很小一部分，更大的冰体都隐藏在水下，人们是看不到的。客户的异议往往如同冰山，异议本身只是客户全部意思表达中很小的一部分，真正的异议是客户隐藏起来的那更大的部分，需要销售人员去进行深入发掘。

2. 理解异议

异议的存在和积累往往造成交易的失败。只有正确理解争议，才能科学化解异议，进而解释客户的疑惑，化解客户的不满。

从顾客方面看，有的顾客对具有新功能的新产品、新的推销方式缺乏认识，没有认识与发现自己新的需要，还是固守原来的购买内容、对象、方式，因而对新事物提出异议；有的客户由于缺乏支付能力，而对自己喜爱的商品提出价格方面的异议，等等。

从销售方面来说，有的异议来源于产品质量与顾客的需求有差距，有的异议是因为商品定价不稳定，有的异议则是因为推销服务的态度与质量欠佳，产生矛盾的根源是极其复杂的。所以，作为销售人员又怎么能要求顾客的一切异议都必须完全合理呢？解决问题的关键不在于推销人员能不能有理有据地驳倒对方异议中的不合理因素，而在于首先树立“顾客是上帝”的宗旨，并由此去理解顾客的不满，了解他们提出异议的合理性和客观性，从而更加欢迎顾客的批评意见，以改进自己的服务，化解顾客的不满和抱怨。

3. 化解异议的语言方式

因为异议的普遍存在，商品交易中，经常出现磕磕碰碰的情况。顾客提出抱怨，而销售者也怒目相向。有时确实是顾客横挑鼻子竖挑眼，如果销售者也脾气暴躁、心胸狭窄，势必影响交易。聪明的销售者往往善于给顾客一个“台阶”，让对方恢复心理平衡，这样既能赢得顾客，也平息了双方的矛盾，使顾客在购买自己的产品时有愉快的心情。

思考与练习

1. 你认为凭你所学的知识最适合在我公司哪个部门工作？
2. 如果本公司不录用你，你打算怎么办？
3. 进行一次模拟谈判，内容自选。
4. 任选一种商品，进行一次模拟推销。

第五编　现代汉语语法修辞常识

第十二章　现代汉语语法基础知识

第一节　词类

汉语词语数量丰富，为了说明不同的词的用法和语句的结构，有必要划分词类。划分汉语词类的主要标准是词的语法功能，即词在句子中充当句法成分的能力以及词与词的组合能力，参考标准是词的形态变化和意义。汉语实词大都是多功能的，每类词大都能充当多种句法成分，词类与句法成分之间不是一一对应关系，我们要判断出哪一种或哪几种语法功能是主要的、最能反映出某一类词的本质，从而判定词的分类。

根据语法功能，首先可以把词分为实词与虚词两大类。实词能充当句子成分，一般具有实在的意义。实词又可以分为名词、动词、形容词、数词、量词、代词、副词七类，其中名词、数词、量词、代词基本不作谓语，动词、形容词在句子中主要作谓语。虚词一般不能单独充当句子成分，主要表达各种语法意义或语气。虚词可以分为介词、连词、助词、语气词、拟声词、叹词。

现代汉语的词类系统可列表如下：

词　类		举　　　例	主要功能或作用
实词	名词	学生、文化、道德、早晨、新疆、以上	作主语和宾语
	动词	学习、希望、存在、发展、是、愿意	作谓语、多数能带宾语
	形容词	聪明、雪白、多	作谓语和定语
	数词	一千、第一	二者往往组成数量短语，作定语、状语、补语等
	量词	个、对、堆、次、分钟、枪、人 / 次	
	代词	我、我们、这、那、什么、怎样	起代替、指示作用
	副词	很、都、已经、必定、忽然、难道	作状语
	拟声词	啪、呼呼	常作状语，可单独成句
	叹词	啊、哎呀	常作独立语，可单独成句

续表

词类		举例	主要功能或作用
虚词	介词	自从、按照、为了、被、关于、比	起标记作用
	连词	和、或者、与其……不如……	起连接作用
	助词	的、地、得、着、了、过、似的、所、给、连	表示结构关系或动态
	语气词	吧、呢、吗、啊、了、的	表示语气

如果某个词经常具备两类或几类词的主要语法功能，这个词就是兼类词。兼类词一定要声音相同、词义又有联系，如下文例①。意义无关或失去了联系的词是同音词，如下文例②。意义相关而音不同、只是字形相同的词也不是兼类词，如下文例③。

例① A. 这件事很麻烦。（形容词）

B. 不想麻烦您。（动词）

C. 因为怕给您带来许多麻烦。（名词）

例② A. 打门。（动词）

B. 打今天起。（介词）

例③ A. 水凉了（liáng）。（形容词）

B. 凉了一杯水（liàng）。（动词）

常见的兼类词有兼动词和名词，兼名词和形容词，兼形容词和动词，兼形容词和副词，兼形容词、动词和名词等几种情况。如建议、科学、明白、自动、便宜。

第二节　短语

短语是意义上和语法上能搭配而没有句调的一组词，又叫词组。

短语可以从多种角度去观察，从而分出不同的类别。我们主要讨论短语的结构类，即按照构成短语的词与词之间的结构关系给短语分类，这样可以把短语分为包括主谓短语在内的五种基本类型和数量短语等特殊类型。

对主谓短语等五种基本类型短语，可列表说明如下：

短语类型	语法关系	举例	中间常插入的成分	能回答什么问题
主谓短语	陈述关系	他说	副词	主语回答“什么”，谓语回答“怎么样”/“是什么”
		今天国庆	是	
动宾短语	支配关系	说话	了、着	宾语回答“什么”

续表

短语类型	语法关系	举例	中间常插入的成分	能回答什么问题
偏正短语	修饰关系	坏话	的	回答“什么的”
		慢慢说	地	回答“什么样的”
中补短语	补充关系	说完	得	回答“（得）怎么样”
联合短语	并列、选择、递进等关系	他和你	和、或	
		继承和发展	并、并且	

除了这五种基本类型，现代汉语短语还有同位短语、方位短语、数量短语、介词短语、“的”字短语、“所”字短语、比况短语、连动短语、兼语短语、固定短语等类别。

为了确定短语的类型、辨别短语是否符合规则，往往要找出构成短语的句法成分，并指明这些构成成分之间的结构关系，进行短语分析。短语分析的主要方法是层次分析法。层次分析的结果有助于我们理解多义短语的几种意义。在一定的语境中，多义短语只表示一个意义，不影响表达和理解。但有的情况下，语境不能有效地消除多义，就容易导致歧义，使人产生误解。消除歧义的办法很多，这里介绍两种，一是适当增加词语，如把“他和你的同学”说成“他的同学和你的同学”；二是改变短语结构，如把“演好戏”说成“把戏演好”或“演了好戏”。

第三节　单句

一、句子与句子成分

大部分短语和一部分词可以加上句调成为单句。词和短语在单句中充当一定的结构成分，被称为句子成分。句子成分可以分为主语、谓语、宾语、定语、状语、补语、独立语等，其中前六种两两配对、互相依存，发生一定的语法关系，列表说明如下：

句子成分	语法关系	回答的问题	构成材料	举例
主语 谓语	陈述关系 （主谓关系）	谁/什么 怎么样	名词、代词 动词、形容词	他做了
定语（　） 中心语	修饰限制关系 （定中关系）	什么的	名词、代词、形容词	（语文）作业
状语[　] 中心语	修饰限制关系 （状中关系）	何时、何地、什么样	副词、能愿动词	[都]做了
中心语 补语<　>	补充说明关系 （中补关系）	（得）怎么样	动词、形容词、数量短语	做<完>了

辨识句子成分，首先要掌握好五种基本语法关系，即陈述关系、支配关系、修饰关系、补充关系、联合关系。要充分认识句子成分的配对性，陈述关系是存在于主语和谓语两个成分之间的，支配关系是存在于动语与宾语两个成分之间的。

其次，要记住主语、谓语、宾语、定语、状语、补语这些成分各能回答什么问题。

再次，要记住几大成分的固定位置，主语、状语在谓语动词前，定语、补语在谓语动词后。

分析单句主要是找出句子中的句子成分，并指明这些句子成分之间的结构关系，确定句子的整体结构类型或样式。

二、单句的语气类

句子可以根据其内部结构分为单句和复句。

单句可以根据其结构或语气进行分类。根据语气的不同，单句可分为陈述句、疑问句、祈使句和感叹句四类，被称为句类。

现代汉语的句类系统可列表说明如下：

类型	语气	作用	语调	句末常用标点	举例
陈述句	陈述	叙述或说明事实	降调	句号	蜜蜂在酿造甜蜜的生活。
疑问句	疑问	提出问题	升调	问号	今天是星期六吗？
祈使句	祈使	要求对方做或不要做某事	降调	句号/感叹号	咱们快走吧。
感叹句	感叹	表示强烈感情	降调	感叹号	这棵树好高啊！

疑问句根据提问手段和语意，可以分为是非问、特指问、选择问和正反问四类，列表说明如下：

类型	结构	常用语气词	答语	举例
是非问	像陈述句＋疑问语调	吗	“是/不/没有”或点头摇头	他去吗？
特指问	用疑问代词代替未知部分	呢、啊	就疑问部分作答	谁去呢？
选择问	用复句的形式提出两种以上选择项	呢、啊	选择一项作答或用其他话回答	他今天去，还是明天去呢？
正反问	单句的谓语由肯定否定并列的联合短语充当	呢	选择一项作答或用其他话回答	他去不去呢？

三、单句的结构类

单句根据结构的不同，可分为主谓句和非主谓句，这叫做句型。

主谓句是由主谓短语构成的单句。主谓句根据谓语构成材料的不同可以分为动词谓语句、形容词谓语句、名词谓语句和主谓谓语句四类。

名词谓语句中作谓语的名词或名词性短语有一定的限制：①只能是肯定句；②只能是短句；③限于说明时间、天气、籍贯、年龄、容貌、数量等情况的口语短句。

非主谓句是由单个词或非主谓短语构成的单句。非主谓句可以分为动词性非主谓句、形容词性非主谓句、名词性非主谓句、叹词句和拟声词句。

现代汉语的句型系统可列表说明如下：

- 单句名型
  - 主谓句
    - 动语谓语句
    - 形容词谓语句
    - 名词谓语句
    - 主谓谓语句
  - 非主谓句
    - 动词性非主谓句
    - 形容词性非主谓句
    - 名词性非主谓句
    - 叹词句
    - 拟声词句

在辨识单句句型时，首先要根据其结构判定是否是主谓句，然后主谓句根据其谓语的中心语的性质判定属于动词谓语句、形容词谓语句、名词谓语句和主谓谓语句中的哪一类；非主谓句根据其构成材料判定属于哪一小类。

四、特殊句式

在单句的句型系统中，主谓句中的动词谓语句最复杂，在研究时根据不同句子的局部特点可以归纳出存现句、连动句、兼语句、“把”字句、“被”字句、双宾句和比较句等常用句式，教材中选讲了前 5 种句式。对于这 5 种句式，我们要抓住其结构特点，正确地进行辨识，同时还要掌握其句子分析的方法，下面一一举例说明。

（一）存现句

例①屋顶上 ‖ 飘着（一面）红旗。

（二）连动句

例②领导 ‖ 表扬先进树典型。

（三）兼语句

例③他 ‖ 有（个）妹妹　很能干。

（四）“把”字句

例④我们 ‖［一定］［要］［把汉语］学习 <好>。

（五）“被”字句

例⑤我 ‖［被那诚恳的言词］打动了。

对于双宾句我们也要有所了解。双宾句有指人和指事物两层宾语，前一个宾语一般指人，叫指人宾语或近宾语；后一个宾语一般指物或事情，叫指物宾语或远宾语。例如：

⑥伯父昨天给我两本书。

⑦我借他十元钱。

⑧我问他哪个办法好。

⑨大家叫他祥林嫂。

双宾句的动词要有“给出”（如例⑥）、“取得”（如例⑦）、“询问”（如例⑧）、“称说”（如例⑨）等意义。

第四节 复句

复句是由两个或两个以上在意义上密切联系、结构上互不包含的单句形式组成的句子。组成复句的单句形式叫分句。构成复句的方法主要有两种，一是关联词语，一是分句的排列顺序。

我们根据分句间的意义关系把复句分为11类，列表说明如下：

类型	特征	常用关联词语
并列复句	分句间的关系是平行的，彼此之间不分主次、轻重	“一面……一面……”、“一边……一边……”、“既……又……”、“一方面……一方面”
对立复句	两个分句一正一反、一肯一否	“不是……而是……”、“是……不是……”
顺承复句	分句之间有先后相承的关系，一般不能调换关系	“（首先）……然后……”、“一……就……”、“于是”、“便”、“就”
选择复句	分句陈述两种或两种以上的可能情况，让人从中作出选择、取舍	“或者……或者……”、“要么……要么……”、“不是……就是……”、“是……还是……”、“与其……不如……”、“不……而……”、“宁可……也不……”、“倒不如”
解说复句	分句间有解说、总括关系	“即”、“就是说”
递进复句	后面分句的意思比前面分句的意思更进一层	“不但……而且……”、“不但……反而……”、“还”、“甚至”、“何况”、“并且”、“尚且……何况……”
转折复句	前后分句的意思相反或相对	“虽然……但是……”、“尽管……也……”、“然而”、“可是”、“不过”、“只是”、“却”
条件复句	分句分别表明条件及满足条件的情况下所产生的结果	“只要……就……”、“只有……才……”、“无论……都……”、“除非……否则……”

续表

类型	特征	常用关联词语
假设复句	分句分别表明假设及假设实现后所产生的结果	“如果……就……”、“要是……就……”、“即使……也……”、“再……也……”
因果复句	分句分别表明原因、理由及由此产生的结果	“因为……所以……”、“之所以……是因为……”、“既然……那么……”、“既然……就……”、“因而”、“因此”“由于”、“以致”
目的复句	分句分别表明行为及其目的	“以便”、“用以”、“以免”、“省得”

第五节　句子运用中常见的语法错误

一、常见语法错误的类型

句子运用中常见的语法错误主要成因在于语法、修辞和逻辑几个方面，可以归纳为以下类型。

1. 用词错误。这里主要讨论实词和成语的误用。词语使用的错误主要体现为与适用对象不符、风格不一致、感情色彩不协调、意义上不搭配、词性误用等。

例①我们家教很严，令尊常常告诫我们，到社会上要清清白白做人。

“令尊”是对对方父亲的敬称，这里用来称呼自己的父亲，显然是弄错了适用对象，应该为“家父”。

例②小王这个人为人热情大方，不拘小节，但也有粗心大意的特点。

例句中的“特点”在形容人时一般是褒义，“热情大方”、“不拘小节”含有褒义，可以称为“特点”；但“粗心马虎”不含褒义，不能称为“特点”，只能称为“缺点”。

2. 介词使用不当。主要指用错介词或介词格式。

例①小明恭恭敬敬地跟于老师敬了个礼。

加点处要使用一个引出“敬礼”对象的介词，用“跟”显然不合适，应改用“对”或“向”。

例②这篇文章，对揭露“法轮功”的本质上起了重大作用。

例句错用了“对……上”这个介词格式，应把“上”删去。

3. 关联词语使用不当。关联词语用与不用、是单用还是成对使用、用在什么位置，都有一定的规则。在语言运用中，有的人随意拆换成对使用的关联词语，造成搭配不当，影响意思的准确表达。

例①几天来，朝鲜艺术家们在北京参观、访问、演出，无论走到哪里，哪里就响起热烈的掌声，这体现了中朝两国人民和军队的深厚的战斗友谊。

例句中的“无论”后面常用“也、都、总、还”来呼应，不能用“就”搭配。可删去“无论”。

例②尽管你的帮助多么微薄，但在他的心上，却像千斤重的砝码。

表示转折关系的“尽管”，在使用时它后边的词语不能有选择性，和它相配的是“那么、这么”等。所以句中的“多么”应改为“这么”。

例③不管那里自然条件极端恶劣，垦荒队员还是在那里开垦出万亩良田。

表示条件关系的“不管”，它后边的词语往往有选择性，或是列举选择项，或是含有“谁、怎样”等。所以句中的“不管”应该为“尽管”，或把“极端”应改为“怎样”。

在复杂的句子中，如果前后分句的主语相同，前一分句的关联词语在主语后；如果前后分句主语不同，前一分句的关联词语一般在主语前。关于后一分句，不论分句的主语是否相同，一般关联词语都在主语前，关联词语是副词则放在主语后。

例④有些炎症，西药中药都能治。不但中药能与一般抗菌素媲美，而且副作用小，成本也较低。

第二个句子的几个分句主语相同，所以第一个分句中关联词语“不但”应放在主语“中药”的后边。

4. 搭配不当。句子成分之间在意义上不配合就会造成搭配不当，常见的是主谓搭配不当和动宾搭配不当。

例①它每年的发电量，除了供给杭州使用外，还向上海、南京等地输送。

提取句子主干，显然主语中心语“发电量”与谓语中心语“输送”搭配不当。因为“输送”的是“电”，而不是“发电的数量”，所以“的发电量”应改为“发的电”。

例②他主动挑起了薄壳力学、船舶结构力学等三门课的主讲任务。

例句中动语“挑起”和宾语中心语“任务”不能搭配。因为与“挑起”搭配的是“担子、水桶、土筐”一类的名词，与“任务”搭配的是“承担”或“完成”。可以把“任务”改为“担子”，也可以把“挑起”改为“承担”。

当联合短语充当句子成分时，会出现搭配不当的语病。往往是联合短语中的一部分词语能与配对成分搭配，另一部分不能搭配。所以遇到联合短语，要逐项检查，看能否与配对成分搭配。

例③摇滚乐那强烈快速的节奏的迷离闪烁的灯光，让人看得眼花缭乱。

例句的主语是一个联合短语，其中的“节奏”与谓语“让人看得眼花缭乱”不能搭配，因为“节奏”是看不到的。可把“让人看得眼花缭乱”改为“让人心慌意乱”。

例④晚会上演出了音乐、舞蹈、曲艺、体操、武术等文艺节目。

例句中的“体操、武术”并不是文艺节目。可以将“文艺”去掉，或者将“文艺节目”改为“文体节目”。

5. 成分残缺。如果不符合省略的条件而句子中缺少应有的成分，导致句子结构不完整、表达不准确，这就是成分残缺。常见的是主语残缺和宾语残缺。

例①经过这次下乡调查，使我们看到了改革开放政策给农村带来的变化。

句子缺少主语，可删去“经过”或者“使”。滥用介词“对于”、“关于”、“通过”、“当”、“在”或滥用动词“使”，往往会造成句子缺少主语。

例②听了张海迪同志讲述她身残志坚，努力学好各种知识，治好了许多病人，我们很受教育。

“听”的宾语应该是“张海迪……的事迹”，句子的宾语不完整。

6. 成分多余。与成分残缺相反，句子中多了某个成分，也会造成表达不清楚。

例①领导干部的楷模孔繁森真正具备了一个共产主义战士的优秀共产党员的品质。

“优秀共产党员”同“共产主义战士”意思重复，可改为“一个共产主义战士的优秀品质”或者“一个共产党员的优秀品质”。

例②往事和回忆又像电影一样一幕一幕地在我眼前映现。

主语中的“往事”和“回忆”语义重复，应把“和回忆”删去。

7. 语序不当。语序不当一是指句子成分的次序不正确，一是指分句间的次序不合理。

例①花木兰在困难面前格外显得坚强。

“格外”应放在“坚强”之前，改为“显得格外坚强”。

例②我们顺利地按照高老头画的那张图找到了传说中的那位神枪手。

“顺利”应该修饰“找到”，所以“顺利地”的位置要调换到“找到”的前边。

例③我们进山以后，因为我们长期在城里走平坦的路，所以走山路十分不习惯。

表示原因的分句要放在句首，所以前两个分句的位置要调换一下。

8. 句式杂糅。表达同一内容时，把两种说法杂糅在一起，会形成两句混杂。

例①你不认真学习，那怎么会有好的成绩是可想而知的。

后一分句把反问句“那怎么会有好的成绩呢”和陈述句“没有好的成绩是可想而知的”套叠在一起，应选取其中一种说法即可。

本来是前后相连的两个句子，硬把前一个句子的末尾用作后一个句子的开头，中间不停顿地说下去，就会使前后牵连，混淆不清。

例②我们去美术馆参观了中国画展是具有独特的民族风格的。

应改为“我们去美术馆参观了中国画展，这个中国画展是具有独特的民族风格的。”

9. 修辞错误。恰当地使用修辞方法可以增强表达效果，增强语言的感染力。但是在使用修辞方法时，要注意修辞方法的使用要求，还要注意与上下文的配合。

例①我们要像驴子一样勤恳地工作。

“驴子”形容人含有贬义色彩，隐含有愚蠢的意思，比喻不当，应把“驴子”改为“老黄牛”。

例②这个烟幕黑得出奇，好像是一些大喷泉突然喷出时形成的巨大扇面。

例句本意是要形容“烟幕”如何黑，但是喻体讲的是什么形状，比喻不当。

10. 逻辑错误。逻辑上的错误主要指前后不一致、偷换概念、大小概念并列、自相矛盾、否定不当等情况。

例①这些军人，生活十分艰苦，他们的情绪却十分乐观，来到我们学校进行军训，谁都会被他那种不怕艰苦的作风所感动。

例句在前面用“他们”代指军人，后面用“他”代指同一群体，前后不一致，数量上也不统一。

例②是否积极参加体育锻炼决定我们的身体健康。

例句中出现了两面词“是否”，要注意前后照应，应在“身体”与“健康”之间加上“是否”，保持语意前后一致。类似的两面词还有“能否”、“能不能”、“是不是”、“要不要”等。

例③四川余则臣的起义，发布檄文，痛斥帝国主义的滔天罪行，英勇抗击清军的围剿。

“起义”本身是一种行为，怎能“发布檄文，痛斥帝国主义的滔天罪行，英勇抗击清军的围剿”呢？显然，此处“起义”这个概念被偷换为“起义军”了。

例④当时一些中学设在各个工厂、企业、单位里。

“单位”包括“企业”，“企业”又包含“工厂”，例句把具有从属关系的大小概念并列用在了一起。可改为“设在各个工厂、农场里”。

例⑤跑步之后，我们总会感到身体特别热一些。

“特别”同“一些”相矛盾，可删去“一些”。

例⑥我们班在数学竞赛中获得集体第一名，这怎么能不使我们全班48位同学不高兴呢？

在表达否定时，一次否定是否定，两次否定是肯定，三次否定又是否定，反问相当于一次否定。例句中有两个“不”，加上反问，共有三次否定，意思是否定的，就是同学们不高兴，与语句所要表达的意思相反，两个“不”要删去一个。

二、常见语法错误的辨析方法

正确进行病句辨析的关键是掌握常见的病句类型，培养语感能力。对技巧方法的积累和运用也有助于病句辨析能力的提高，下面介绍几种辨析方法。

1. 注意敏感词语

综合各种病句类型来看，有一些词语应当特别重视，比如介词、关联词语、并列短语、否定词、两面词等。

2. 提取句子主干

辨析病句可以运用语法分析的手段，先将句子中的附加成分（定语、状语、补语）去掉，紧缩出主干，检查主干是否有毛病；如果主干没问题，再检查局部，看修饰语和中心词之间、修饰语内部是否有毛病。

例①大批灾区的失学儿童重新走进了宽敞明亮的教室，坐上了崭新的木制桌凳，广大家长对此十分满意。

这句话可紧缩为“儿童走进教室，坐桌凳，家长满意。”检查句子主干：“儿童走进教室”没有毛病，“坐桌凳”就有毛病，坐“凳子”可以，坐“桌子”搭配就不恰当。

对于复句，要一个一个分句进行检查，然后把各分句的主干配合起来，看整个句子意义是否连贯、关联词语用得是否恰当。

3. 仿造句子类比

有的句子是否有毛病，一时拿不准，这时仿照原句的结构造日常用的句子，经过比较问题就清楚了。

例①这个经验值得文教工作者特别是中小学教师的重视。

原句结构复杂，先压缩化简为“这值得他们的重视”。再比照它的结构造句：“这值得他们的学习”、“这值得我们的参观。”这三个句子和日常说法相比多了一个“的”字，原句要将“教师的重视”中的“的”删去。

在仿造句子时，一定要注意仿造的格式要与原结构一致，仿造的句子或短语最好是日常用语，便于迅速判断出正误。

4. 识记典型例句

病句的数量很多，但是病句的类型是有限的。如果在学习的过程中针对每一种类型记住一个典型例句，在辨析句子时，面对有疑问的语句，就可以对号入座，从而较快地判断正误。同时，这样做也有利于形成较强的语感能力，提高做题的速度和准确率。

5. 语感审读辨别

调动语感对语句进行认真地审读，从感性上察觉语句的毛病，按照习惯的说法看是否别扭，从而辨别是否病句。

例①那些多余的废话，要毫不留情地删去。

分析：“废话”包含有多余的意思，所以应去掉“多余”二字。

第六节　标点符号的用法

标点符号是标号和点号的总称，是书面语言的有机组成部分，能够帮助人们准确地表达思想感情、正确地理解书面语言。现在通行的标点符号共有16种。点号是表示语言中的停顿或说话时的语气的，包括句号、问号、感叹号、逗号、顿号、分号和冒号。标号是用来表示词语的性质或作用的，包括引号、括号、破折号、省略号、书名号、着重号、连接号、专名号和间隔号。

标号和点号的用法分述如下：

一、点号的用法

1. 句号（。）表示一句话完了之后的停顿。用在陈述句和语气舒缓的祈使句末尾。

例如：①北京是中华人民共和国的首都。

②请再耐心等一等吧。

2. 问号（？）表示一句问话完了之后的停顿。一般用在疑问句的末尾。

例③你会写求职信吗？

3. 感叹号（！）表示感情强烈的句子末了的停顿。用在感叹句、语气强烈的祈使句或者反问句末尾。

例如：④为祖国的繁荣昌盛而奋斗！

⑤停止前进！

⑥谁能比得上他呀！

以上三种点号都是表示句末的停顿和全句的语气的，叫句末点号。

4. 逗号（，）表示一句话中的一般性停顿。

例如：⑦据说苏州园林有一百多处，我到过的不过十多处。

⑧我知道，老师很关心我。

⑨你看，这儿的风景多美啊！

5. 顿号（、）表示句中较短的停顿，主要用在语气紧凑的并列词语之间或次序语的后边。

例如：⑩书信的一般格式包括称呼、问候语、正文、祝颂语和落款。

⑪中国共产党是伟大的、光荣的、正确的党。

6. 分号（；）表示句中较大的停顿，主要用在并列分句之间或分行列举的各项之间。

例⑫小张为人忠厚，对自己严格要求，说到做到；对他人则宽大为怀，热情周到。

7. 冒号（：）表示提示性话语后或总括语前的停顿，有提示下文或总括上文的作用。

例如：⑬常见的公文有 15 种：1.……2.……

⑭教师爱护学生，学生尊敬老师：师生关系非常融洽。

以上四种点号都是表示句中的停顿的，叫句中点号。

根据点号表示停顿的长短，可以把点号分为若干层级，列表如下：

<table>
<tr><td>第一层：句末点号</td><td>句号、问号、叹号</td><td rowspan="3">冒
号</td></tr>
<tr><td rowspan="3">第二层：句内点号</td><td>第一级：分号</td></tr>
<tr><td>第二级：逗号</td></tr>
<tr><td colspan="2">第三级：顿号</td></tr>
</table>

点号有两个基本的层次。一般说来，句末点号比句内点号表示的停顿长。句内点号又可以分为三级：分号比逗号长，顿号停顿最短。冒号表示的停顿不固定，有时相当于句号，有时相当于分号，有时相当于逗号。一个句子内部用上了不同等级的点号，就可以清楚地显示出层次来。如果其中某个点号有了改变，其他点号也往往跟着发生递升或递降的相应变化。

二、标号的用法

1. 引号（“”‘’）表示文中直接引用的话，表示特殊含义、特定称谓、讽刺否定或者强调着重论述的对象时也可以使用引号。

例如：⑮世上最可笑的是那些“知识里手”，有了道听途说的一知半解，便自封为“天下第一”，足见其不自量而已。

⑯在群众面前把你的资格摆得越老，越像个“英雄”，越要出卖这一套，群众就越不买你的账。

2. 破折号（——）表示文中解释说明的语句，语义的转换、跃进，或语音的中断、延长。

例如：⑰我国古代的四大发明——火药、造纸术、印刷术、指南针，对世界历史的发展有伟大的贡献。

⑱“团结——批评——团结”是解决人民内部矛盾的正确方针。

⑲公鸡站到坡顶上，引颈长鸣：“太阳哥——哥。”

3. 括号（()）表示文中注释性的话。

例如：⑳封建制国家税收（包括相当部分的徭役）是封建制国家剥削劳动人民的主要工具。

括号还用在次序语的外面，如（一）（二）（三）（四），这时和顿号的作用相同，括号外不能再使用顿号。

4. 省略号（……）表示文中省略了的话，也可表示说话断断续续、欲言又止。

例如：㉑我起身，恋恋不舍地离开了池塘，踏着小路慢慢地、慢慢地融进了恬静、清丽的月光中了……

㉒他颤动着嘴唇低低地说：“你……怎么……又来了？……不要……为我……耽误工作！”

5. 书名号（《》）表示书籍、篇章、报刊、剧作、歌曲等的名称。

例如：㉓《红楼梦》（书名）

㉔《干校六记》（篇名）

㉕《人民日报》（报纸名）

㉖《求是》（刊物名）

㉗《歌唱祖国》（歌曲名）

6. 连接号（—～）用来把密切相关的名词连成一个意义整体。时间、地点、数目等的起止，人或事物的某种联系，都可以用连接号连接起来。

例如：㉘“上海—乌鲁木齐”的特别快车就要开车了。

㉙孙中山 (1866 ~ 1925)，名文，字德明。

7. 间隔号（·）表示间隔或分界，常用在月份和日期、书名与篇名、音译的名和姓、词牌 / 曲牌和词曲的题目等的中间。

例如：㉚卡尔·马克思

㉛《史记·李将军列传》

8. 着重号（.）标示需要强调的字、词、句，位置在所强调的部分下边。

例如：㉜要学好汉语，必须坚持多练。

9. 专名号（　　）标示人名、地名、朝代名、种族名、国名、机构名等专有名称，位置在人名、地名、朝代名等专名下边。

例如：㉝乌孙及西域诸国均遣使通汉。

专名号在现代的中文书刊已极少使用，在中国大陆只用于古籍、文史哲作品中。但在台湾和香港的中文教科书、电视或电影中文字幕中仍然保留使用。

三、标点符号的书写位置

使用标点符号，应该注意它们的书写位置：

1. 点号占一个字的位置，居左偏下，不出现在一行之首。

2. 破折号和省略号占两个字的位置，中间不能断开；连接号和间隔号一般占一个字的位置。这四种符号的位置上下居中。

3. 着重号、专名号标在相应的汉字下面。

4. 引号、括号、书名号的前一半不出现在一行之末，后一半不出现在一行之首。引号有单引号和双引号两种形式，一般是外双内单；如果单引号之内又有引文，则再用双引号。

第十三章　现代汉语修辞基础知识

第一节　修辞概说

修辞是一种语言运用活动，指人们在说话或写作时，根据特定的语境和表达需要，选用最恰当的表达方式，力求使话语更加准确、鲜明、生动，以收到最好的表达效果。

在语言运用中，表达同样一个意思可以有许多种不同的表达方式，这些不同的形式在不同的语言环境中又各有自己的特点和表达效果。

例如：①她很漂亮。

②她很美。

③她很俊。

④她很好看。

⑤她很靓。

⑥她很稀罕人。

上面的六个句子所表达的是同样的意思，使用了不同的词语，体现了不同的语体风格和地方色彩。

再如：⑦她很漂亮。（一般陈述句）

⑧一提起她来，十里八村没有一个不说她漂亮的。（双重否定句）

上面的两个例句，使用了不同的句式，表达的语气明显不同。例⑦是一般陈述句，例⑧是双重否定句，例⑧所表达的语气更肯定。

又如：⑨她长得好像仙女一样。（明喻）

⑩她长得简直就是个人样子。（暗喻）

⑪都说王晓明漂亮，她比王晓明还漂亮。（衬托）

⑫ 她就是咱村的“七仙女”。（借代）

⑬ 看见她一眼，这辈子就算没白活。（夸张）

⑭ 她是现代的赵飞燕、东方的维纳斯、中国的戴安娜。（排比）

例⑨～⑭ 所表达的意思一样，但运用了不同的修辞方法，所表达内容的侧重点不同，给人的感受也不同。

所以，在语言运用过程中，要取得最佳的表达效果，就要结合语体、具体的语境、人物角色等选择恰当的语言材料和表达手段。

第二节 词语的锤炼

词语的锤炼就是词语的选择和使用，一般从意义和声音两方面入手。在意义方面，应力求用最准确妥帖的词语集中地突出人物的外部特征和内心世界；通过联想，用动态的词语去烘托、渲染静态的事物，使之栩栩如生；用含义比较具体、色彩比较鲜明的词语描绘事物，使人如见其形、如闻其声；还需注意词类活用，临时改变某些词的词性，赋予新的生命活力。在声音方面应力求音节整齐匀称，平仄相间，韵脚和谐以及叠音、双声叠韵的恰当运用，使词语声音协调。词语是声音和意义的合体，从意义和声音两个方面锤炼词语，才能收到满意的表达效果。

一、选择和使用词语的一般要求

（一）用词规范

使用规范的现代汉语词语是用词的最起码要求。在具体的语言运用过程中，对文言词、方言词、新词语，都要考虑有无使用的必要，不能滥用。对外来词，要使用规范的音译形式。如果已经有意译形式，或者已有对应的汉语词，就不必用音译词。

（二）用词准确

准确是用词的根本要求，它不仅要求所用词语能够毫不含糊地反映客观事物，妥帖地表达思想感情，还要求所用词语能够切合表达内容和语言环境的需要。

例如：①他不回答，对柜里说："温两碗酒，要一碟茴香豆。"便排出九文大钱。

这是鲁迅的小说《孔已己》中的句子，句中的"排"字，用得准确、精彩。"排"这一动作，至少有三层含义：一是九文大钱来之不易；二是钱少；三是这种郑重斯文的动作方式表现了孔已己的迂腐与朴实。如果用"给"、"递"、"交"等这些词语，都难以收到这样的表达效果。

（三）区别词的不同含义

汉语词汇十分丰富，词义相同或相近的词语有很多，在实际运用时如果不慎加选择，就会犯用词不当的毛病。区分同义词与近义词，须注意它们在程度、范围、感情色彩、语法特点上的细微差别。比如"接济"和"救济"两个词，它们都可以带宾语；但"接济"的宾语常指称个人，而"救济"的宾语常指称群体，二者在指称范围上存在明显差异。

二、选择和使用词语的进一步要求

（一）力求搭配得当，整体和谐

用词不在于堆砌美丽的辞藻，而在于恰到好处。词语的巧妙配合可以收到更好的表达效果，或增添新意，或弦外有音，或文采陡增。

例如：②严班长很欣赏这么三句话：严肃的态度、严格的要求、严密的组织。

例②中的"严肃"、"严格"、"严密"分别同"态度"、"要求"、"组织"配合，用词自然、恰当，前后呼应，形成表达上的整体和谐。

（二）注意词语的声音配合

词语的声音配合得好，读起来顺口，听起来悦耳，记起来容易。优美的韵律，能够增强语言的艺术美。词语的声音美主要体现在音节的整齐匀称、声调的平仄相间、韵脚的和谐自然等方面。

例如：③满肚苦水，满腔仇恨！在苦水和仇恨里长大的孩子啊，永远忘不了这世世代代的苦，祖祖辈辈的仇。

例③中的“苦水”和“仇恨”、“苦”和“仇”分别对称使用，“世世代代”和“祖祖辈辈”又是叠音形式的对称使用。这种音节上变化多样的对称配合，使句子形式匀称整齐，节奏感强，韵律优美，强调突出了表达内容，给人留下了深刻的印象。

（三）用词要富于变化

在同一句话里，或相邻的几个句子里说到同一个对象时，要尽量选择使用同义词或近义词，避免行文单调、呆板。

例如：④何满子却隐匿在柳棵子地里，深藏到芦苇丛中，潜伏在青纱帐内的豆棵下。

⑤夫英雄者，胸怀大志，腹有良谋，有包藏宇宙之机，吞吐天地之志者也。

例④中的“隐匿”、“深藏”、“潜伏”意义相近，例⑤中的“胸”与“腹”、“怀”与“有”、“包藏”与“吞吐”也都意义相近。这些近义词的变换使用，是文章语言丰富典雅、摇曳生姿的先决条件。

如果能力避窠臼，寻找到新颖别致的词语就更好了。比如鲁迅在《社戏》中描写戏场拥挤时写道：“（我）用力往外只一挤，觉得背后便已满满的，大约那弹性的胖绅士早在我的空处胖开了他的右半身了”。此处只一“胖”字，胖绅士乘隙而入的钻、挤丑态，形象而幽默地呈现在读者眼前，令人捧腹。

第三节　句式的选择和使用

在语言运用过程中，意义基本相同的几个句子表达形式有别，风格色彩、修辞功能、表达效果也有所不同。根据表达需要选择句式、调整句式，可以有效地增添文采，收到理想的表达效果。

学会选择和调整句子，必须从修辞的角度，对汉语各种常见句式的表达效果做到心中有数。

一、主动句和被动句

一件事情既有施事又有受事，在表达时可以用施事作主语的主动句式，也可以用受事作主语的被动句式。主动句的谓语动词没有限制；被动句的谓语动词有所限制，一般表示不怎么情愿的意思。

二、肯定句和否定句

同一个意思可以用肯定句表示，也可以用否定句表示，但二者的语意有轻重、强弱之别。一般来讲，肯定的说法语意强些，否定的说法语意弱些。但是双重否定句比一般的肯定句语意更强、更加肯定。

三、长句和短句

长句指词语多、结构比较复杂的句子，短句指词语少、结构比较简单的句子。长句表意严密、精确、细致，多用于书面语；短句表意简洁、明快、灵活，口语中用得较多。

四、整句和散句

整句指相邻的几个句子或分句结构相同或相似；散句指相邻的几个句子或分句结构不整齐，各种各样的句子交错运用。整句形式整齐，声音和谐，气势贯通，意义鲜明，适于表达丰富的感情，能够给人以深刻、鲜明的印象。散句散而不乱，比较灵活，容易避免行文单调，能够取得生动、活泼的表达效果。

五、口语句式和书面语句式

口语句式结构比较简单、松散，句子短小、简洁，语气词用得比较多，关联词语用得少。书面语句式结构比较复杂、严谨，多用长句，比较讲究语言规范，关联词语也用得多。口语句式在运用中显得简洁、活泼、自然，书面语句式则体现严谨、周密、文雅。

在具体的语言运用中，可以根据不同句式本身表意的鲜明程度、不同语言环境的需要以及上下文句子主语的异同等选择不同的句式，以取得满意的表达效果。

例如：①绚丽多彩的春，奔放似火的夏，深沉内敛的秋，冷静严谨的冬，你更爱哪一个？柔情满怀的西子湖，粗犷豪放的戈壁滩，你更向往哪一个？纸醉金迷的声色之娱，清戒自守的为人之道，你挑选哪一个？……你也许左右为难，抑或毫无彷徨，这都是你的心灵作出的人生选择。

例①运用一系列的整句，充分表达了人们在择业时的心理，语言不仅凝练，而且特别流畅优美，富有文采。

第四节　修辞方法的运用

在语言运用过程中，恰当地运用修辞方法，可以变抽象为具体、化腐朽为神奇，增强语言的形象性与表现力。

例如：①一丈青大娘勃然大怒，老大一个耳刮子抡圆了扇过去；那个年轻的纤夫就像风吹乍篷，转了三转，拧了三圈儿，满脸开花，口鼻出血，一头栽倒在滚烫的沙滩上，紧一口慢一口倒气，高一声低一声呻吟。

著名作家刘绍棠在《蒲柳人家》中的这段话，主要使用比喻的修辞方法，贴切、生动、形象地写出了一丈青大娘嫉恶如仇、打抱不平、刚直泼辣的性格特点。

常见的修辞方法有比喻、比拟、借代、夸张、双关、反语、对偶、排比、顶真、对比、回环、反复、设问、反问等，掌握这些修辞方法的基本特征和表达作用，恰当地运用这些修辞方法，会有效地增强表达效果，更好地实现传情达意的交际目的。

在语言运用过程中，根据表达的需要，可以综合运用上述修辞方法，主要有连用、兼用和套用等形式。

一、修辞方法的连用

修辞方法的连用指相同或不同的修辞方法在一段文字中的接连使用。修辞方法的接连使用，前后配合，互补互衬，珠联璧合，浑然一体，可使思想内容表达得更加丰富多彩、鲜明有力。

例如：②杜鹃花开遍山头的时候，英雄们终于唱着凯歌，欢送着亲手砍下来的那三十万根毛竹，让它们沿着满山旋绕的滑道，一路欢唱着飞下山去了。

袁鹰《井冈翠竹》中的这句话，连用比拟的修辞方法。“欢送”毛竹是把毛竹比作被欢送的人；让毛竹“一路欢唱着飞下山去”，是把毛竹比作能够欢唱能够飞的动物。整句话文字生动活泼，使读者对毛竹有了深刻的印象。

二、修辞方法的兼用

修辞方法的兼用指一种表达方式兼有多种修辞方法，这样可以使多种修辞效果相得益彰，使文章的表达更有文采和力量。

例如：③真是天大的喜事！屋子里连扫帚也在欢笑。

例③是拟人和夸张两种修辞方法兼用。扫帚在欢笑，是拟人，又是夸张。这样写，描绘出了喜事临门、皆大欢喜的情景。

三、修辞方法的套用

修辞方法的套用指一种修辞方法里又包含着其他修辞方法，形成大套小的包含关系。套用的几个修辞方法互相配合，互为依托，变化层出，从而增强表达效果。

例如：④风来花自舞，春入鸟能言。

例④是对偶套用比拟。从结构形式上看，上句和下句构成对偶。分开来看，上句的“花自舞”和下句的“鸟能言”都是拟人。整句话把春天的美景写活了。

后　记

本书是编写组全体教师分工合作的成果。全书由李花、张俊领、李红波策划，提出基本的编写思路、体例与要求，初步拟定入选作品篇目；李红波统筹、审读全稿。参加编写人员具体分工如下：

牛振老师编写了本书的第一、二编；李红波老师编写了本书的第三编；李花老师编写了本书的第四编；赵雅文老师编写了本书的第五编。

本书在编写过程中得到了河南理工大学万方科技学院领导的大力支持与亲切关怀，特别是张俊领教授在此书的写作过程中，不断的给予频促和鼓励，积极协调各方关系；陈润中教授拨冗指导并亲自作序、统稿，提出不少宝贵的增删修改意见，在此一并致谢！

本书致力于应用型大学的大学语文课程的改革和实践，以期实现提高大学生阅读能力和语文综合素养的目标。为此，我们特地设置了叙事类作品的阅读、抒情类作品的阅读、戏剧影视和理论作品的阅读、口语训练和现代汉语语法修辞常识五编内容，之所以把戏剧影视和理论类放在一起，不是由于它们的关系接近，只是为了章节之间的均衡。首先，在设计这些内容时，遇到的最大的问题就是文体的分类，不管是中国古代韵文和散文的二分法，还是当下盛行的小说、散文、戏曲和诗歌的四分法似乎都不适应学生的阅读现状，最后参考了叙事、抒情和戏剧的三分法，结合学生的阅读需求和文学的发展现状，选定了文类和篇目。当然，这种分类也只是一种探索，是否适合教学和学生的需要，还有待时间的检验。其次，书中提出的阅读方法是否完全适合某一文类，或者说某一文类只能使用这种阅读方法，也有待商榷。最后，由于时间紧迫，更限于编著者的学识，错漏之处在所难免，敬请读者批评指正，以期再版时修改、完善。

本书的编写参考了不少专家学者的研究成果，在此特向有关专家学者表示真诚的感谢！

编　者

2014 年 7 月

南开大学出版社网址：http://www.nkup.com.cn

投稿电话及邮箱：022-23504636　QQ：1760493289
QQ：2046170045(对外合作)
邮购部：022-23507092
发行部：022-23508339　Fax：022-23508542

南开教育云：http://www.nkcloud.org

App：南开书店 app

南开教育云由南开大学出版社、国家数字出版基地、天津市多媒体教育技术研究会共同开发，主要包括数字出版、数字书店、数字图书馆、数字课堂及数字虚拟校园等内容平台。数字书店提供图书、电子音像产品的在线销售；虚拟校园提供 360 校园实景；数字课堂提供网络多媒体课程及课件、远程双向互动教室和网络会议系统。在线购书可免费使用学习平台，视频教室等扩展功能。